Katharina Stegelmann
Bleib immer ein Mensch

 aufbau

Katharina Stegelmann

Bleib immer ein Mensch

Heinz Drossel. Ein stiller Held
1916–2008

 aufbau

Mit 37 Fotos und Faksimiles

Für meinen Mann Henning

FSC
www.fsc.org
MIX
Papier aus ver-
antwortungsvollen
Quellen
FSC® C083411

ISBN 978-3-351-02759-9

Aufbau ist eine Marke der Aufbau Verlag GmbH & Co. KG

1. Auflage 2013
© Aufbau Verlag GmbH & Co. KG, Berlin 2013
Einbandgestaltung hißmann, heilmann, Hamburg
Satz und Reproduktion LVD GmbH, Berlin
Druck und Binden CPI – Clausen & Bosse, Leck
Printed in Germany

www.aufbau-verlag.de

Vorbemerkung

Kennengelernt habe ich Heinz Drossel an einem heißen Augusttag 2003. Er hatte sich zu einem Gespräch bereit erklärt, das mir als Grundlage für ein Porträt über ihn als »stillen Helden« im SPIEGEL-Buch »Die Gegenwart der Vergangenheit« dienen sollte. Schon kurze Zeit später dachte ich, dass ich die Geschichte dieses Mannes, die Geschichte seiner Familie erzählen möchte – und zwar ausführlicher, als es damals möglich war. Heinz Drossel war gleich einverstanden, als ich ihn fragte, ob ich seine Familienbiographie schreiben dürfe. Wir haben uns viele Male getroffen, regelmäßig telefoniert und unzählige E-Mails ausgetauscht. Wir sind zusammen gereist, er hat mich mit seinen Töchtern, Enkeln und Weggefährten bekannt gemacht. Wir wurden Freunde.

Die Geschichte über Heinz Drossel und seine Frau Marianne habe ich nach vielen Gesprächen mit Heinz Drossel, Lektüre seiner Biographie »Die Füchse«, Studium der Akten aus den Wiedergutmachungsverfahren von Marianne Drossel, Gesprächen mit den heute lebenden Familienangehörigen und Freunden sowie Recherchen bei diversen Institutionen und in Archiven aufgeschrieben. Ich habe die Fakten zusammengetragen, um ein wahrheitsgemäßes Bild der Geschehnisse wiederzugeben. »Die Wahrheit« allerdings ist in diesem Buch nicht zu finden. Schon gar nicht »die volle Wahrheit«.

Die Erinnerungen der noch lebenden Beteiligten, die Aussagen von Familienangehörigen über die heute verstorbenen

Protagonisten ergeben nicht immer ein einheitliches Bild. Es gab widersprüchliche, unlogische Angaben. Es blieben Lücken, einiges konnte durch Recherchen geklärt werden. Manches musste ich verschweigen, weil die Betroffenen es so wünschten. Ich habe auch eigene Schlussfolgerungen gezogen, mich für die wahrscheinlichere Variante entschieden und hier und da Ergänzungen gewagt, um zu einem Bild zu kommen, wie es hätte sein können.

»Macht's besser!«

Osterholz-Scharmbeck bei Bremen, 24. Mai 2004
Es ist ziemlich eng im Musikraum des Gymnasiums. Fast 150 Jugendliche, Schülerinnen und Schüler aller fünf 10. Klassen, sind anwesend. Der Gast sitzt hinter einem Schultisch, ein Glas Wasser zu seiner Rechten, ein Mikro zu seiner Linken, vor sich ein paar Blatt Papier. Er ist zierlich und grauhaarig, er trägt keine Brille, und er ist alt. Als er sich von seinem Stuhl erhebt, wirken seine Bewegungen kurz unsicher, als hätte er Gleichgewichtsprobleme, dann strafft er sich und erscheint sogleich um einiges jünger. Er tritt an den Rand der kleinen Bühne. Die allgemeine Unruhe wird durch einzelne Pscht!- und Ruhe!-Rufe durchbrochen. Der kleine, alte Herr schaut schweigend in die Zuschauerreihen, er nimmt ganz leicht die Schultern zurück und sagt: »Guten Morgen«. Es wird still.

»Ich bin im alten deutschen Kaiserreich geboren«, sagt Heinz Drossel, und das ist für die Schüler offenbar eine kleine Sensation. Es ist, als halten alle 150 Jugendlichen kurz die Luft an. Im Kaiserreich! Der Mann dort auf dem Podium ist wirklich steinalt.

»Ich bin im alten deutschen Kaiserreich geboren, ich habe den Zusammenbruch nach dem Ersten Weltkrieg miterlebt, und die Weimarer Zeit habe ich sehr bewusst erlebt. Ich habe mit Mühe das ›Tausendjährige Reich‹ Adolf Hitlers und seinen schrecklichen Krieg überlebt. Und seit es sie gibt, lebe ich in der Bundesrepublik Deutschland.«

Um die 16 Jahre alt sind die Jugendlichen, die an diesem

1 Heinz Drossel, 2005 in Jerusalem

sonnigen Maitag keinen regulären Unterricht haben, sondern einem »Zeitzeugen« lauschen sollen. Auf dem Lehrplan in Geschichte steht »Nationalsozialismus«. Drossel dürfte der erste Mensch sein, der die dunkle Zeit Deutschlands als Erwachsener miterlebt hat und den jungen Menschen davon live erzählt. Gewiss hat der eine oder andere Großeltern, die im sogenannten Dritten Reich aufgewachsen sind, vielleicht gibt es einen Großvater, der als Kindersoldat sein Leben ließ. Aber diese jungen Leute hören wohl zum ersten Mal aus erster Hand, was es hieß, unter der Hitlerdiktatur zu leben, was es bedeutet, mitzuerleben, wenn Bekannte der Eltern plötzlich verschwinden, oder wie man sich als 16-Jähriger fühlt, wenn der Freund keinen Zutritt zu Cafés hat, weil er Jude ist.

Heinz Drossel hebt einige zerschlissene Notizbücher hoch. Das, so erklärt er, seien seine Kriegstagebücher, die über 60 Jahre alt sind, sie waren mit in Frankreich und in Russland, am Ende könnten die Zuhörer, die er »liebe Freunde« nennt und siezt, gern kommen und die Büchlein anschauen.

Drossel erzählt, er läuft auf der kleinen Bühne hin und her und macht den Gestapo-Offizier nach, bei dem er sich als

18-Jähriger nach einem vermissten Geschäftspartner seines Vaters erkundigte. Er berichtet, wie er mit seinem Freund Salomon einen Abschiedskaffee trinken wollte, und dass ein Nazi lautstark forderte: »Der Jude muss weg!« Drossels Stimme wird leise, er blickt traurig in die Zuschauerreihen: »Da habe ich mich geschämt, Deutscher zu sein.«

Drossel erzählt von seinen Vorbildern, seinem Vater und seinem Großvater, und wie beide ihn dazu anhielten, die Welt zu entdecken und zu hinterfragen. Er erzählt von den Wirren der Weimarer Zeit, wie er als Schüler mit Millionenbeträgen hantierte, wenn er morgens das Brot für die Familie kaufen ging, und von den orthodoxen Ostjuden, die das Scheunenviertel in Berlin bevölkerten.

Seine Erlebnisse als Soldat und Offizier an der Front erwähnt Drossel nur kurz, »Landsergeschichten« kommen nicht vor. Auch in dieser Phase seines Lebens hat er sich seine eigenen Gedanken gemacht und versucht, seinen Überzeugungen treu zu bleiben. Es wird deutlich, dass Menschlichkeit für ihn ein Wert ist, der über allem steht. Und dass er keine Unbequemlichkeit, kein Risiko scheute, wenn er meinte, dieser Wert sei in Gefahr. Wie sonst hätte er sich im Januar 1945 von einer Sekunde auf die nächste entschließen können, für vier Juden ein Versteck zu organisieren und ihre Flucht vor der Gestapo zu ermöglichen? Einer dieser Geretteten, Ernest Fontheim, wurde Drossels bester Freund. Die Begegnung mit dessen inzwischen erwachsener Tochter, sagt Drossel, habe ihm die wahre Tragweite seiner damaligen Tat offenbart: »Als ich sie im Arm hielt, da wurde mir bewusst, dass es diese Frau wahrscheinlich nicht geben würde, wenn ich anders gehandelt hätte.«

Es gibt viele bewegende Augenblicke während dieses gut zweistündigen Vortrags, der eine Erzählung und keine Belehrung ist. Drossel bleibt immer sachlich in der Wortwahl, auch bei der Schilderung dramatischer Situationen. Kurz und knapp berichtet er, wie es kam, dass er 1942 eine junge Jüdin davor bewahrte, sich das Leben zu nehmen, und dass diese Frau später seine Ehefrau wurde. Es ist ganz still im Raum.

Es kommt aber auch zu Unruhe, nach eineinhalb Stunden muss eine Pause eingelegt werden. Die Schüler sind da durchaus geteilter Meinung, aber die anwesenden Lehrer bestimmen es so. Reinhard Egge, ehemaliger Bundeswehroffizier, Mitglied des Vereins »Für Demokratie – Gegen das Vergessen« und Initiator dieser Veranstaltung, empört sich über einen Schüler, der etwas gegessen hat, während Drossel sprach. Der bleibt ruhig. »Ich weiß«, sagt er, »dass ich nicht alle erreiche, aber das kann ich nicht ändern.« Nach der kurzen Unterbrechung soll Drossel das Mikrofon nehmen, seine Stimme ist im Laufe des Vortrags etwas rau und leiser geworden. Dafür muss der 87-Jährige sich setzen. Das gefällt ihm nicht, aber er fügt sich.

Zum Schluss wendet sich Drossel noch einmal direkt an seine Zuhörer. »Liebe Freunde«, sagt er, »das war mein Leben unter der wohl brutalsten Diktatur und im mörderischsten Krieg des 20. Jahrhunderts. Man konnte auch in der Zeit überleben, musste aber einen hohen Preis zahlen. Eine nationalsozialistische Diktatur fordert, dass man sich mit Haut und Haar verkauft. Sein Gewissen und vielleicht das Wichtigste: persönliche Freiheit. Und was persönliche Freiheit bedeutet, kann eigentlich nur der ermessen, der eine Zeit seines Lebens in Unfreiheit gelebt hat. Sie wissen, viele Menschen haben sich verkauft damals. Ich verurteile diese Menschen nicht. In solch einer Situation ist es eine Gewissensentscheidung, die jeder für sich selbst treffen muss. Aber eine Entscheidung, die die deutsche Zukunft bestimmt hat. – Macht's besser!«

Kurze Stille, dann lautstarker Beifall. Langsam löst sich die Versammlung auf. Nur vorn, an Drossels Tisch, bildet sich eine Traube von Mädchen. Sie betrachten seine Tagebücher, sie bedanken sich. Eines kommt, tritt auf die kleine Bühne, umarmt den verdutzten Herrn und drückt ihm einen zarten Kuss auf die Wange. Dann läuft sie schnell davon.

I. Eine schicksalhafte Begegnung.
Versuch einer Rekonstruktion

Jungfernbrücke, Berlin, November 1942
Die Frau steht mit knurrendem Magen auf der Brücke, unter ihr plätschert leise die Spree. Schwarz und kalt. So kalt, dass es eigentlich nicht lange dauern dürfte. Wenn sie den Sprung wagt. Marianne Hirschfeld hat Angst. Nicht vor dem Tod, aber vielleicht ist sie doch kräftiger, als sie glaubt, und wird kämpfen. Vielleicht wird sie halb tot aus dem Wasser gezogen, in ein Krankenhaus gebracht, dort identifiziert – und in ein KZ gesteckt. Im Lager gibt es dann vielleicht keine Möglichkeit mehr, dem Elend selbst ein Ende zu machen.

Vor wenigen Stunden hat sie erfahren, dass ihre Vermieter, das jüdische Ehepaar Fleischer, früher als geplant aus Berlin flüchten wollen. Eigentlich wollten sie zu dritt die Stadt verlassen. Das war die letzte Hoffnung, an die Marianne sich noch geklammert hat. Es war schier unmöglich geworden, in Berlin zu existieren. Jeden Tag drohte der Abtransport in den sicheren Tod, jeden Tag fielen die Bomben, und die Versorgung mit Lebensmitteln war schon lange eine Katastrophe. Jetzt muss sie zurückbleiben, denn sie hat noch nicht genug Geld zusammen.

Sie hatte auch schon eine Bleibe für ihren 6-jährigen Sohn gefunden, der durch seinen »arischen« Vater und einen evangelischen Taufschein so gut geschützt war, wie es eben ging. Er war ein cleverer, zäher Bursche, er würde es schaffen, bestimmt. Und das Baby, hatte das eine Chance? Der Gedanke an das winzige Mädchen war kaum auszuhalten. Marianne war keine Wahl geblieben, als sie ihre Tochter Judis im August 1942 im

Jüdischen Krankenhaus zur Welt brachte. Bei der Geburt hatte es schwere Komplikationen gegeben, die Marianne fast das Leben kosteten. Um sich und den Mann, den sie liebte, zu schützen, musste sie lügen. Sie behauptete, der Vater sei ebenfalls Jude; sie gab einen falschen Namen an.

Nun lag das kleine Mädchen immer noch dort. Als Frühchen hatte es besonderer Pflege bedurft, und im Alltag einer Verfolgten war kein Platz für ein Baby. Marianne traute sich nicht, ihre Tochter zu besuchen; aus Angst, von den Gestapobeamten verhaftet zu werden, die das Hospital inzwischen lückenlos kontrollierten und als Sammelstelle zum Abtransport jüdischer Menschen missbrauchten.

Marianne hatte sich vorgenommen, nicht an ihre Kinder zu denken. Aber das gelingt ihr nicht. Sie weiß nicht, was sie schrecklicher findet: sie im Stich zu lassen – sei es durch Flucht oder Freitod – oder die Überzeugung, sie sowieso nicht schützen zu können. Sie wünscht sich einmal mehr, bei Judis' Geburt gestorben oder überhaupt nie geboren worden zu sein, und läuft ruhelos auf und ab. Tu es! Jetzt!, versucht sie sich anzuspornen und beugt sich weit über das Geländer.

Sie hört die Schritte nicht, die sich in der Dunkelheit nähern. Stiefelschritte. Sie wird von hinten am Arm gefasst. Sie blickt über die Schulter und sieht eine Wehrmachtsuniform. Sie sieht nichts anderes, nur die Uniform, und versucht sich loszureißen und doch noch übers Geländer zu kommen. Aber der Mann hält sie fest. Marianne wird beinahe ohnmächtig, das Blut rauscht ihr in den Ohren, sie ist jetzt ganz erstarrt und hört nur undeutlich, was er sagt.

Der Unteroffizier Heinz Drossel, auf Heimaturlaub in seiner Geburtsstadt, traut seinen Augen nicht, denn er erkennt sie innerhalb von Sekundenbruchteilen wieder: Das ist die junge hübsche Frau vom Vorkriegssommer 1938. Sie waren einander in Tempelhof über den Weg gelaufen, ihr kleiner Sohn war dabei; durch ihn waren sie kurz ins Gespräch gekommen und hat-

2 Marianne Hirschfeld mit ihrem Sohn William (Billy) Albinus, Berlin 1941/42

ten ein paar freundliche Sätze gewechselt. Nun steht sie hier vor ihm, völlig bewegungsunfähig, er hält sie am Arm. Noch in der gleichen Sekunde, in der er fragt, weiß er, was für eine dumme Frage das ist: »Geht es Ihnen nicht gut?« Der Mensch vor ihm ist vor Entsetzen wie gelähmt. Und dann fragt er: »Sind Sie Jüdin?«

Marianne bricht zusammen, ihre Augen füllen sich mit Tränen, sie nickt, er nimmt sie in den Arm, hält sie und sagt leise: »Haben Sie keine Angst, ich bringe Sie in Sicherheit.« Sicherheit – die Bedeutung dieses Wortes war Marianne Hirschfeld in den letzten Jahren abhandengekommen. Nichts war mehr sicher. Alles war schwankend, ungewiss und bedrohlich. Konnte sie diesem Wehrmachtsoffizier vertrauen? Ihr blieb nichts anderes übrig. Sie folgte ihm.

Zusammenhanglose Gedanken, aber vor allem Bilder gingen durch Heinz Drossels Kopf, als er Seite an Seite mit dieser zierlichen, über die Maßen erschöpften Gestalt zur nächsten

S-Bahnstation ging. Er sah ihr Kind vor sich. Und dann sah er den Jungen von Dagda, der für immer namenlos bleiben würde. Er war eines der zahlreichen Opfer einer Massenerschießung von Juden, deren heimlicher Augenzeuge Drossel 1941 geworden war. Der Junge von Dagda war etwa sechs Jahre alt gewesen. Er stand nackt und zitternd mit seinen Eltern und anderen Verwandten und Bekannten am Rand einer Grube, in der schon Tote lagen. Er streckte seine Hand zu einem Erwachsenen an seiner Seite aus. In dem Augenblick schoss ihm ein SS-Mann in den Kopf. Sein kleiner Körper fiel zu den Leichen in die Grube und wurde von weiteren Ermordeten bedeckt.

Auf der Jungfernbrücke dachte Heinz Drossel nicht nach, er schob die Frau sanft vom Geländer weg. Alles würde sich finden, musste sich finden. Das Naheliegendste war, die Frau erst einmal mit nach Hause zu nehmen.

Die Straßen waren zum Schutz gegen die Bomber kaum erleuchtet, auch in der S-Bahn glommen nur ein paar Notlichter. Die beiden blieben auf dem Ponton stehen, eng aneinandergeschmiegt. Der Schaffner ignorierte den Offizier und die Frau diskret. Sie wirkten wie ein Liebespaar. Sie ahnten nicht, dass diese Pose, die sie zum Schutz vor neugierigen Blicken einnahmen, in die Zukunft wies. Denn sie sollten tatsächlich ein Paar werden, eine Familie gründen und ihr Leben miteinander verbringen. Bis dahin wird aber noch viel Zeit vergehen, Zeit, in der beide ums Überleben kämpfen und sie keine Nachricht voneinander bekommen. Fast genau drei Jahre wird es bis zu ihrem unverhofften Wiedersehen dauern.

II. Vor dem Krieg (1916–1939)

Jeder gegen jeden

Berliner Straße 79, Berlin-Tempelhof, 1. April 1933
Noch nie zuvor hat Heinz seinen Vater so außer sich gesehen.
Paul Drossel schreit vor Wut. In den frühen Morgenstunden dieses 1. April 1933 haben SA-Leute auf die Schaufensterscheibe seines Wäschegeschäfts mit weißer Farbe »Jude« und einen Judenstern geschmiert. Der 16-jährige Heinz drückt sich im Flur herum und beobachtet, wie sein Vater zum Telefon rast. Er bebt förmlich, als er nach dem Hörer greift. Drossel fordert bei der Parteidienststelle der NSDAP, »diese Schweinerei« müsse entfernt werden. Und zwar nicht nur bei ihm selbst, sondern auch beim Geschäft Levy gegenüber und das alles »zack, zack!« und von den Verursachern.

Drossel bekam seinen Willen – wenn auch nur teilweise: Zwei junge SA-Männer kamen angetrottet, säuberten seine Scheibe, doch sie ließen die des jüdischen Nachbarn verschmutzt. Beruhigen konnte sich Vater Drossel lange nicht, er verabscheute den Boykott der jüdischen Geschäfte. Wie die Schmierereien bewiesen, war den neuen Machthabern bewusst, dass Paul Drossel nichts von ihrem Regime hielt. Daraus hatte er nie ein Hehl gemacht und sich auch geweigert, sein Geschäft mit den schon zu dieser Zeit obligatorisch gewordenen Hakenkreuzfahnen zu »schmücken«. Der Hausobmann hatte ihn deswegen bereits mehrfach verwarnt. Mit diesem Zeichen der Renitenz war es nun vorbei. Drossel, der den Aufstieg der Nazis voller Argwohn verfolgt hatte und als einer der wenigen in seinem Bekanntenkreis den »braunen Haufen« nicht verharm-

15

loste, ließ eine Hakenkreuzflagge im Sonderformat von 40 mal 50 Zentimetern fertigen und hängte sie vor seine Tür.

Dieses Zugeständnis an die neuen Machthaber fiel Paul Drossel sehr schwer. Doch die Verantwortung für seine Familie, aber auch seinen Kunden gegenüber, die ihn schon des Öfteren bedrängt hatten, nicht so stur zu sein, bewog ihn, klein beizugeben. Mancher der Käufer befürchtete, selbst ins Visier zu geraten, wenn er bei einem unverhohlenen Gegner der NSDAP ein und aus ginge. Drossel prophezeite seinem Sohn Heinz, dass die Partei seinen Wutausbruch nicht vergessen und die Familie die Folgen zu spüren bekommen würde. Er sollte recht behalten.

Die Gestapo-Vorladungen waren unverschlossene Briefe, deutlich gekennzeichnet mit dem Hakenkreuzstempel und dem Absender der Gestapo. So wusste der Briefträger Bescheid, der konnte es den Nachbarn erzählen, die begannen untereinander zu tuscheln – eine Methode, deren Kalkül oft aufging: Leute, die diese berüchtigten Briefe erhielten, liefen Gefahr, ausgegrenzt zu werden. Denn die Menschen wollten vermeiden, mit jemandem, den die Gestapo im Visier hatte, in Verbindung gebracht zu werden. Mehrmals wurde Paul Drossel ins Gestapo-Hauptquartier zitiert. Aus den Verhören des Geschäftsmannes ist nichts bekannt. Im Mai 1943 liquidierte die Gestapo sein Wäschegeschäft.

Paul Martin Drossel wurde am 15. Dezember 1880 in Stralsund als erster Sohn eines Schneidermeisters geboren. Nach Abschluss einer kaufmännischen Lehre und einigen Jahren Berufstätigkeit als Buchhalter in der Wäschefabrik »Meder & Thiele« in Berlin heiratete er 1911 Elfriede Labové. Die 1892 in Berlin geborene Tochter eines Schlossers war als Näherin bei »Meder & Thiele« tätig. Paul und Elfriede ging es bald wirtschaftlich gut. Im Jahr 1916, als ihr einziger Sohn Heinz zur Welt kam, bewohnten sie eine schöne große Vierzimmerwohnung im bürgerlichen Berlin-Tempelhof. Die Geburt seines

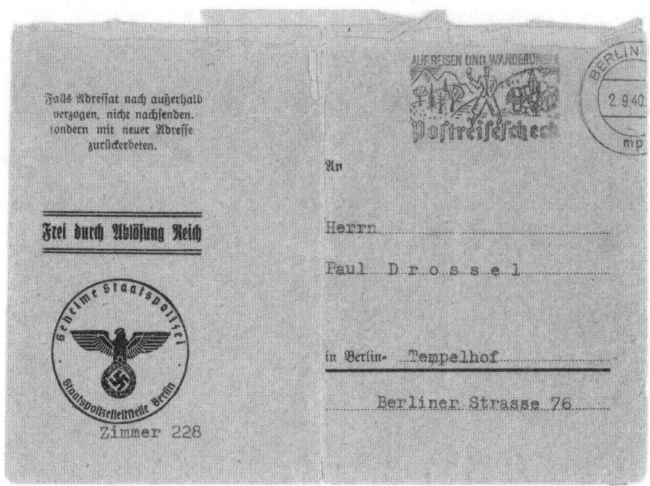

3 Gestapo-Vorladung an Paul Drossel

Sohnes am 21. September konnte Paul nicht miterleben. Er war seit August 1914 als Soldat für »Kaiser und Vaterland« im Landwehr-Infanterie-Regiment Nr. 18 an der Front.

Drossel erlebte den Ersten Weltkrieg von Anfang bis Ende als aktiver Soldat. Die meiste Zeit verbrachte er an der Ostfront. Kriegserlebnisse hat er zu Hause nie erzählt, nur dass »die Russen« ganz wunderbare Menschen seien, berichtete er seinem Sohn schon früh. Seit der Gefreite Drossel am 9. Januar 1919 aus dem Wehrdienst entlassen worden war, ging es für die Familie finanziell bergab. Er konnte wie Millionen andere im Deutschen Reich keine Arbeit finden.

Nachdem am 9. November 1919 von Philipp Scheidemann in Berlin die Republik ausgerufen worden war, der Kaiser abgedankt und Friedrich Ebert als Reichskanzler die Regierungsgeschäfte übernommen hatte, begann in Deutschland eine Zeit des Chaos und der Gewalt. Die konservativen Kräfte, gestützt von Militär und Industrie, wollten sich mit einem Machtwechsel zugunsten der Sozialdemokraten, die ihnen als Vaterlandsverräter galten, nicht abfinden. Straßenschlachten waren in Berlin an der Tagesordnung; die Morde an Rosa Luxemburg,

4 Paul und Elfriede Drossel, Hochzeitsfoto

Karl Liebknecht und Kurt Eisner 1919 waren nur der Anfang einer Vielzahl von Bluttaten, die die Weimarer Republik erschütterten.

Bereits bei den Wahlen zum 1. Reichstag am 6. Juni 1920, gut zwei Monate nach dem Kapp-Putsch, der den Sturz der Regierung Ebert zum Ziel hatte, verloren die Koalitionsparteien der jungen Republik ihre absolute Mehrheit. Die konservativ-nationalistisch orientierten Parteien DVP und DNVP gewannen zahlreiche Sitze hinzu. Der Generalstreik, den die Gewerkschaften als Antwort auf den Kapp-Putsch organisierten, beflügelte die demokratischen Kräfte nur kurz; die Einigkeit unter bürgerlichen und linken Wählern und Parteien gegen die militaristischen, national-konservativen Putschisten hielt nicht lange an.

Für Drossels wurde die Miete ihrer vergleichsweise großen Wohnung unbezahlbar. 1920 fand das Familienoberhaupt einen Laden mit dazugehörigem Zimmer und kleiner Küche in Tempelhof, Klo auf dem Hof. Für Elfriede war die Situation ein einziger Albtraum; der kleine Heinz fügte sich mit kindlicher Nonchalance in das neue Umfeld. Sein Bett bestand in den ersten zwei Jahren aus einem Bügelbrett, das, mit Decken notdürftig abgepolstert, über zwei Stühle gelegt wurde. Paul Drossel biss die Zähne zusammen: Mit den letzten Reserven und geliehenem Geld wollte er für seine Familie und sich eine neue Existenz aufbauen und eröffnete ein Geschäft für maßgefertigte Hemden, Tisch- und Bettwäsche.

Die ersten Jahre waren für die Familie Drossel eine entbehrungsreiche Zeit. Auch der kleine Heinz musste seinen Teil zum Geschäft beitragen; schon als Grundschüler erledigte er Botengänge zu den Nähereien am Hackeschen Markt. In dessen Umgebung lag das sogenannte Scheunenviertel, der Teil Berlins, in dem sehr viele osteuropäische orthodoxe Juden lebten. Die Grenadierstraße und die Kanonierstraße wimmelten nur so von traditionell gewandeten Männern mit Kippa und Schläfenlocken. Die exotischen Bewohner dieser Straßen irritierten das Kind nicht. Es hatte bereits gute Erfahrungen mit einem Glaubensbruder dieser Leute gemacht.

In unmittelbarer Nachbarschaft zum väterlichen Geschäft hatte ein jüdischer Altkleiderhändler seinen Laden. Der Erstklässler Heinz Drossel ging Tag für Tag an dem alten Mann vorbei, der auf einem Schemel vor seiner Tür zu sitzen pflegte. Der Fremde erregte die Neugier des Jungen, und nach kurzer Zeit schlossen die beiden Bekanntschaft. Der Jude erzählte dem Jungen Geschichten aus dem Alten Testament, die der Kleine überaus spannend fand, die ganze Art des Alten beeindruckte ihn nachhaltig. »Der Kleiderhändler Jud Flieg«, sagte Drossel

5 Heinz mit einer Bekannten vor dem Wäschegeschäft in Berlin-Tempelhof, um 1922

fast 80 Jahre später, »war der erste Fremde, den ich kennengelernt habe. Und seine traurigen Augen habe ich nie vergessen.«

Die ersten Schuljahre verliefen ohne besondere Aufregungen. Heinz' Kontakt zu anderen Kindern war eher spärlich, er verbrachte viel Zeit damit, seinen Eltern zur Hand zu gehen. Außer den Botengängen fürs Geschäft erledigte er schon früh diverse Einkäufe. Während in der Schule das kleine Einmaleins gelehrt wurde, hantierte er mit Millionen- und Milliardenbeträgen – 1923 führte die wirtschaftliche Depression zur Hyperinflation, die deutsche Wirtschaft brach zusammen.

Im September gelangten die ersten Milliardenscheine auf den

Markt, es folgten Billionen- und zuletzt sogar Hundertbillionenscheine. Im Oktober kostete ein Kilo Roggenbrot bis zu 78 Milliarden Mark, die Unterstützung eines Arbeitslosen belief sich auf 21 Milliarden Mark pro Woche. Lautstarke Proteste und Schlägereien gehörten zum Straßenbild. Auch vor der Ladentür des Drossel'schen Wäschegeschäfts ging es manchmal hoch her. Straßenbahnwagen wurden umgekippt, Nasen blutig geschlagen. Kommunisten kämpften gegen die berüchtigten SA-Trupps, Nationalsozialisten gegen Sozialdemokraten.

Über eine halbe Million Menschen bekamen in Berlin im November Unterstützungsgelder. Niemand konnte davon existieren, und die Löhne hielten nicht Schritt mit der schwindelerregenden Entwicklung der Geldentwertung. Lebensmittel wurden immer knapper, die Landwirte hielten ihre Vorräte zurück. Schließlich mangelte es auch an Papier – die Notenpressen kamen nicht mehr nach mit dem Druck des Geldes. Notgeld, Goldanleihen und »wertbeständige Stadtkassenscheine« wurden eingeführt, Vorkriegspreise zugrunde gelegt und, von der Goldmark ausgehend, täglich neue Preise errechnet – ein einziges Wirrwarr war die Folge.

Mit Einführung der Rentenmark am 15. November 1923 entspannte sich die Lage langsam, und die wirtschaftliche Situation Deutschlands begann sich zu stabilisieren. Die Lebensumstände wurden wieder erträglicher, die Menschen schöpften Hoffnung. So auch Familie Drossel. Das Tal schien überwunden, und die finanzielle Lage erlaubte es, dass Elfriede zusammen mit Heinz in den Urlaub fahren konnte. Von 1924 bis 1932 machten Mutter und Sohn jedes Jahr eine kleine Reise. Der Vater kümmerte sich derweil ums Geschäft, das sich gut entwickelte, bald konnte er sogar einige Mitarbeiter fest anstellen.

Die erste Reise von Mutter und Sohn in den Thüringer Wald sollte vor allem den gerade von einer schweren Lungen- und Rippenfellentzündung genesenen Heinz wieder auf die Beine bringen. Sieben Wochen lang hatten die Eltern um das Leben

6 *Familie Drossel, um 1931*

ihres einzigen Kindes gebangt. Zu seiner Pflege war eine Or-
densschwester engagiert worden. Die Erfahrung, dass jemand
für ihn betete, wie er es zwischen schweren Fieberschüben beobachten konnte, hatte den Jungen sehr bewegt. Das war, so
meinte Drossel später, die erste »innere Erfahrung von Religion«.

Im Laufe des Jahres 1925 mietete Paul Drossel ein Extra-
Zimmer für den Sohn im Erdgeschoss des Vorderhauses. Bis
dahin hatte das Hinterzimmer des Ladens für die ganze Familie genügen müssen. 1928 bekam Heinz ein anderes Zimmer
im zweiten Stock. Von seinem neuen Reich aus konnte der
Junge die Wohnungen auf der gegenüberliegenden Straßen-
seite gut sehen. Freitag abends war es besonders der Blick in

das Wohnzimmer der Familie Levy, der ihn faszinierte und ihn ungeniert auf seinem Beobachtungsposten verharren ließ. Herr Levy hatte knapp ein Jahr zuvor sein großes modernes Wäschegeschäft eröffnet und war somit der einzige direkte Konkurrent seines Vaters in Tempelhof. Die beiden Geschäftsleute hatten sich schnell arrangiert, konnte einer einen Kundenwunsch nicht erfüllen, schickte er ihn zum anderen.

Jeden Freitag beging die Familie Levy in traditioneller Weise den Sabbat. Die Ernsthaftigkeit und Feierlichkeit der Zeremonie beeindruckte den Schüler Heinz zutiefst. Es war eine Zeit, in der er sich ausführlich mit den Weltreligionen befasste, seine Kommunion stand kurz bevor. Seine Beobachtungen in der nachbarlichen Wohnung motivierten ihn, sich mit dem jüdischen Glauben zu beschäftigen, und durch seinen Großvater mütterlicherseits angeregt, las der Junge Texte über Buddhismus, Christen- und Judentum und das Gilgameschepos.

Großvater Hermann Labové war eine prägende Person für Heinz Drossel. Der aus Vorpommern stammende Schlosser, der für die Reichsbahn arbeitete, hatte nur wenig Schulbildung genossen. Er war jedoch sehr belesen, und je älter er wurde, desto intensiver beschäftigte sich Hermann Labové mit philosophischen und religiösen Schriften. An seinen Studien ließ er Heinz schon früh teilhaben, er erklärte ihm Kant und das Firmament und vermittelte dem Knaben einen ersten Eindruck davon, was es heißt, eine eigene Weltanschauung zu haben.

Die heilige Kommunion wurde in der katholischen Familie Drossel mit gebührender Feierlichkeit begangen. Im Gasthaus »Veith's Gesellschaftshaus« wurde im Kreise der Verwandtschaft groß getafelt. Vater Paul hielt eine Tischrede auf den nun in den Kreis der Erwachsenen aufgenommenen Sohn. Deren Schlussworte hat Heinz Drossel nie vergessen, sie wurden für ihn zum Lebensmotto: »Bleib immer ein Mensch, mein Junge, und anständig, auch in schweren Zeiten und selbst dann, wenn es Opfer von dir fordern sollte.«[1]

Das erste und einzige Mal, das Heinz mit beiden Eltern in die Ferien fuhr, war Silvester 1932. Vater Paul meinte, dies sei vielleicht für lange Zeit die letzte Gelegenheit. Er besaß ein waches politisches Bewusstsein, und der Ausgang der letzten Wahl hatte ihn sehr nachdenklich gestimmt. Die NSDAP hatte zwar einen kleinen Dämpfer hinnehmen müssen, war aber mit 33,1 Prozent nach wie vor stärkste Partei.[2]

Bei den allwöchentlichen Treffen mit Geschäftsfreunden aus Tempelhof im Hause Drossel wurde viel diskutiert. Oft hörten die Männer, die meisten der Zentrumspartei zugeneigt, gemeinsam Radio, um sich über die politische und wirtschaftliche Lage in Deutschland und der Welt zu informieren. Ab 1931 versammelten sie sich regelmäßig in Heinz' Zimmer – der Vater hatte inzwischen eine Zweizimmerwohnung mit Küche und Wasserklosett im Hinterhaus gemietet – und benutzten das Radiogerät, das Heinz 1928 zum 12. Geburtstag geschenkt bekommen hatte. Der Junge durfte an der Männerrunde teilhaben und lauschte, wie der Schokoladenfabrikant mit dem Metzgermeister angeregte, zuweilen hitzige Debatten führte.

Vater Drossel trat in dieser Runde von Anfang an vehement gegen die NSDAP auf, während die meisten anderen meinten, diese neue Partei sei nicht weiter ernst zu nehmen. Selbst wenn Hitler mit in der Regierung säße, sei das nicht so schlimm, und über kurz oder lang würden die Braunen auch wieder verschwinden – eine Haltung, die viele Deutsche damals teilten. Drossel senior war da ganz anderer Meinung, sein Sohn erinnerte sich, dass er prophezeite: »Wenn die erst mal dran sind, werden wir die nicht so schnell wieder los.«

Vor den Wahlen im November 1932 wandte sich der Gymnasiast an seinen Vater mit der Frage, welche Partei denn die beste sei und welche er wählen werde. Statt zu antworten, forderte Drossel seinen Sohn auf, sich selbst zu informieren, Zeitung zu lesen, Parteiprogramme zu studieren und auch die Kundgebungen zu besuchen. Sobald Heinz sich einen Ein-

7 Familie Hermann Labové, Heinz Drossels Mutter vorn links

druck verschafft hätte, könnten sie weiter reden. »Wenn du zu den Radikalen gehst und geschossen wird, musst du dich verziehen«, gab er ihm lapidar mit auf den Weg.

Drossel Junior befolgte den Rat seines Vaters. Er beobachtete Aufmärsche der Kommunisten, lauschte den Reden der Sozialdemokraten, besuchte auch Versammlungen der Nationalsozialisten, und er tat etwas, was nur wenige Deutsche taten: Er las Hitlers »Mein Kampf«. Wirr und schlecht geschrieben fand der 16-Jährige das Pamphlet, aber die Botschaft war eindeutig: Hitler wollte Krieg, und er wollte die Juden vertreiben und vernichten.

Die Wahlen am 6. November verliefen für die NSDAP nicht besonders erfolgreich – sie verlor 34 Mandate, blieb aber stärkste Partei. Die Kommunisten dagegen hatten einen Zuwachs von 11 Mandaten zu verzeichnen, die Unzufriedenheit der Arbeiterschaft schlug sich im Wahlergebnis deutlich nieder. Die Unterstützung vieler einflussreicher Vertreter der Großindustrie sowie einiger Bankiers und Großgrundbesitzer verhalf Hitler dennoch zur Macht: Sie forderten Reichspräsident von Hindenburg auf, Hitler zum Regierungschef zu machen.

Hitler intrigierte erfolgreich gegen den am 3. Dezember eingesetzten Reichskanzler Kurt von Schleicher, koalierte mit dem gerade abgesetzten Franz von Papen und einigte sich am 4. Januar 1933 mit ihm als Vizekanzler auf eine Regierung Hitler/Papen, die mit weitreichenden Präsidialvollmachten ausgestattet sein sollte und zwei Hauptziele verfolgte: »Die Entfernung aller Sozialdemokraten, Kommunisten und Juden von führenden Stellungen in Deutschland« und die »Wiederherstellung der Ordnung im öffentlichen Leben«. Dazu gehörte nach Auffassung der neuen Verbündeten die »Abschaffung des Vertrages von Versailles … und die Wiederherstellung eines sowohl in militärischer als auch in wirtschaftlicher Hinsicht starken Deutschlands«.[3]

Zwei Tage nachdem Schleicher notgedrungen seinen Rücktritt erklärt hatte, ernannte der greise Reichspräsident von Hindenburg den Führer der NSDAP, Adolf Hitler, am 30. Januar 1933 zum deutschen Reichskanzler. Familie Drossel erfuhr die Nachricht aus dem Radio – und war entsetzt.

Heinz Drossel lässt den Tag in seinen Erinnerungen Revue passieren: »Schon am Nachmittag marschieren SA-Kolonnen durch die Straßen. Unentwegt plärrt das Radio Aufrufe zu einer großen Huldigungsfeier am Abend vor der Reichskanzlei: ›Für den Führer‹. Gegen 19 Uhr entschließe ich mich, in die Stadt zu fahren. Massen in Zivil strömen von allen Seiten, SA-Kolonnen marschieren unter Gesang ihrer Kampflieder – alles in Richtung Innenstadt. ›Heute gehört uns Deutschland – morgen die ganze Welt‹. ... Ich erreiche die Reichskanzlei. Von allen Seiten mit Scheinwerfern angestrahlt steht oben am Fenster ein Mann mit steinernem Gesicht ... Ich gehe zu Fuß nach Hause, steige den nachtdunklen Kreuzberg hinauf, ein Blick zurück auf die närrisch gewordene Stadt. Weit entfernt jetzt das dumpfe Brausen des Lärms, über allem das flackernde Licht abertausender Fackeln; der Himmel glüht feurig über der Innenstadt – ein Menetekel?«[4]

Einen knappen Monat später, am 27. Februar, brannte der Berliner Reichstag. Hitler gab sofort den Kommunisten die Schuld und rechtfertigte so die »Notverordnung zum Schutz von Volk und Staat«, die schon einen Tag später in Kraft trat. Damit waren die wichtigsten Grundrechte der Weimarer Verfassung faktisch außer Kraft gesetzt. Persönliche Freiheit, Presse- und Meinungsfreiheit, Vereins- und Versammlungsrecht, Schutz der Privatsphäre und des Eigentums, das Postgeheimnis – alle demokratischen Rechte unterlagen fortan »Beschränkungen«, die auch »außerhalb der sonst hierfür bestimmten gesetzlichen Grenzen zulässig«[5] waren.

Das »Ermächtigungsgesetz« trat am 21. März in Kraft. Auf der Grundlage dieses Gesetzes »zur Behebung der Not von Volk und Reich« konnte die Regierung auf dem Verordnungswege vier Jahre lang Gesetze beschließen – das Parlament war funktionslos, der Terror begann. Die Kommunistische Partei wurde verboten, gewählte Abgeordnete wurden verhaftet, zahlreiche Beamte suspendiert und durch NSDAP-Mitglieder ersetzt. Berlins Polizeichef Hermann Göring hatte bereits Ende Februar 40 000 SA- und SS-Leute zu Hilfspolizisten erklärt und den rücksichtslosen Gebrauch von Schusswaffen verlangt.

Am Montag, dem 27. März 1933, war in einer Berliner Zeitung die Schlagzeile zu lesen: »Massenaktion angeordnet«.[6]

Vom 1. April an, hieß es da, sollten sämtliche jüdischen Geschäfte und auch jüdische Ärzte und Rechtsanwälte boykottiert werden, SA-Patrouillen und -Posten sollten die Einhaltung der Aktion kontrollieren und gewährleisten. Die offizielle Begründung für die Maßnahmen war ebenso fadenscheinig wie absurd: Die Juden würden im Ausland Lügen und Verleumdungen gegen das »neue Deutschland« verbreiten, der Boykott sei eine Abwehr- und Vergeltungsaktion.

Auch jene, die bis dahin den in der Nazibewegung fest verankerten Antisemitismus ignorieren wollten oder verleugneten, konnten nun eigentlich nicht mehr wegschauen; ein Teil der Bevölkerung war ohnehin offen antisemitisch. »Die« Juden – oft in Personalunion mit »den« Sozialdemokraten oder Kommunisten – waren an allem schuld: am schmachvollen Frieden von Versailles, dessen Bedingungen Deutschland in den Ruin zu treiben drohten, an der Arbeitslosigkeit, an der schlechten wirtschaftlichen Situation des Einzelnen.

Die Liste der Boykottmaßnahmen war lang. Kein Deutscher sollte bei Juden kaufen. Alle »arischen« Geschäfte hatten ihre jüdischen Angestellten zu entlassen, jüdische Geschäftsinhaber sollten arische Geschäftsführer bestellen, ihre jüdischen Mitarbeiter ebenfalls entlassen und nur noch arische Angestellten beschäftigen und bezahlen. Die Basis für die in den folgenden Jahren systematisch vollzogene Vernichtung der Lebensgrundlage der jüdischen Bürger Deutschlands war gelegt.

Heinz Drossel schwänzte am Tag des ersten Judenboykotts in Deutschland die Schule und sah sich in der Stadt um, nachdem er seinen aufgewühlten Vater verlassen hatte. Er bemerkte weitere beschmierte Schaufenster, verbarrikadierte Geschäfte, SA-Männer, die, mit Pappschildern ausgerüstet, Eingänge von jüdischen Geschäften zu blockieren versuchten: »Kauft nicht bei Juden!« Doch vor einem Wollgeschäft in Neu-Tempelhof, das von einem jüdischen Kaufmann geführt wurde, sah er eine Szene, die ihm Mut machte oder ihn zumindest etwas beruhigte. Dort bahnten sich zwei resolute Berlinerinnen, die SA-Wache als »dumme Jungs« beiseiteschiebend, ihren Weg in das Geschäft und erledigten ihren Einkauf.

Solch offene Missachtung der »angeordneten Massenaktion« und viel öfter noch versteckte, aber deutliche Missbilligung ließen das erste Pogrom aus Sicht der Nazis nicht erfolgreich erscheinen. Die Propagandamaschine beschäftige sich denn auch nur kurz mit diesem »Aufstand der Deutschen«. Das »Gesetz zur Wiederherstellung des Beamtentums« allerdings trat wie geplant am 7. April in Kraft; Massenentlassungen von jüdischen Universitätsprofessoren, Ärzten in staatlichen Krankenhäusern, Lehrern, Justizangestellten wurden rigoros durchgesetzt. Die Obrigkeit machte vor, was sie von ihrem »arischen« Volk erwartete: die totale Ausgrenzung der Juden aus dem öffentlichen Leben.

Juden war es verboten, in Parkanlagen spazieren zu gehen oder zu sitzen, Cafés oder Restaurants zu besuchen, Kinos, Theater, Sportstätten – überall hingen Schilder: »Juden unerwünscht« oder »Für Juden nicht gestattet«. Seit dem 25. April 1933 war jüdischen Kindern der Zugang zu staatlichen Schulen erheblich erschwert.[7] Ab November 1938 waren Juden ganz vom staatlichen Schulbesuch ausgeschlossen, sie durften nur noch jüdische Einrichtungen besuchen. Viele Eltern schickten ihre Töchter und Söhne schon vor Inkrafttreten dieses Gesetzes auf jüdische Schulen, damit sie nicht mehr den ständigen Hänseleien und Grausamkeiten ausgesetzt waren, die sowohl von »arischen« Mitschülern als auch Lehrern ausgingen.

1934 waren sechs von 16 Schülern in Heinz Drossels Klasse noch nicht in der Hitlerjugend oder einer anderen Parteigliederung für Jugendliche organisiert. Die Gleichschaltung war so weit fortgeschritten, dass die bisher unabhängigen »Jugendbünde«, manche kirchlicher, andere weltlicher Orientierung, vollständig von den Nazis übernommen worden waren – oder verboten. Nachdem Heinz von einem HJ-Führer an seiner

8 *Abiturklasse von Heinz Drossel, Berlin 1936; Drossel: obere Reihe, 2. v. rechts, rechts neben ihm Salomon Warmann*

Schule angesprochen worden war, warum er nicht teilnehmen würde, beriet sich der Gymnasiast mit seinem Vater. Dieser empfahl seinem Sohn aus taktischen Gründen, sich bei der Hitlerjugend zu melden. Der Geschäftsmann war wegen unliebsamer Äußerungen wieder ins Visier der Gestapo geraten und auch vorgeladen worden.

Die Lage für sich und seine Familie erschien ihm offenbar so brisant, dass er sogar um Aufnahme in die Partei ersuchte. Wegen seiner Zugehörigkeit zu einer Freimaurerloge wurde sein Antrag abgelehnt. Es war klar, dass dem Sohn Nachteile drohten, wenn er offen den Gehorsam verweigerte. Heinz nahm dann an einigen Treffen der HJ teil, aber fand es dort »sterbenslangweilig, geistlos und sinnlos«[8]. Ein befreundeter Arzt seiner Eltern bescheinigte ihm schließlich »Dienstunfähigkeit« – obwohl er Leistungssport betrieb.

Heinz Drossel beschrieb seine Schule, insbesondere auch seine Klasse und die meisten seiner Lehrer als »unpolitisch«. Ab 1934 wurde trotzdem alles »brauner«. Einige Lehrer erschienen in SA-

Stiefeln zum Unterricht. Fahnenappell und Hitlergruß gehörten zum Alltag. »Rassenkunde« stand auf dem Lehrplan. Der Biologielehrer, ein kleiner, dicklicher, dem nationalsozialistischen Rasseideal wenig entsprechender Mann, verwies den einzigen jüdischen Schüler, Salomon Warmann, des Raumes: »Warmann, Sie müssen jetzt die Klasse verlassen, wir reden heute über den arischen Menschen!« Heinz und einige andere schämten sich, Salomon lächelte verständnisvoll, nahm sein Jackett und ging.

Salomon und Heinz freundeten sich an. Nach dem Abitur 1936 wollte der junge Jude Deutschland verlassen, Prag war sein Ziel. Beide bestanden die Prüfungen, an der Abiturzeitung arbeitete Salomon noch mit, bei der Abschlussfeier fehlte er bereits. Zum Abschied trafen sich die beiden jungen Männer noch einmal, sie spazierten in gedrückter Stimmung durch die Stadt. Es gab keinen Ort, wo sie sich niederlassen durften, überall hingen die Schilder: »Juden unerwünscht«. Heinz gab sich einen Ruck und zog Salomon mit in ein Lokal, vorbei an dem Schild. Er bestellte zwei Kaffee, und während sie warteten, ging das Getuschel los. Der Kaffee wurde serviert, doch bevor sie einen Schluck nehmen konnten, baute sich ein Mann in Uniform vor ihnen auf, starrte Heinz an und brüllte: »Der Jude muss weg!« Drossel erinnerte sich: »Ich habe mich schrecklich geschämt.« Die beiden verließen das Lokal. An diesem Tag trennten sich die Wege von Salomon und Heinz für immer.

Was hätte Heinz Drossel gesehen, wenn er am 1. April 1933 in der Bischofstraße 23 vorbeigekommen wäre? Dort befand sich das 1932 gegründete Geschäft von Kurt Sigismund Hirschfeld. Der Vater von Marianne Hirschfeld betrieb eine eindrucksvolle Stoffgroßhandlung. Riesige Ballen von Damasten, feinen, mittelfeinen und groben Leinenstoffen, Streifsatin und allen möglichen Qualitäten von Baumwolle wurden vorwiegend für die Herstellung von Tisch- und Bettwäsche, aber auch für Oberhemden angeboten. Die Kundschaft bestand aus Einzelhändlern, die bestimmte Produkte in Nähereien fertigen ließen und dann in ihren Geschäften verkauften. Heinz Drossels Vater war also ein potentieller Kunde der Firma Hirschfeld, denn in seinem Geschäft bot er all diese Waren an, vor allem handgefertigte Oberhemden.

Was sich an jenem 1. April 1933 bei Hirschfeld & Co. zutrug, ist nicht bekannt. Sicher ist nur, dass sich in der Folgezeit viele Kunden des jüdischen Geschäftsinhabers zurückzogen. Bereits im ersten Jahr nach dem Boykott gingen die Umsätze im Vergleich zum Vorjahr um die Hälfte zurück. Hirschfelds mussten ihre Fünfzimmerwohnung in der Heilbronner Straße 13, Berlin-Wilmersdorf, 1934 aufgeben und in eine Zweieinhalbzimmerwohnung ziehen.

1935 wurde das Geschäft liquidiert, die Hirschfelds hatten kein regelmäßiges Einkommen mehr und mussten wie die meisten deutschen Juden ums nackte Überleben kämpfen. Eine neue Anstellung zu finden war so gut wie unmöglich, denn die Verbote, Juden zu beschäftigen, setzten sich durch. Auch nur das Allernotwendigste zum Leben zu beschaffen war eine riesige Anstrengung.

Der gebürtige Berliner Kurt Sigismund Hirschfeld hatte sich 1931 in die Firma Hirschfeld, Sturmann & Co., Textil en gros, eingebracht. 30 000 Reichsmark investierte er – ein kleines Vermögen, das er zum Teil als Geschäftsführer der Süddeutschen Webstoffgesellschaft m.b.H. erwirtschaftet hatte. Als er seine Frau Rosa, geborene Lippmann, kennenlernte, arbeitete die aus Pommern Stammende als Zuschneiderin in einer der Firmen, mit denen Hirschfeld geschäftlichen Kontakt hatte.

Kurt und Rosa Hirschfeld heirateten 1909, kurz darauf wurde ihre erste Tochter Ruth geboren. Kurt, der nach einem Oberrealschulabschluss eine Kaufmannsausbildung im Textilgroßhandel absolviert hatte, bestritt den Lebensunterhalt der Familie. Am 12. Dezember 1912 wurde die zweite Tochter, Marianne, geboren. Zwei Jahre später begann der Erste Weltkrieg, Kurt Hirschfeld wurde eingezogen und diente bis 1918. Nach dem Krieg hatte er das Glück, sofort wieder bei seiner alten Firma Gebr. Fränkel, Textil en gros, eine Anstellung als Kaufmann zu bekommen.

Die Familie Hirschfeld gehörte zu denen, die die wirren, harten Nachkriegsjahre einigermaßen gut überstanden. 1924 trat Kurt Hirschfeld bei der Süddeutschen Webstoffgesellschaft m.b.H. als Teilhaber und Geschäftsführer ein. Trotz der Hyperinflation erlebte die Familie einen wirtschaftlichen Aufstieg, die Wohnungen wurden komfortabler, die Einrichtung gediegener, beide Töchter erhielten eine höhere Schulbildung. Hirschfelds waren eine typische jüdische Familie im Deutschland des beginnenden 20. Jahrhunderts: bürgerlich-liberal, assimiliert, patriotisch. Heiligabend stand im Salon ein Weihnachtsbaum neben dem Chanukkaleuchter. Die Religion spielte eine untergeordnete Rolle.

Die jüngste Tochter des Geschäftsführers, Marianne, erlebte den Niedergang der so vielversprechend gestarteten Firma hautnah mit. Sie war im Gründungsjahr 1932 als Bürovorsteherin des väterlichen Betriebs eingestellt worden. Marianne, eine lebenslustige, vielseitig begabte, hübsche junge Frau, hatte eine Ausbildung zur Fremdsprachenkorrespondentin für Französisch und Englisch abgeschlossen.

Die ältere Tochter Ruth studierte Altphilologie an der Friedrich-Wilhelms-Universität. Doch die politische Entwicklung in Deutschland, vor allem der wachsende Antisemitismus bewogen Ruth, das Studium abzubrechen und ihre Heimat zu verlassen. Nach Familienerinnerungen war sie in der zionistischen Bewegung engagiert, eine politisch denkende Frau, der das Abwarten und Ausharren der Eltern wohl schwer begreiflich war. 1934 reiste sie nach England, von wo aus sie später nach Palästina emigrierte.

Die liberale Einstellung ihrer Eltern erlaubte es Marianne, ihrer größten Leidenschaft ungehindert nachzugehen: dem Tanzen. Es wurde bald mehr als ein Hobby für sie. Sie war so talentiert, dass sie Turniere tanzte – mit großem Erfolg. Die Tanzerei war es auch, die Marianne mit ihrem ersten Ehemann Adolf Albinus zusammenführte. Mit ihm als Tanzpartner gewann sie Medaillen und trat bei Wettbewerben in ganz Deutschland an. Es war eine aufregende, glanzvolle, herrlich unbeschwerte Zeit.

Am 23. März 1932 heirateten Marianne und Adolf, der aus dem Lothringischen stammte und ein Jahr älter war. Die beiden planten, Anfang der dreißiger Jahre in Düsseldorf eine Tanzschule zu eröffnen. Doch daraus wurde nichts. Ihrer jüngsten Tochter, die das tänzerische Talent der Mutter geerbt hat, sagte Marianne später, dass der Grund für den geplatzten Traum mit ihrem Judentum zusammenhing. Mehr erzählte sie nicht.

»Das große KZ, das Deutschland heißt«

Berlin, Kurfürstendamm, 9. November 1938
Der Jurastudent Heinz Drossel sah es mit eigenen Augen: Rauchsäulen über Berlin am Morgen des 10. November 1938. Er fuhr mit der Straßenbahn zu seinem Repetitor. Nahe dem Kurfürstendamm beobachtete er, wie Polizei und Feuerwehr eine brennende Synagoge weiträumig absperrten, statt das Gotteshaus zu retten.

In der sogenannten Reichskristallnacht wurden Hunderte Synagogen im Deutschen Reich zerstört, unzählige jüdische Geschäfte und Wohnungen demoliert und geplündert, allein in Berlin über 1000 Juden verschleppt – meist in das KZ Oranienburg. Dutzende Menschen starben in dieser Nacht. Die konzertierte Aktion wurde maßgeblich von der SS gesteuert und initiiert, SA-Männer in Zivil spielten empörte Volksgenossen und richteten unbeschreibliche Verwüstungen an. Begründet wurde der Terror mit dem »Volkszorn gegen das Weltjudentum«, das den Untergang des deutschen Volkes bedeute. Auslöser war das tödliche Attentat auf den deutschen Botschaftssekretär Ernst von Rath in Paris durch den jungen Studenten Herschel Grünspan.

Grünspan war polnischer Abstammung. Die Nachricht über die Abschiebung tausender polnischer Juden aus Deutschland nach Polen, unter denen auch seine Familie war, trieb ihn zu der Verzweiflungstat. Den jüdischen Familien wurden von den Deutschen ihre Papiere abgenommen, und die polnische Regierung weigerte sich, die Menschen ins Land zu lassen. Unter schrecklichen Bedingungen vegetierten sie wochenlang im Niemandsland zwischen den Landesgrenzen.

Heinz Drossel war verstört und entsetzt über die Szenen, die er auf Berlins Straßen beobachtet hatte. Sein Repetitor, den er an diesem Morgen aufsuchte, verhielt sich zunächst neutral wie immer. Doch dann änderte er das Tagesprogramm und behandelte, ohne eine Miene zu verziehen, den Straftatbestand der Brandstiftung. Plötzlich wandte er sich von seinen Studenten ab, blickte aus dem Fenster und brach den Unterricht ab: »Meine Herren, von heute an muss man sich als Deutscher schämen!« Und: »Gehen Sie, meine Herren, vielleicht finden Sie noch ein paar jüdische Diamanten.«

Spätestens in diesem Augenblick bereute Drossel, nach Deutschland zurückgekehrt zu sein. Im Juli 1938 war der junge Mann, der die politischen Zustände in Deutschland als immer bedrückender und gefährlicher empfand, einer Einladung seiner Tante Betty ins italienische San Remo gefolgt. Der Einmarsch Hitlers in Österreich im März 1938 und der Verlauf der Volksabstimmung zum »Anschluss Österreichs« waren Episoden, die seine kritische Haltung zum Regime gefestigt hatten. Heinz Drossel war einer der wenigen, die darauf bestanden, die Wahlkabine zu nutzen, um so – den Blicken der uniformierten Wahlhelfer, Parteigenossen oder SA-Leute, entzogen – seine Nein-Stimme zu »Großdeutschland« abzugeben.

In seinen Erinnerungen heißt es dazu: »Mein Kreuz kommt in den Nein-Kreis, der Zettel in den bereitliegenden Umschlag, zurück quer durch die Halle zur Wahlurne, beobachtet von etwa zehn bis zwölf wartenden Wählern und den Parteileuten. Ich gebe meinen Wahlbrief dem SA-Mann an der Urne, er steckt ihn hinein – aus, ich habe gewählt. Von den wartenden Wählern ist mir keiner gefolgt – alle haben brav ihr Ja-Kreuzchen am Tisch gemacht. Ich denke, meine Neinstimme ist bei den 17 Neinstimmen von etwa 600 bis 700 Wahlberechtigten [im Bezirk] gewesen.«[9]

Schon als Zehntklässler hatte Heinz Drossel Widerstandsgeist bewiesen, wenn auch im Kleinen. Gemeinsam mit einigen anderen Jungen, darunter seinem besten Freund Poldi (Luitpold) Hagen, gründete Heinz im Frühsommer 1933 einen Literaturzirkel. An sich nichts Ungewöhnliches für Heranwachsende, doch diese Gruppe hatte sich ein besonderes Ziel gesetzt: Sie beschäftigten sich vor allem und ausdrücklich mit Autoren, deren Werke am 10. Mai 1933 der Bücherverbrennung zum Opfer gefallen waren und fortan auf einem Index für »undeutsche«, mithin verbotene Literatur standen. Für den Besitz mancher dieser Bücher sollten in späteren Jahren rigorose Strafen verhängt werden. Heinz Drossel hätte zwei Drittel seiner damaligen Bibliothek vernichten müssen, wäre er dem Aufruf der Nazis gefolgt, wie es so viele seiner Landsleute taten, um Tausende und Abertausende von Büchern auf den Scheiterhaufen im ganzen Reich zu verbrennen.

Ende 1934 machte der 18-jährige Drossel Bekanntschaft mit den Räumlichkeiten der Berliner Geheimen Staatspolizei am Alexanderplatz. Er wurde nicht wie andere dorthin verschleppt, sondern begab sich freiwillig in die Höhle des Löwen. Familie Drossel pflegte intensiven Kontakt mit gleich gesinnten Berlinern, die den »neuen Zeiten« ebenso kritisch und ablehnend gegenüberstanden. Darunter war das Ehepaar Dettbarn. Dettbarns gehörten zu den wenigen, die keine Hakenkreuzfahne besaßen. Frau Dettbarn stand eines Morgens aufgeregt vor dem Drossel'schen Geschäft, den Tränen nahe, und erzählte, dass

36

ihr Mann in der letzten Nacht nicht nach Hause gekommen sei. Sie war sich sicher, dass ihm etwas passiert sein musste. Vater Drossel versuchte sie zu beruhigen und riet abzuwarten.

Nach einer weiteren Nacht bangen Wartens erkundigte sich Paul Drossel telefonisch in verschiedenen Krankenhäusern – ohne Erfolg. Bei der Polizeiwache im Bezirk wurde Frau Dettbarn abgewiesen, weil es für eine Vermisstenanzeige noch zu früh sei. Drossel junior hielt den Kummer der Dame nicht aus, er versprach, ihr zu helfen, und begab sich geradewegs zur zentralen Polizeidienststelle Berlins am Alexanderplatz. In der allgemeinen Vermisstenstelle konnte man ihm nicht weiterhelfen, dann gab ihm ein Polizist im Vorübergehen flüsternd den Tipp: »Versuch's mal im vierten Stock!«

Dort fand der junge Mann eine vergitterte Tür, an der das Schild »Geheime Staatspolizei« hing. Er überlegte nicht lange, er klingelte. Ein SS-Mann kam und fragte, was er wolle. Seine Antwort, dass er sich nach einem Vermissten erkundigen möchte, brachte ihm einen erstaunten Blick ein, aber ihm wurde Einlass gewährt. Er musste warten, wurde in ein Büro geführt, ein Lampe schien ihm ins Gesicht, er musste weiter warten. Der SS-Offizier, der schließlich mit ihm sprach, fragte, was ihn dazu bringe, anzunehmen, dass Herr Dettbarn bei der Gestapo zu finden sei. »Ist er ein Staatsfeind?« Heinz Drossel gab sich naiv: »Nein, aber ich dachte, die Gestapo weiß alles.« Später schlotterten ihm die Knie; wie er nach Hause gelangte, konnte er nicht mehr sagen. Am Abend kehrte Herr Dettbarn zu seiner Frau zurück. Er war tatsächlich bei der Gestapo festgehalten und verhört worden.

Als Student im ersten Semester versuchte Heinz, sich einer katholischen Verbindung anzuschließen, doch das Unterfangen scheiterte – die Versammlung wurde bei ihrem Gründungstreffen von der SA aufgelöst und verboten, fortan wagten die jungen Männer nur noch heimliche, sporadische Treffen. Gern hätte er Anschluss an eine Widerstandsgruppe gefunden, doch das gelang nicht, zu groß waren die Vorsicht und die Angst. Inzwischen kamen immer wieder Nachrichten aus den Konzentrationslagern Buchenwald, Oranienburg und Sachsenhausen, grausame Nachrichten, die nur hinter vorgehaltener Hand und mit Schaudern weitergetragen wurden.

Dennoch entschlossen sich die katholischen Jurastudenten, die über die Jahre Kontakt hielten, noch im Sommer 1939, wenige Monate vor Kriegsbeginn, sich an der Vervielfältigung und Verbreitung einer Rede des als Staatsfeind geltenden Schriftstellers Ernst Wiechert zu beteiligen. Wiechert, 1938 zwei Monate im KZ Buchenwald interniert und anschließend unter ständiger Gestapoaufsicht, hatte die Rede 1936 vor Heidelberger Studenten gehalten und deutliche Worte für seine Ablehnung der Nationalsozialisten und des faschistischen Systems gefunden:

»Ja, es kann wohl sein, dass ein Volk aufhört, Recht und Unrecht zu unterscheiden, und dass jeder Kampf im Recht ist. Aber solch Volk steht schon auf einer jäh sich neigenden Ebene und das Gesetz seines Untergangs ist ihm schon geschrieben … Aber die Waage ist schon aufgehoben über solch ein Volk, und an jeder Wand wird die Hand erscheinen, die Buchstaben von Feuer schreibt … Ich beschwöre Sie heute, sich nicht verführen zu lassen, nur Glanz und Glück zu sehen, wo soviel Leiden sich um und um wendet, und sich niemals dahin bringen zu lassen, zu schweigen, wenn das Gewissen Ihnen zu reden befiehlt …«

Heinz Drossel fabrizierte – mit Schreibmaschine und Durchschlagpapier – 32 Exemplare, die er teils direkt übergab, teils unter den Tischen im Hörsaal deponierte, und hoffte, dass viele es »gelesen – und etwas darüber nachgedacht«[10] haben.

Die wachsende Überzeugung, dass ein Krieg unausweichlich kommen würde, die alltäglichen Schikanen und die ausufernde Kontrolle aller Lebensbereiche durch die Nationalsozialisten brachten Heinz dazu, sich nach Fluchtmöglichkeiten umzusehen. Er schmiedete Auswanderungspläne, wollte nach Argen-

9 *Heinz Drossel in San Remo, 1938*

tinien oder Mexiko, weg aus Deutschland, wo er keine Zukunft
für sich sah. Da kam die Einladung von Tante Betty nach Italien im Frühjahr 1938 gerade recht. Mit einigen Schwierigkeiten gelang es ihm, ein Durchreisevisum für die Schweiz und
die nötigen Papiere vom Wehrbezirkskommando zu ergattern.
Sein Vater bezahlte ihm die Fahrkarte und gab ihm eine kleine
Summe Bargeld mit.

Die Zeit in San Remo bei Tante Betty, der lebenslustigen, un-
konventionellen Schwester des Vaters, war zwiespältig – einerseits Sonne, Sommer, italienische Leichtigkeit, andererseits bedrückende Ungewissheit, wie es weitergehen soll. Dazu kam die
Konfrontation mit zahlreichen deutschen Juden, Emigranten
wider Willen. Die meisten fürchteten um ihr Leben. Drossel
schloss mit einem jungen jüdischen Ehepaar Freundschaft; die
beiden boten ihm an, die Kosten für die Überfahrt nach Amerika für ihn zu übernehmen. Er lehnte ab. »Das war noch nie
meine Art«, sagte er im Rückblick, »auf Kosten anderer zu leben – und die zwei brauchten das Geld viel dringender als ich,
das war mir klar.«

Am 30. September 1938 wurde das Münchner Abkommen unterzeichnet. Das Großdeutsche Reich schloss mit Frankreich, Großbritannien und Italien einen Vertrag, der die sogenannte Sudetenkrise beendete. Damit war die durch Hitlers ultimative territoriale Forderung an die Tschechoslowakei entstandene Kriegsgefahr zunächst gebannt. Die Großmächte verfügten – ohne Mitsprache der Tschechoslowakei – die Abtretung der überwiegend von Deutschen bewohnten Grenzgebiete an Hitler. Der Führer ließ sich zu Hause als Diplomat und Friedensfürst feiern, das europäische Ausland gab sich der trügerischen Zuversicht hin, dass auf diesem Wege Hitlers Machtansprüche unblutig befriedigt werden könnten.

Ganz so naiv war Heinz Drossel nicht, aber er nahm an, dass ihm genug Zeit bliebe, sein Studium vor Beginn des Krieges abzuschließen. Als er im Oktober 1938 bei Basel über die Grenze fuhr, dachte er: »Nun fährst du wieder rein, in das große KZ, das Deutschland heißt, du dummer Hund.«

Marianne Hirschfeld hatte zu diesem Zeitpunkt schon aus erster Hand erfahren müssen, was es heißt, in einem Konzentrationslager zu sein: Ihr Vater war am 14. Juni 1938 verhaftet und im KZ Buchenwald interniert worden. Mehr als 10 000 Menschen wurden bei der am 13. Juni begonnenen Aktion »Arbeitsscheu Reich«, die von SS-Obergruppenführer Reinhard Heydrich angeordnet worden war, verhaftet und zur Zwangsarbeit in Konzentrationslager verschleppt. Sogenannte Asoziale – dazu zählten für Heydrich insbesondere Landstreicher, Bettler, Zigeuner, Zuhälter – sollten ausgeschaltet werden, »weil das Verbrechertum im Asozialen seine Wurzeln hat«.[11] In seinem »streng vertraulichen« Schnellschreiben verfügte Heydrich außerdem, »alle männlichen Juden« ebenfalls in »polizeiliche Vorbeugungshaft« zu nehmen. Bei dieser Gruppe genügte eine geringfügige Vorstrafe als Alibi für die Polizei. Allein in Berlin kam es bei der »Juni-Aktion« denn auch zur Festnahme von

Hunderten Juden. Ob vorbestraft oder nicht – die fadenscheinigsten Begründungen reichten aus; manchmal war es nur ein läppisches Verkehrsdelikt wie das falsche Überqueren einer Kreuzung, das den Ausschlag gab.[12]

Kurt Sigismund Hirschfeld erhielt die Häftlingsnummer 5290 und wurde registriert in der Kategorie »Arbeitsscheu R.« (Reich), »Jude«. Unter unmenschlichen Bedingungen verbrachte Hirschfeld, der schwer gefoltert wurde, zweieinhalb Monate im KZ Buchenwald, an dessen Eingangstor der Spruch »Jedem das Seine« steht. Mit seinen 56 Jahren, durch die letzten Jahre voller Entbehrungen und Sorgen geschwächt, war er als Arbeitssklave von geringem Nutzen für die Nazis. Am 31. August wurde er entlassen. Kurt Sigismund Hirschfeld starb am 29. November 1938 im Jüdischen Krankenhaus Berlin an den Folgen seiner Misshandlungen.

Marianne hatte verzweifelt versucht, ihren Vater aus dem KZ herauszuholen. Viele Möglichkeiten blieben ihr nicht. Vielleicht wies sie auf seine Teilnahme am Ersten Weltkrieg hin – jüdische Weltkriegskämpfer wurden einige Zeit von manchen Verfolgungsmaßnahmen verschont, vielleicht hoffte sie auf Einflussnahme der ehemaligen politischen Weggefährten ihrer Tante Dorothea Hirschfeld. Tante Thea war Sozialdemokratin, insofern galt sie zwar als Feindin der Nazis – zudem war sie jüdisch und ohnehin verfemt –, aber sie war eine bekannte Persönlichkeit in der Weimarer Republik gewesen und hatte Kontakt zu vielen einflussreichen Leuten.

Marianne musste nach der »Reichskristallnacht« die elterliche Wohnung auflösen, die Möbel, gute Stücke aus besseren Zeiten, »durfte« sie zu lächerlich niedrigen Preisen verkaufen. Sie bekam ein Zimmer in einem »Judenhaus« zugewiesen, einem der von Nazis beschlagnahmten Häuser aus jüdischem Besitz, in denen jüdische Bürger ghettoisiert wurden. Marianne war nach dem Tod ihres Vaters in einer verzweifelten, einsamen Lage. Ihre Ehe mit Adolf Albinus war bereits am 15. August

1935 geschieden worden, einen guten Monat vor Erlass der Nürnberger Gesetze. Die Schwester war seit Jahren emigriert.

Ihre Mutter Rosa, schon vor der Verhaftung des Vaters im Juni 1938 in schlechter psychischer Verfassung, war Ende März 1936 zum ersten Mal in einer Privatunterkunft für psychisch Kranke aufgenommen worden; im März 1938 traf sie in den »Wittenauer Heilstätten« ein, einer staatlichen psychiatrischen Klinik. Marianne schrieb nach dem Krieg: »In der Zwischenzeit [gemeint ist der Zeitraum von der »Machtergreifung« bis zur Inhaftierung von Kurt Hirschfeld im Juni 1938] war meine Mutter seelisch völlig zusammengebrochen, so dass ich auch für deren Behandlung und Unterbringung sorgen musste.« Marianne war die wichtigste Bezugsperson für Rosa, und sie hatte noch für einen weiteren Menschen die Verantwortung – für ihren Sohn.

William Albinus, genannt »Billy«, wurde am 2. Februar 1936 in Berlin geboren. Ob sein Vater, Adolf Albinus, ihn jemals gesehen hat, ist fraglich. Die Scheidung lag bei Billys Geburt knapp sechs Monate zurück. Seit 1933, als die Verfolgung durch die Nazis begann, hatte Marianne einen extrem unregelmäßigen Zyklus. Vielleicht war ihr ihre Schwangerschaft zum Zeitpunkt der Scheidung erst seit Kurzem bewusst gewesen. Vielleicht wusste auch Adolf nicht, dass seine Frau, deren Familie in existenziellen Nöten steckte, ein Baby von ihm erwartete. Ob er mit diesem Wissen anders gehandelt hätte, bleibt ungewiss. Aus Mariannes Nachlass wird deutlich, dass die Scheidung von seiner Seite aus forciert wurde – und zwar »aus Furcht vor persönlichen Nachteilen«.

Die Scheidung von sogenannten Mischehen war schon 1933 – also lange vor dem Verbot der Schließung solcher Ehen nach den »Rassegesetzen« – im Vergleich zu »rein arischen Ehen« erheblich erleichtert worden. 1938 wurde im Eherecht ein Paragraph geschaffen, der ausdrücklich die »Rassezugehörigkeit« als Scheidungsgrund benannte. Nach der Rassenideologie der Nazis war es absolut unerwünscht, dass »deutsches Blut« sich mit

anderem mischte, die bestehenden deutsch-jüdischen Ehen sollten nach Möglichkeit aufgelöst werden. Zu einer Verordnung für
Zwangsscheidungen kam es jedoch bis zum Ende des Dritten
Reichs nicht, zu groß waren die Bedenken, dass in der »rein deutschen« Bevölkerung Unruhe und Auflehnung entstehen könnten: Jede deutsche Ehefrau eines Juden hatte schließlich »arische«
Familie und jeder »arische« Ehemann deutsche Angehörige.

Politisches Kalkül verhinderte eine endgültige Entscheidung
in dieser Frage. So förderte die Obrigkeit zwar Scheidungen von
»Mischehen« – allein schon durch die Repressalien, die auch die
»arischen« Ehegatten mit erleiden mussten –, gleichzeitig blieben jüdische Ehepartner von »Ariern« (und auch deren Kinder)
lange Zeit vergleichsweise sicher vor der Vernichtungspolitik.
Für viele Jüdinnen und Juden war die Scheidung gleichbedeu-
tend mit einem Todesurteil. Unmittelbar nach der Kapitulation
lebten in Berlin schätzungsweise 8000 Juden, etwa 4000 von
ihnen hatten einen »arischen« Ehepartner. Mindestens 1700 Juden, die in Berlin untertauchten, haben die Befreiung erlebt.[13]

Allein aus materiellen Gründen war die Scheidung von Adolf
Albinus für Marianne ungünstig. Sie versuchte natürlich Arbeit
zu finden, denn von ihren Eltern konnte sie keine finanzielle
Unterstützung bekommen. Marianne besaß zwar ausgezeich-
nete Qualifikationen, als Jüdin hatte sie dennoch keine Chance:
Nur Juden durften Juden beschäftigen, und die wenigen, die
zu diesem Zeitpunkt noch Geschäfte hatten, kämpften um das
eigene Überleben – für Angestellte war kein Geld da. Die Ar-
beitssuche war zermürbend und frustrierend. Dann kam der
Tag, an dem Marianne klar wurde, dass sie schwanger war. Die
Entdeckung muss ein schwerer Schock gewesen sein – wie sollte
das gehen, ein Kind in diesen Zeiten großzuziehen?

Für jede geschiedene alleinerziehende Frau war das Leben
damals hart, für eine Jüdin war die Situation schlicht katastrophal. Marianne konnte immerhin Unterschlupf bei ihren
Eltern finden, wo sie sich um den Haushalt kümmerte. Im

Frühjahr 1936, als ihr Sohn Billy gerade auf die Welt gekommen war, litt ihre Mutter Rosa bereits unter schweren Depressionen, sie baute auch körperlich ab und konnte jede Hilfe gut brauchen. Vater Kurt, 1936 noch auf freiem Fuß, versuchte alte Beziehungen zu aktivieren, um das Allernötigste für den Lebensunterhalt zu verdienen. Er arbeitete in dieser Zeit sporadisch als Vertreter, eine demütigende Situation für den ehemaligen Firmenchef.

Ab 1938 setzten die Lebensmittelrationierungen ein. Was für »Arier« Einschränkungen bedeutete, hieß für jüdische Familien Hunger, denn die Zuteilungen bestanden oftmals nur aus der Hälfte dessen, was den »Volksgenossen« zugebilligt wurde. Aber nicht nur materielle Sorgen erschwerten das Leben von Marianne und ihren Leidensgefährten. Die ständige Angst, das Ausgegrenztsein und die alltäglichen Schikanen – Verbote aller Art, auch eingeschränkter Zugang zu den öffentlichen Verkehrsmitteln – machten etwas, was die Bezeichnung »normales Leben« verdient hätte, unmöglich.

Der kleine Billy gedieh indes, er lernte Laufen und Sprechen und war ein hübscher, aufgeweckter Junge mit einem bezaubernden Lächeln. Die Gegenwart des Kindes muss bei allen Zukunftssorgen und Existenzängsten – jeden Morgen die bange Frage, ob genug zu essen da sein wird, ob wieder jemand aus dem Bekanntenkreis über Nacht verschwunden ist, ob die Gestapo »einen Besuch« abstattet – doch auch Trost und Lebensfreude bedeutet haben. Und Marianne bemühte sich, dem Kleinen etwas Unbeschwertheit zu vermitteln.

Sie tat, was alle jungen Mütter mit ihren Kindern tun, spielte mit Billy, ließ ihn im Garten der Tante planschen und toben, und sie ging mit ihm spazieren, sooft das Wetter es zuließ. An einem sonnigen Novembertag 1938 bummelten Mutter und Sohn in Tempelhof durch die Straßen. Billy war zweieinhalb Jahre alt, trabte in kleinen Schritten vor seiner Mutter her und hatte gerade einen Stein gefunden, den er in seiner kleinen Faust hielt.

10 Marianne und Billy, Berlin, um 1938

Schüchtern war der Kleine nicht, und sein Schatz erschien ihm so wunderbar, dass er auch andere daran teilhaben lassen wollte. Der nächste Passant bekam den Stein hingestreckt. Das war ein junger Mann, ein Student, der sich emsig auf sein erstes juristisches Staatsexamen vorbereitete, um vor Ausbruch des Krieges, den er schon lange erwartete, wenigstens etwas in Händen zu halten.

Heinz Drossel beschrieb diese Begegnung in seinen Lebenserinnerungen: »Um durchhalten zu können, wird täglich ein längerer Spaziergang eingeführt. Bei einem der ersten gewinne ich einen kleinen Freund. Ich gehe durch die Siedlung in Neu-Tempelhof, da springt ein kleiner Junge von vielleicht zwei bis drei Jahren auf mich zu und schenkt mir einen kleinen – wirklich schönen – Stein. Dabei überstürzt sich der kleine Mann und erzählt und erzählt. Schließlich schaltet sich seine Mama ein – eine sehr schöne, junge Frau. Wir wechseln ein paar Worte – aber die Pflicht ruft. Ich fühle, ich habe keine Stunde zu verlieren.«[14]

III. Offizier wider Willen (1939–1942)

Mehr als eine Formalie

Berlin im März 1939

Deutschland forderte die »Angliederung« Danzigs ans Reich, Polen lehnte ab. England und Frankreich ergriffen Partei für Polen und formulierten eine »Garantieerklärung«, nach der das laut Versailler Vertrag festgelegte polnische Staatsgebiet geschützt sein sollte. Daraufhin kündigte Hitler sowohl den polnisch-deutschen Nichtangriffspakt als auch das deutsch-britische Flottenabkommen. Frankreich und Großbritannien zeigten sich besorgt, blieben aber passiv. Danzig war weit weg und die deutsche Armee sehr stark geworden.

Hitler hatte sich über viele Vereinbarungen des Versailler Vertrages schon lange hinweggesetzt, die Wehrpflicht bereits 1935 wieder eingeführt und vor allem die Rüstungsindustrie aufgebaut. Die Parole vom »Volk ohne Raum« war durch Joseph Goebbels' Propagandamaschinerie verbreitet und vielen Deutschen zur Überzeugung geworden. Im August schlossen das Deutsche Reich und die Sowjetunion einen Nichtangriffspakt mit einem geheimen Zusatzprotokoll, in dem die Bündnispartner festlegten, wer welche Länder und Gebiete besetzen sollte. Es ging um Polen, die baltischen Staaten, Bessarabien und Finnland.

Die Nachricht vom deutsch-sowjetischen-Nichtangriffspakt deprimierte Familie Drossel und andere Nazigegner. Dass der Krieg kommen würde, und zwar bald, war ihnen klar gewesen. Doch nun war alle Hoffnung auf einen kurzen Zweifrontenkrieg, in dem die Nationalsozialisten schnell besiegt werden würden, auf einen Schlag dahin. Drossels und Gleichgesinnte waren zutiefst davon überzeugt, dass nur ein verlorener Krieg dem verhassten Regime ein Ende bereiten könnte. Und nachdem Russland im Osten sich zum Verbündeten erklärt hatte und Frankreich und England im Westen trotz aller Unverschämtheiten Hitlers – wie der Annexion der tschechischen Gebiete – keine Anstalten machten, ihn in seine Schranken zu weisen, schien diese Option infrage gestellt.

Am 1. September 1939 überfiel die deutsche Wehrmacht Polen. Die polnischen Truppen hatten dem Angriff kaum etwas entgegenzusetzen. Am 17. September marschierte die Rote Armee von Osten her nach Polen ein. Das Land musste kapitulieren. Russen und Deutsche teilten die Beute; Hitler schwelgte im Siegesrausch und ein großer Teil der deutschen Bevölkerung mit ihm. Andere fürchteten, dieser Feldzug könnte erst der Anfang gewesen sein.

Die Nachricht »Seit 5.45 Uhr wird jetzt zurückgeschossen« erreichte die deutsche Bevölkerung via Radio. Hitler stellte seinen völkerrechtswidrigen Angriff auf das Nachbarland als Verteidigungshandlung dar, indem er eine polnische Attacke im Grenzgebiet fingieren ließ. Es verstrichen zwei Tage, bis England und Frankreich Deutschland den Krieg erklärten.

Der Journalist Erich Kuby, Jahrgang 1910, war ein Gegner der Nazis; distanziert beobachtete er die politischen und gesellschaftlichen Entwicklungen. In einem Brief vom 1. September 1939 schrieb er: »Da haben wir den Salat! Hört ihr Radio? Hört bloß nicht zuviel, das verzerrt die Verhältnisse und macht dumm. Ich höre kein Wort. Lese eine Zeitung, um auf dem Laufenden zu sein, eine hiesige, und die Frankfurter, die jeweils drei Tage später ihre Meinung sagt, oder was man als Meinung bezeichnen könnte. Man schießt, und es ist doch noch kein Krieg. Ob es einer wird? Die Engländer sagen, sie hätten von nichts gewusst. Die Italiener sind gar still.«[15] Kuby wurde kurze Zeit später eingezogen und erlebte den Krieg als einfacher Soldat bis zum Ende mit.

47

Victor Klemperer schilderte in seinen Tagebüchern, wie er die ersten Tage des Zweiten Weltkrieges wahrnahm: »Am Freitagmorgen, 1.9., kam der junge Schlachtergeselle und berichtete: Rundfunk erkläre, wir hielten bereits Danzig und Korridor besetzt, der Krieg mit Polen sei im Gang, England und Frankreich blieben neutral. Ich sagte zu Eva [seiner »arischen« Frau], dann sei für uns eine Morphiumspritze oder etwas Entsprechendes das Beste, unser Leben sei zu Ende. Dann sagten wir uns beide, *so* könnten die Dinge unmöglich liegen, der Junge habe schon oft tolles Zeug berichtet … Annemarie brachte zu Evas Geburtstag zwei Flaschen Sekt. Wir tranken damals eine und beschlossen, die zweite für den Tag der englischen Kriegserklärung aufzuheben. Also muss sie heute [4. September 1939] heran. Tagsüber war ich voller Hoffnung, jetzt bin ich wieder deprimiert.«[16]

Am 4. September 1939 meldete sich Heinz Drossel zum ersten Staatsexamen. Eigentlich fehlte ihm noch ein Semester Studium, doch weil er schon lange einen Krieg befürchtete, verstärkte er seine Anstrengungen. Das erste Staatsexamen schloss Drossel im November 1939 mit dem Prädikat »befriedigend« ab. Ein Referendariat sollte die nächste Station in der Ausbildung zum Volljuristen sein. Es war die einzige Hoffnung, vom Wehrdienst zurückgestellt zu werden. Er bewarb sich beim Kammergericht. Drossel fand sich im Büro des Kammergerichtspräsidenten ein. Der Beamte überflog seine Unterlagen, murmelte zufrieden vor sich hin und eröffnete dem jungen Mann, dass das ja alles wunderbar aussehe und er gewiss schnell eine Stelle zugeteilt bekommen würde.

Drossel dachte schon, er könne gehen, da räusperte sich der Präsident: »Es fehlt nur noch der Nachweis über Ihren Einsatz für die Volksgemeinschaft. Na ja, reichen Sie ihn morgen nach. Wir werden heute noch die Zurückstellung vom Wehrdienst beantragen.« Für den Kammergerichtspräsidenten handelte es sich um eine Formalie.

Das war es für Heinz Drossel nicht. Er war in keiner Parteigliederung gemeldet, geschweige denn aktiv, er hatte sich der
Gleichschaltung bisher erfolgreich entzogen. Er habe nichts
dergleichen vorzuweisen, erklärte er denn auch rundheraus.
»Was denn, Sie waren in keiner Gliederung der Partei?« Die Jo-
vialität des Präsidenten ließ merklich nach, er machte dennoch
ein letztes Angebot: »Melden Sie mir bis morgen früh Ihren
Eintritt in eine Gliederung der NSDAP – von mir aus in das
NSKK[17].« Das Nationalsozialistische Kraftfahrkorps war eine
paramilitärische Organisation der NSDAP, galt damals jedoch
zu Unrecht als harmlose Spaßvereinigung. Drossels Antwort
kam wie aus der Pistole geschossen, in preußisch korrekter Formulierung: »Es tut mir leid, Herr Präsident, dazu sehe ich mich
nicht in der Lage.« Der Beamte stutzte, schob Drossels Personalakte von sich weg und sagte kurz angebunden: »Na, wie
Sie wollen. Ihr Antrag auf Übernahme ist abgelehnt.«

24 Stunden später erhielt Drossel per Eilbrief seinen Einbe-
rufungsbescheid.

Als alter Herr sagte er dazu: »Besonders schlau habe ich mich
damals wohl nicht verhalten, aber ich konnte nicht anders.«
Drossel hatte sich so lange den Vereinnahmungsversuchen der
Nazis widersetzt, er wollte sich auch in dieser Situation nicht
beugen lassen. Bereute er seine Entscheidung? Es folgten über
fünf Jahre Kriegseinsatz, und auch nach Kriegsende hatte seine
Weigerung, dieser »Formalie« zu entsprechen, negative Konsequenzen für seine Karriere. Nein, er bereute es nicht, »nicht im
Geringsten«.

Am 1. Dezember 1939 meldete sich Rekrut Drossel in einer
Kaserne in Spandau-Ruhleben. Er war dem Garde-Grenadier-
Regiment Graf 9 in Potsdam zugeteilt. Seine Grundausbildung
begann er am 10. Dezember im Fort Hahneberg. Das militä-
rische Leben empfand er von Anfang an als trostlos. Bei der
Vereidigung, die in einer Turnhalle stattfand, schwieg Heinz

Drossel und hob auch nicht die Hand zum Eid. Eine stumme Geste der Verweigerung, von der niemand Notiz nahm.

Nach einem Wochenendurlaub wurde Drossels Regiment am 19. Februar 1940 überraschend nach Westen abkommandiert. Die erste von vielen Güterwaggonfahrten in diesem Krieg führte den 23-Jährigen über Köln in die Eifel. Es folgten Wochen mit Gefechtsübungen, dann ging es im März weiter gen Westen, an die Grenze nach Luxemburg. Drossel hatte inzwischen seinen Platz in der Kompanie gefunden. Mit Kalkül, Geschick und Glück war es ihm gelungen, allzu schlimmen Schindereien zu entgehen und gleichzeitig die Achtung seiner Schicksalsgenossen zu erlangen. Der »Dienst« an der luxemburgischen Grenze war sehr ruhig; die meiste Zeit saßen die Soldaten herum und unterhielten sich über Gott und die Welt.

Im April 1940 begannen Hitlers Truppen, Dänemark vollständig und Norwegen zu einem großen Teil zu besetzen. Am 10. Mai startete die lang geplante Westoffensive, die Niederlande und Belgien wurden überrannt. Beide Länder kapitulierten binnen Tagen. Mit dem schweren Bombardement auf Rotterdam am 14. Mai statuierte die deutsche Heeresführung ein Exempel, wie es deutsche Bürger im weiteren Verlauf des Krieges erleben sollten.

Heinz Drossel wurde am 12. April zum Melder ernannt, eine Position, die einerseits gefährlicher als andere war, weil der Melder allein auf sich gestellt war und zwischen den Linien hin und her laufen musste. Andererseits war der Posten Drossel gerade recht, denn so verringerte sich die Wahrscheinlichkeit, dass er von seiner Waffe Gebrauch machen sollte – oder musste. Er war nämlich nicht bereit, auf Menschen zu schießen. Krieg hin oder her, sein Glauben und seine humanistischen Überzeugungen verboten es ihm. Dabei war er nicht so naiv zu behaupten, er würde sich in einer lebensbedrohlichen Situation nicht wehren. Doch er meinte, dass der Augenblick entscheiden würde und diese Frage nicht theoretisch zu klären sei. Und

11 Heinz Drossel als Melder in Frankreich, 1940

damit es nicht so weit kommen möge, setzte er eben alles daran, eine solche Situation zu vermeiden.

Um 3.28 Uhr am 10. Mai überschritt Drossel mit seinem Regiment die luxemburgische Grenze. Die Truppe marschierte die nächsten zwei Tage lang, erreichte Belgien und näherte sich der französischen Front. Der Dreck, die Strapazen, Schlafmangel, die ganze Tortur sorgte dafür, dass der junge Mann ganz gefühllos wurde – so wie viele andere. Er spürte kaum etwas außer Durst, Hunger, Müdigkeit. Dann kam der erste echte Fronteinsatz. Heinz Drossel hatte zum ersten Mal wirklich Angst. Bei dem Gefecht starb ein Unteroffizier, mehrere Soldaten wurden verwundet, und seine körperliche Unversehrtheit verdankte Drossel wahrscheinlich seinem gesunden Instinkt, der ihn den Angriffsbefehl ignorieren ließ. Statt dem Feind entgegenzustürmen, lief er querfeldein zu einer anderen Truppe seiner Einheit. In den folgenden Tagen und Wochen erlebte Drossel noch mehrere schwere Kämpfe; er sah verendete Tiere, zerstörte Dörfer, verstümmelte Leichen, über allem hing der Geruch von Verwesung.

Die französische Hauptstadt wurde am 14. Juni kampflos

den deutschen Truppen übergeben. Acht Tage später trat der Waffenstillstand von Compiègne in Kraft: Das Land teilte sich fortan in den unbesetzten, mit Hitlerdeutschland kooperierenden Teil unter der Vichy-Regierung im Süden und einen besetzten Teil. Hitler triumphierte. Heinz Drossel, inzwischen im Burgund angelangt, wurde am 26. Juni 1940 mit einigen anderen zum Gefreiten befördert.

Der Sieg der Deutschen verschaffte ihm und seiner Truppe erst einmal etwas Ruhe, langsam bewegte sich das Bataillon wieder Richtung Deutschland. Unterwegs genossen die jungen Männer die Vorteile des Siegers; französische Frauen feierten mit ihnen, der französische Wein floss in Strömen. Die deutschen Soldaten waren froh, noch am Leben zu sein.

»Mord und Brand«

Dagda, 9. Juli 1941
Mitten in der Nacht ging die Reise los, Richtung Osten: über Heidelberg, Berlin, Bromberg (Bydgoszcz) nach Leslau (Włocławek) an der Weichsel. In dieser polnischen Großstadt erwartete den Gefreiten Drossel und seine Kameraden »eine andere Welt. Erstes Ahnen tragischer Entwicklungen. Eine östliche Welt«, wie Drossel in seinen Erinnerungen notierte: »Vor dem niedrigen Bahnhof ein großer Platz, mittelalterliches Kopfsteinpflaster, Grasbüschel dazwischen, niedrige Katen aus Holz, Panjewagen mit dem typischen östlichen Geschirr, Männer mit langen Bärten, Frauen mit dunklen Kopftüchern. Alle etwas verängstigt. Viele deutsche Soldaten.«[18]

Das Betreten des jüdischen Ghettos war deutschen Soldaten verboten, doch niemand hielt sich daran. Drossel konnte den regen Geschäftsverkehr zwischen den jüdischen Bewohnern und den deutschen Besatzern beobachten. Gegen Brot und andere Lebensmittel wuschen Frauen die Wäsche der Soldaten; auch Liebesdienste wurden angeboten.

Drossel war unbehaglich zumute, wenn die jüdischen Bewohner die Bürgersteige verließen, weil ein deutscher Soldat des Weges kam, wie es ein Befehl verlangte: »Vor dem ersten, der mir so ausweicht, schäme ich mich – gehe nun selbst auf dem holprigen Damm. Ein Landser klopft einem uralt Aussehenden in Kaftan und Pajetten auf die Schultern: ›Alter, lass doch die Faxen!‹ – ›Pan, de bist a güte Mensch, aber was soll ich machen a Risiko?‹ Nachdenklich verließ ich das Ghetto. Wo wird das hinführen? Dann esse ich im Hotel ›Deutsches Haus‹ Bratkartoffeln mit Ei und Speck – ohne Marken. Das Leben ist bitter.«[19]

Die folgenden Monate waren vergleichsweise ruhig für den Gefreiten Drossel. Er wurde zum Schreiber ernannt, später versah er auch Telefondienst. Die Arbeit war wenig anstrengend, und er hatte freien Zugang zum Wehrmachtsempfänger, sodass er – heimlich natürlich – Informationen von Radio London empfangen konnte. Von Ende September bis Ende Oktober und dann noch einmal zu Weihnachten 1940 hatte er Heimaturlaub.

Drossel feierte mit Freunden eine Geburtstagsparty, während draußen die Bomben fielen, und ließ Churchill hochleben. Berlin wurde mit zunehmender Härte von den Briten bombardiert, und die Freunde hofften auf Hilfe von außen gegen das Naziregime. Im April 1941 bekam Drossel den Befehl, einen Russisch-Dolmetscherkurs zu absolvieren. Während seines Studiums hatte er sich zwei Jahre lang die Sprache autodidaktisch angeeignet, sodass er schnell gute Fortschritte machte. Rasch lernte er auch, mit Pferden umzugehen und zu reiten. Beide Fertigkeiten sollten ihm noch sehr nützlich sein.

Ab Mai 1941 marschierte Drossels Truppe weiter gen Osten, durch Ostpreußen Richtung litauische Grenze, und in der Nacht zum 22. Juni überschritt seine Einheit den Fluss Scheschuppe. Am Abend des 21. Juni schrieb Heinz einen Brief an seine Eltern:

Meine Lieben.

Wir stehen jetzt wenige Stunden vor dem Angriff. Ich bin vollkommen ruhig und gehe mit großer Zuversicht in den Kampf. Seid ruhig und geht voller Ruhe in die Zukunft.

Wir werden uns wiedersehen! Der Herr ist mit uns, er hat die Seinen noch nie verlassen und wird auch in dieser schweren Zeit wieder bei uns sein.

Er gebe uns Kraft und Stärke alles zu ertragen und durchzuhalten … Ein herrlicher Abend sinkt hernieder. Ein wunderbarer Sommertag geht zur Neige. Ich muß nun Schluß machen …

Auf Wiedersehen!

Heinz

Eine Kriegserklärung gegen Russland, das ja offiziell noch Bündnispartner war, gab es zu diesem Zeitpunkt nicht. Melder Drossel hatte den Befehl zum Angriff seinem Kompaniechef überbracht und die Devise erhalten: »Es werden keine Gefangenen gemacht!«

Der Fluss konnte ohne Gegenwehr überquert werden. Doch dann: »Da – Russen! … Ich sprinte vor: ›Ruky wjerch! – Hände hoch!‹ … Ich denke an den Befehl … Ich bringe sie zum Kompaniechef! ›Da haben Sie Ihre Gefangenen!‹ Er sieht durch mich hindurch, ringt mit sich – minutenlange Stille – alle Landser sind stehen geblieben und schauen herüber. Jetzt, ich sehe es, fühle es, Kadavergehorsam hat gesiegt. Er dreht sich zu den Gefangenen, zeigt nach vorn und ruft: ›Haut ab, lauft!‹ Sie zögern, dann begreifen sie – und schon rasen sie über die feuchte Wiese auf den 150 Meter entfernten Wald zu.

15, 20 Meter sind sie weg, dann W. [der Kompaniechef] mit heiserer Stimme: ›Feuer frei!‹ Ich rase hinter den Gefangenen her, wie ein Hase Haken schlagend um Schussfeld zu nehmen. Es fallen zwei, drei Schüsse, hoch über uns hinweg. Ich bleibe

12 An die Eltern, 21. Juni 1941, zweite Seite des Briefes

stehen, vorn laufen sie um ihr Leben, jetzt haben sie den Waldrand erreicht und sind verschwunden. Die Landser stehen verständnislos, einige zittern. Ich bebe vor Wut, stehe vor W. und fauche ihn an: ›Das wäre Mord gewesen, Herr Leutnant, gemeiner Mord!‹ Er steht einen Moment unbeweglich, dreht sich zur Kompanie: ›Weiter, marsch.‹ … Habe ich recht gehandelt? Die töten vielleicht später welche von uns. Ich musste so handeln – ich konnte nicht anders.«[20]

Kurz nach der »Freilassung« der russischen Gefangenen musste Drossel zum ersten Mal aus nächster Nähe mit ansehen, wie ein Jude schwer misshandelt wurde. Er sah es im Vorbeimarschieren: Der Kopf eines alten Mannes hing aus einem Schuppenfenster, seine Schläfenlocken und der lange weiße

Bart waren mit Nägeln an der Holztür festgezurrt. Ein Deutscher in Uniform beschimpfte den Alten auf übelste Art. Die ganze Kompanie zog dumpf an diesem schrecklichen Beispiel von Entwürdigung vorbei, es gab keine Kommentare, manche drehten den Kopf weg. Auch Heinz Drossel ging weiter. Er schämte sich, aber er wusste, dass er dieses Mal nichts unternehmen konnte, ohne sich selbst in ernsthafte Schwierigkeiten zu bringen – oder glaubte es zumindest. Auch 60 Jahre später überlegte er immer wieder, ob er nicht vielleicht doch hätte einschreiten können, sollen. Die Szene ließ ihn nicht los, und im Rückblick wusste er, dass hier ein Wendepunkt lag in seiner Einstellung zum Nationalsozialismus. Wenn er dem Regime gegenüber zuvor Verachtung empfunden hatte, so war aus dieser Verachtung nun Hass geworden.

Gleichzeitig litt er zunehmend unter den Erlebnissen. Die Gewalt stumpfte ihn nicht ab. Das, was um ihn her geschah, belastete ihn sehr, wie ein Brief vom 7. Juli 1941 zeigt:

»Liebe Eltern. Wie immer in der ganzen Zeit, weilen auch heute meine Gedanken bei Euch. Während harter Stunden hat mir der Gedanke an Euch immer wieder die Kraft gegeben, auszuhalten. Ich habe mich wie in Frankreich ganz unserem Herrn anvertraut und alle Gefahr ist bisher an mir vorübergegangen … Glaubt mir, was ich hier vor allem seelisch durchgemacht habe, kann ich keinem Menschen beschreiben.«

Auch der Obergefreite Kuby, der sich wie Drossel wider Willen in Russland aufhielt, litt unter den psychischen Belastungen. Das Verhalten der Männer, seiner sogenannten Kameraden, der Bevölkerung gegenüber widerte ihn an, seine Ohnmacht angesichts der Grausamkeiten bedrückte ihn: »Den heranreitenden Bauern sehen, ihn anbrüllen, er solle absteigen, sich mit Geschrei auf das Pferdchen schwingen, war für einen der betrunkenen Herren selbstverständlich; ein anderer tat es ihm nach. Der Bauer stand da, Verzweiflung, Angst, aber auch Verachtung, Wut im Blick. Nach zehn Minuten hatte er seinen Gaul wieder und ging zur Arbeit. Eine Lappalie! Und doch – das scheußliche Gefühl beim Zuschauen weckte nicht der Vorgang selbst, sondern die Tatsache, dass die gemeinsame Uniform mich zum Komplizen macht und mir verbietet, irgendetwas dagegen zu tun. Wo wäre der Punkt erreicht, an dem die Komplizenschaft aufgekündigt werden müsste, sofort und ohne Rücksicht auf die Folgen? Verbrechen, die ich nicht sehe, sind sie deshalb nicht meine Verbrechen, weil ich sie nicht sehe?«[21]

Ungefähr zum gleichen Zeitpunkt musste sich Heinz Drossel dieser Frage stellen. Am 9. Juli 1941 entfernte sich der Gefreite von seiner Truppe, die in der Nähe der kleinen lettischen Stadt Dagda eine Rast eingelegt hatte. Er wollte weg, raus aus dem Lärm, dem Gestank, er wollte endlich mal wieder allein sein und ging in ein nahe gelegenes Waldstück. Sein Hass auf die Nazis, ihre Politik, ihre menschenverachtende Gesinnung sollte auf erschütternde Weise neue Nahrung erhalten.

Statt Ruhe, Abgeschiedenheit und Besinnung entdeckt er in einem kleinen Tal, 30 oder 50 Meter unter ihm, ein Massengrab; tote Männer, Frauen und Kinder, die Erschießung ist noch nicht beendet. Er wird Zeuge, wie ein ungefähr sechsjähriger Junge erschossen und mit einem Fußtritt in die Grube befördert wird. Drossel ist so entsetzt und geschockt, dass er nicht schreien kann, nur unartikulierte Laute bringt er zustande und erweckt damit die Aufmerksamkeit eines MP-Postens, der auf gleicher Höhe mit ihm ungefähr 15 Meter entfernt an einem Baum steht. Das Erschießungskommando besteht aus SS-Leuten oder Männern eines der berüchtigten Polizeibataillone, der Wachposten ist ein einfacher Landser. Der scheucht ihn weg, bedroht ihn mit der MP und ruft ihm hinterher: »Hau ab, halt die Schnauze!«

Heinz Drossel flieht. Ihm ist schlecht und schwindlig; er rennt um sein Leben. Er weint. Er ist einfach fassungslos. Es gab immer wieder Gerüchte von »Erschießungskommandos«

und Massakern an Zivilisten; es gab Getuschel, das auch wieder verstummte – Feindpropaganda! Doch die kritischeren Geister unter den Soldaten ahnten wohl, dass an diesen Gerüchten etwas dran sein müsste. Und nun war Drossel Augenzeuge eines entsetzlichen Verbrechens geworden, das nichts, aber auch gar nichts mit einem »anständigen« Krieg oder »Kampf fürs Vaterland« zu tun hatte. Drossel erkannte, was es war: Mord, »die Gewaltherrschaft des Teufels«[22].

Wenig später gelang es ihm, sich dieser Gewaltherrschaft zu widersetzen. Während eines Scharmützels mit russischen Kämpfern geriet ein russischer Polit-Kommissar in die Gefangenschaft seiner Truppe. Der berüchtigte Kommissarbefehl, der vom Oberkommando der Wehrmacht erst im Juni 1941 herausgegeben worden war, bedeutete in einem solchen Fall den sicheren Tod für den Betreffenden. Der Befehl war unmissverständlich: »In diesem Kampf ist Schonung und völkerrechtliche Rücksichtnahme diesen Elementen [den Polit-Kommissaren] gegenüber falsch. Sie sind eine Gefahr für die eigene Sicherheit und die schnelle Befriedung der eroberten Gebiete … Sie sind daher, wenn im Kampf oder Widerstand ergriffen, grundsätzlich sofort mit der Waffe zu erledigen.«[23]

Doch weil Heinz Drossel derjenige war, der den Auftrag erhielt, den Kommissar zum Bataillon zu bringen, lief alles ein bisschen anders als von der obersten Heeresleitung gewünscht: »Ich lasse ihn etwa zwei Schritte vor mir gehen, Hände erhoben und halte meinen Karabiner an der rechten Hüfte, geladen und entsichert … Ich befehle ›Links ab!‹ Ich spreche mit ihm russisch … ›Hände herunter! Umdrehen!‹ Er lässt die Hände fallen und dreht sich um. Wir stehen uns jetzt auf zwei Metern gegenüber, er zeigt keine Regung. Ich lächle ihn an, lasse den Karabiner herunter und sage auf russisch: ›Keine Angst! Ich bin kein Mörder, ich bin ein Mensch. Laufen Sie jetzt den Pfad hinunter, … dort sind keine deutschen Soldaten mehr. Laufen Sie!‹ … Er macht einen Schritt auf mich zu, streckt mir die Hand hin … Ich bin allein, mitten im russischen Wald. Langsam gehe ich zurück, zufrieden mit mir. Hier haben zwei ›feindliche‹ Soldaten den Krieg besiegt!«[24]

Drossel hatte nicht die geringsten Skrupel, der freigelassene Kommissar könnte in Zukunft deutschen Soldaten schaden, so wie er noch im Falle der von ihm beschützten russischen Soldaten einen knappen Monat zuvor gedacht hatte. Im Gegenteil: »Ich empfinde diesen Augenblick als Sternstunde in meinem Leben – und bin überzeugt, er wird bei möglichen Begegnungen mit deutschen Kriegsgefangenen diese mit anderen, menschlichen Augen sehen und behandeln.«

Erfahren hat er dies freilich nie, genauso wenig, ob sein Vorgesetzter ausgerechnet ihn mit der Auslieferung betraut hatte, weil er wusste, wie Drossel handeln würde – denn der Kompaniechef hatte ihn ja in der Situation mit den Gefangenen beim Einmarsch nach Russland erlebt. Als Drossel wieder bei der Truppe auftauchte, unterließ er eine Vollzugsmeldung. Sein Kompaniechef fragte nicht nach. Besonders diese Situation lehrte Drossel, was alles möglich sein könnte bei dem Versuch, Mensch zu bleiben in diesem unmenschlichen Krieg, den er mehr und mehr verabscheute. In seinem Gedicht vom 14. August heißt es:

> Was steh ich hier im weiten Russenland,
> Ich will ja nichts erobern, nichts erwerben –
> Und doch verbreit ich Mord und Brand.
> Mussten darum meine Kameraden sterben?
>
> So gehen meine Gedanken wirr
> Und ich hadre mit meinem Geschick.
> Ich werde an mir selber irr –
> Und will doch nur – zurück!
>
> So steh ich hier im weiten Russenland,
> Ein Sternlein fällt hienieden;
> In Gedanken reich ich Euch die Hand
> Und bitte Gott um Frieden!

13 »Russische Nacht«, die ersten Strophen; das während der Nachtwache am 14. August notierte Gedicht erhielten die Eltern mit einem zwei Tage später geschriebenen Brief

Gott war in diesen Zeiten für den jungen Mann ein fester Halt, wie auch in einem Brief vom 16. August 1941 an die Eltern deutlich wird: »Vor und hinter mir das Grauen – neben mir die endlose Straße … Ich lebe im Augenblick die schwerste Zeit meines bisherigen Lebens. Und daß ich mir selbst treu bleib, ja daß ich innerlich ruhig und fast froh bin – das danke ich nur meinem Gott, der mich bisher nicht verlassen hat und mir Kraft und Stärke gibt, alles durchzuhalten … Glücklich sind die zu preisen, die einen Gott mitgenommen haben.«

14 *Dritte Seite des Briefes an die Eltern vom 16. August 1943*

Gegen Ende August wurde Drossel zum ersten Mal in seiner Soldatenlaufbahn auf seine juristische Ausbildung angesprochen und als Ankläger für ein Feldgericht eingesetzt. Es ging um unerlaubte Entfernung von der Truppe, ein schweres Vergehen. Drossel fühlte sich unsicher und unwohl, er hätte gern abgelehnt, doch das war unmöglich. Das Verfahren selbst empfand er dann aber als fair, und er konnte mit dem Ausgang zufrieden sein – so wie der Beschuldigte auch.

Der Vorsitzende Richter nahm Drossel nach der Beweisaufnahme beiseite und erkundigte sich, was er als Strafe beantragen wolle. Drossel wies vorsichtig auf mildernde Umstände hin und neigte zu einer niedrigen Strafforderung. Da belehrte ihn der Vorsitzende, dass er, wenn er zu wenig fordern würde, Gefahr liefe, dem Angeklagten zu schaden. Denn wenn Drossel eine hohe Strafe fordere, könnte das Gericht darunter bleiben und eine Bewährungsstrafe verhängen. Dann müsste der Delinquent zwar in ein Bewährungsbataillon, aber das sei allemal besser als eine Wehrmachtshaftanstalt. Drossel unterrichtete den Angeklagten über den Plan, und nachdem der sich einverstanden erklärt hatte, hielt er sich an den Rat des Richters.

Die folgenden Wochen marschierten die deutschen Soldaten durch unwegsames Gelände, durch Wälder und Sümpfe, sie drangen tiefer in russisches Territorium ein, es kam zu schweren Gefechten, immer häufiger zu Nahkämpfen, zwei von Heinz Drossels engsten Kameraden und viele andere starben. Es ging einige Kilometer vorwärts, dann wieder zurück; der Krieg um kleine Dörfer, Waldstücke, Wiesen war grausam, mühsam und erschöpfend. Die Division, der Drossel angehörte, wurde zusehends kleiner.

Seinen 25. Geburtstag verbrachte Drossel in einem Schützenloch unter Dauerbeschuss. Seine Notdurft musste er, wie alle anderen auch, in der Grube verscharren, in der er Stunde um Stunde ausharrte und versuchte, das unablässige Getöse zu ignorieren, um nicht vor Angst verrückt zu werden. Am nächsten Tag bekam er Schnaps von seinem Chef und das Eiserne Kreuz II. Die Feuerpause war nur kurz. Mehrere Tage lagen Drossel und seine Kameraden unter Beschuss der russischen Gewehre, MGs, Granaten und Panzer. Die Verluste waren enorm.

Kuby glaubte, dass die Unmittelbarkeit der Gefahr paradoxerweise dazu führte, dass man sich weniger fürchtete. Wer Elend am eigenen Leibe erfährt, so seine These, fühle sich weniger elend als der, der Zeuge dieses Elends wird. Gleichwohl kämpfte er um sein seelisches Gleichgewicht in diesem Krieg: »Die Auseinandersetzung mit der Gefahr ist ein Kinderspiel gegenüber der Auseinandersetzung mit den Umständen, die diese

Gefahr hervorgerufen haben … Aber hineingezwungen, wird auch mir der Krieg gegen den Krieg helfen. Gegen das Gefühl des Ekels, in dem ich ertrinke wie in Jauche. Wenn wir, Bertram und ich, im Sternenschein abseits unter Birken wandeln, und ich an ihn hinrede, was mir so durch den Kopf geht, derartiges also, dann ist er sehr betroffen und kann's im Innersten seines guten Herzens nicht glauben, dass dieser Ekel unseren letzten Fundus an Menschlichkeit darstellt und dass diejenigen, die ihn nicht empfinden, eben aufgehört haben, menschlich zu reagieren … Die Verkommenheit unseres Denkens und Fühlens offenbart sich im Zusammenstoß mit dem, was sie als Untermenschen einschätzen und oft genug verbal ganz buchstäblich so bezeichnen, doch noch auf ganz andere Art als 1940.«[25]

Weihnachten 1941 sah die Lage für Heinz Drossel noch schlimmer aus als drei Monate zuvor. Seine Division hatte Winterquartier in Salessje genommen, einem kleinen Dorf in der Nähe des Seligersees. Das ganze Bataillon steckte rund um den See fest – hier sollte wenig später die »Kesselschlacht von Demjansk« stattfinden. Die Verbindung zur Versorgungstruppe, 12 Kilometer entfernt, konnte im Dezember nur unter Schwierigkeiten gehalten werden; Post kam sehr selten. Die Kälte machte den Soldaten zu schaffen, minus 20, minus 30 bis zu minus 40 Grad. Sie litten unter Erfrierungen, die Temperaturen hatten aber einen Vorteil: Die Wanzen, im Herbst noch eine echte Plage, waren spurlos verschwunden.

Die Schlinge zog sich immer fester zu, die Munition ging zur Neige. Major Albert von der Goltz, den Drossel wegen seiner Besonnenheit und seiner freundlichen Art schätzte, ersuchte im Führerhauptquartier um Erlaubnis zum Rückzug. Abgelehnt. Der Führer befahl, die Stellung bis zum letzten Mann zu halten. Kurz darauf beschloss Goltz, seine Männer auch ohne die Zustimmung aus Berlin abzuziehen. Die Verbindung zu anderen Bataillonen war abgerissen, die Versorgung zusammengebrochen, es hatte in den letzten Tagen Hunderte

Tote gegeben. In der Nacht zum 13. Januar startete von der Goltz den Ausbruchversuch. Die Flucht verlief desaströs; von 360 Mann überleben nur 37. Drossel robbte unter den Leichen seiner Kameraden in den rettenden dichten Wald. Die Toten boten den wenigen Überlebenden Feuerschutz.

Als die Sonne aufging, herrschte Ruhe; die Russen hatten das Feuer eingestellt. Bei minus 40 Grad sammelten sich die wenigen Überlebenden erschöpft und ratlos. Der Gegner lauerte überall, der Wald wurde lichter: »Dann stehen wir am Waldrand von Samoschenka, etwa 200 Meter vor dem Dorf in einer Mulde. Das Gelände fällt erst ab und steigt dann zum Ort hin an, er liegt etwas höher, als wir sind. Drüben sehen wir Stellungen, das muss unser Tross sein. Rings um das Dorf sind hügelartige Erhebungen. Wir stellen fest, dass alle mit russischen MG-Stellungen besetzt sind, ab und zu fallen ein paar Schüsse oder eine MG-Salve ins Dorf. Die Fläche ist weiß und leer – keine Deckung.«[26]

Die Kälte quält die Landser, die Zeit scheint nicht zu vergehen, bis zum Einbruch der Dunkelheit wären alle erfroren. Der Himmel ist strahlend blau bis auf eine kleine Wolke, hoch über dem Hügel, auf dem das Dorf liegt. »Der Graf [Major Albert von der Goltz] will gerade den Befehl geben, zum Dorf hinüber zu stürmen – soweit die Kräfte dazu noch reichen – da geschieht das Unfassbare! Die kleine Wolke senkt sich ziemlich schnell auf das Dorf, wird größer und dichter. Nach wenigen Minuten herrscht dichter Nebel, man sieht keine zehn Meter weit.«

Der kleine Trupp machte sich das seltsame Naturphänomen zunutze. Die Männer rannten los, so gut sie noch konnten. Ohne dass ein Schuss fiel, erreichten sie die deutschen Stellungen. Fürs Erste waren sie in Sicherheit. Sie bekamen Tee, Decken und durften im Trocknen und Warmen schlafen. Die kleine Wolke, die sich als Nebeldecke ausgebreitet hatte, schwebte bald wieder am Himmel, als sei nichts passiert.

Die Situation blieb weiterhin angespannt; russische Panzer bedrängten die deutsche Stellung, nachts verschanzten sich die Wehrmachtssoldaten in eilig gegrabenen Bunkern unter den Häusern. Insgesamt waren ungefähr 95 000 deutsche Soldaten rund um Demjansk auf einem Gebiet von schätzungsweise 3000 Quadratkilometern eingeschlossen. Die Versorgung erfolgte über den Luftweg.

Am 3. Februar 1942 erhielt Drossel das Eiserne Kreuz Erster Klasse für seinen Einsatz beim Rückzug aus Salessje, eine Beförderung zum Fahnenjunker – und die Nachricht, dass er als Reserveoffiziersanwärter nach Potsdam geschickt wird. »Das war nicht meine Absicht, mir lag nichts an einer Offizierskarriere. Aber wir sind in einer Mausefalle; der Graf erklärt uns, dass die ganze 16. Armee eingeschlossen sei. Außer einer Verwundung ist das [die Offiziersschule] im Augenblick der einzige Weg, hier lebend herauszukommen.«[27]

IV. Verfolgt, verleugnet, versteckt
(1939–1945)

Post aus Polen

Berlin-Lankwitz, 13. März 1940

Die antisemitische Gesetzgebung war seit 1933 darauf angelegt, Juden aus der »Volksgemeinschaft« auszuschließen, ihnen das alltägliche Leben so schwer wie möglich zu machen, um sie aus dem Land zu drängen. Es gab zahlreiche, immer detailliertere Verbote: Von der Haustierhaltung bis zum Erwerb von Blumen, von der Abgabepflicht für elektrische Geräte, Grammophonplatten, (Metall-)Lampen bis zur Einschränkung der Ausgehzeiten – es ergingen immer neue Erlasse, deren Einhaltung immer schwieriger wurde und deren Missachtung willkommene Anlässe bot, zu prügeln, zu verhaften und auch zu töten.

Auf der »Wannseekonferenz« am 20. Januar 1942 wurde die »Endlösung« beschlossen: Eine Handvoll deutscher Politiker verurteilte Millionen Menschen zum Tode. Bereits am 3. Januar war folgender Erlass ergangen: »Angesichts der nahe bevorstehenden Endlösung der Judenfrage wird die Auswanderung von Juden deutscher Staatsangehörigkeit und staatenloser Juden aus dem Reich unterbunden ...«[28]

Es war nun erklärtes Ziel der Nationalsozialisten, jüdische Menschen, alle jüdischen Menschen zu vernichten; sie sollten nicht nur verschwinden, sondern sterben. So pervers dieser Plan war, so rigoros und organisiert wurde seine Umsetzung betrieben. Mit dem Beschluss der Wannseekonferenz begann die offene Vernichtungspolitik. Konzentrationslager gab es bereits zu Beginn der Naziherrschaft. Es waren Internierungslager, in denen unschuldige Menschen – Juden, Kommunisten, Homosexuelle, Sinti und Roma, einfach alle, die nicht regimekonform waren – litten und starben. Nach der Wannseekonferenz wurden die Vernichtungslager ausgebaut. Das Töten wurde systematisiert.

Um den Zugriff auf die »Volksfeinde« zu sichern, bedienten sich die Nazis der Verwaltung der jüdischen Gemeinden. Diese mussten die Adressen ihrer Mitglieder registrieren, später die Aufforderungen zur »Verschickung« (sprich Deportation) zustellen, und die Gemeinderäumlichkeiten dienten oft als Sammelstelle für die Transporte in den Tod.

Seit dem 30. April 1939 gab es das »Gesetz über Mietverhältnisse mit Juden«. Es bestimmte, dass Juden ihre Mietwohnungen verlassen und in sogenannten Judenhäusern leben mussten. Jüdische Immobilienbesitzer wurden enteignet und ebenfalls in Judenhäusern einquartiert. Auch Marianne Hirschfeld war gezwungen, ab 1939 in einem Judenhaus Quartier zu nehmen. Die lächerliche Summe, die sie für den Zwangsverkauf des elterlichen Besitzes nach dem blutigen Pogrom 1938 erhalten hatte, hielt nicht lange vor. Die Schwarzmarktpreise für Lebensmittel waren astronomisch, und Marianne hatte nicht nur ihren kleinen Sohn und sich selbst zu versorgen. Ihre Mutter, deren psychische Verfassung sich seit der Machtergreifung Hitlers kontinuierlich verschlechtert hatte, bedurfte inzwischen ständiger Pflege.

Rosa Hirschfeld erlitt einen schweren Nervenzusammenbruch. Am 9. März 1938 traf sie laut Aufnahmebuch und Melderegister in den »Wittenauer Heilstätten« ein. Ihre Krankenakte existiert nicht mehr. Nach den spärlichen Hinweisen zu schließen, Marianne schrieb in ihren Berichten[29] von »nervlicher Zerrüttung«, litt Rosa unter einer schweren traumatischen Belastungsstörung, wohl auch an Depressionen.

Die »Wittenauer Heilstätten«, seit 1957 Karl-Bonhoeffer-Nervenklinik in Berlin-Reinickendorf, hatten 1933 einen neuen Ärztlichen Direktor bekommen. Gustav Adolf Waetzholdt löste den 65-jährigen Emil Bratz ab. Waetzholdt wechselte aus dem Krankenhausreferat des Hauptgesundheitsamts zum 1. Oktober auf den neuen Posten. Er war kein Psychiater, sondern Verwaltungsfachmann. Im gleichen Jahr erhielten etwa 30 bis 40 Mitarbeiter der Klinik auf der Grundlage des neuen »Gesetzes zur Wiederherstellung des Berufsbeamtentums« die Kündigung.[30]

Wittenau, die älteste und bekannteste Heil- und Pflegeanstalt der Reichshauptstadt, galt lange als modern und lieferte in den Jahren 1918 bis 1933 durchaus innovative Ideen für die Fachwelt. Die dort praktizierte Beschäftigungstherapie fand viel Beachtung und Nachahmung. Vor dem Hintergrund der Naziideologie und deren biologistischer Sicht war die Entwicklung solcher Einrichtungen allerdings vorhersehbar: Die Versorgung der Patienten mit Lebensmitteln, Medikamenten, die Behandlung und Betreuung verschlechterten sich rapide. Wichtige Ressourcen sollten nicht an »lebensunwertes Leben« verschwendet werden. Zwangssterilisationen gehörten – wie in anderen Nervenkliniken Deutschlands – bereits seit 1933 zum Alltag. Die Wittenauer Heilstätten waren kein Ort der Linderung mehr, sondern eine Sammelstelle für jene, denen das Recht auf Leben abgesprochen wurde.

Hitler hatte bereits 1935 erklärt, dass ein »Euthanasie«-Programm bei Kriegsausbruch starten solle.[31] Mit der Ermordung behinderter Kinder begann die Aktion, dann folgten behinderte Erwachsene. Beide Programme waren geheim und wurden von der Kanzlei des Führers (KdF) aus gesteuert. Die Ermordung der Erwachsenen wurde später als Aktion T4 bekannt.[32]

Diejenigen, die heilen und helfen sollten, unterstützten nun ein mörderisches Regime, manche wurden selbst zu Mördern. Die Sterberate in Wittenau stieg ab 1939 kontinuierlich und dramatisch an. Zwischen 1939 und 1945 durchliefen 15 000 Patienten die Anstalt, ca. 5000 wurden in Tötungs- oder Zwischensammelanstalten verlegt, 4607 kamen in dieser Zeit in

Wittenau ums Leben. Unter den Toten waren überdurchschnittlich viele ausländische und jüdische Patienten. Als Todesursache wurde häufig »Herz- oder Kreislaufschwäche« angegeben. Wahrscheinlicher ist, dass die Patienten an Hunger
und Medikamentenvergiftung starben.[33]

Ärzte und Pfleger der Heilanstalt waren aktiv an der T4-Ak-
tion beteiligt. Aus Wittenau wurden mehrere Krankenschwes-
tern in die Tötungsanstalt Hadamar geschickt; ihre Bezahlung
erfolgte weiter von Wittenau aus. Hitlers »Euthanasie«-Pro-
gramm fielen insgesamt mehr als 200 000 Menschen zum Opfer,[34] und seine Bedeutung kann gar nicht überschätzt werden.
Es stellte eine grausige Generalprobe dar für den fabrikmäßig
organisierten Mord an Millionen Menschen.[35]

Nach fast genau zwei Jahren in Wittenau kam Rosa Hirschfeld am 13. März 1940 nach Berlin-Lankwitz. Der Familie
wurde mitgeteilt, Rosa sei aus Wittenau »nach Besserung« in
ein Heim im Priesterweg verlegt worden. Das »Heim am Priesterweg« sollte sich als eine weitere Zwischenstation auf dem
Weg in den Tod entpuppen. Die amtliche Meldeadresse war
laut Aktennotiz des Roten Kreuzes die des ehemaligen Sanato-
riums Berolinum.

Das Berolinum, damals ansässig in der Leonorenstraße 14–16,
wird in einer Publikation über die Patienten der Wittenauer Heilstätten erwähnt: »Beschreibung: gegründet als ›Kurhaus für Nervenkranke und Erholungsbedürftige‹, für jüdische Patienten, nur
für bessere Gesellschaftsschichten … 1942 ist der neue Eigentü-
mer oder Mieter ›Elektrolux Vertriebs GmbH‹. Spätestens September 1939 geschlossen; mit Notariatsurkunde vom 10. 12. 1940
Besitz der Familien Fraenkel und Oliven an einen SS-Wirtschafts-
betrieb verkauft.«[36]

Das Sanatorium in Lankwitz hatte seit seiner Gründung
einen hervorragenden Ruf; Ausstattung und Komfort galten
als exzellent, unter dem medizinischen Personal fanden sich in-
ternational anerkannte Koryphäen, die modernste Behand-

lungsmethoden propagierten einschließlich der Psychoanalyse. Als Rosa dort eintraf, waren diese Spezialisten nicht mehr dort. Der Krankenhausbetrieb, wie jede jüdische Institution den Nazis ein Dorn im Auge, war aufgelöst.

Die Diskrepanz zwischen dem angegebenen Schließungsdatum (»spätestens September 1939«) und dem Meldedatum von Rosa Hirschfelds Einzug in Lankwitz, 13. März 1940, lässt sich nicht bis ins Letzte aufklären. Wahrscheinlich fand die offizielle Schließung der Klinik im September statt, die Abwicklung nahm aber noch einige Zeit in Anspruch, und die Räumlichkeiten wurden als Aufenthaltsort für zur Tötung bestimmte Nervenkranke und Behinderte bis ins Jahr 1940 genutzt. Es könnte auch sein, dass die Anschrift schlicht eine Tarnadresse war, die Kranken jedoch in »Dependancen« – wie dem erwähnten Heim am Priesterweg – untergebracht wurden.

Im Winter 1939/40 lief die Vernichtung von »lebensunwertem Leben« bereits professionell organisiert ab. Für die Nazis zählten zu dieser Kategorie nicht nur körperlich und geistig Behinderte (»Krüppel« und »Schwachsinnige«), sondern auch »Geisteskranke«, sprich Depressive, Schizophrene und andere psychisch Kranke. Jüdisch und psychisch krank zu sein bedeutete zu diesem Zeitpunkt in Deutschland das sichere Todesurteil.

Die öffentlichen Heil- und Pflegeanstalten waren verpflichtet, Meldebogen über ihre Patienten an die neu geschaffenen »Euthanasie«-Behörden in der Berliner Tiergartenstraße 4 zu schicken. Bis Ende des Jahres 1940 wurden rund 6000 Patienten erfasst. Die meisten dieser Menschen sind noch im gleichen Jahr ermordet worden; ein Ziel der Organisatoren war erreicht: Die Heil- und Pflegestätten konnten andere Aufgaben übernehmen, zum Beispiel als Lazarette benutzt werden.

Vielleicht hatte Marianne versucht, ihre Mutter zu besuchen, und sie nicht mehr angetroffen. So erging es vielen Familienmitgliedern psychiatrischer Patienten in den Sommermonaten 1940 in Berlin: »Die Angehörigen, nicht benachrichtigt, kommen sonntags zu Besuch, verstehen nichts. Die Pfleger können keine Auskunft geben. Schließlich wird mitgeteilt: Die Berliner Anstalten müssen weitgehend geräumt werden, die Kranken kommen in Provinzialanstalten.«[37]

Durch Verlegung der Patienten von der ursprünglichen Anstalt in eine Zwischenanstalt und von dort in die Tötungsanstalt, meist ohne Angabe des Zieles oder mit dem Hinweis »unbekannt verlegt«, wurden Spuren verwischt. Die Krankenakten wurden vernichtet, die Angehörigen erhielten verspätet die Todesnachricht, mit gefälschtem Absender und erfundenen Todesursachen.

Die Post für Marianne Hirschfeld kam aus Cholm/Chaim bei Lublin in Polen. In Wahrheit hatten Berliner Mitarbeiter der T4-Abteilung den Brief geschrieben; mit einem Kurier war das Schreiben nach Lublin gelangt, deshalb trug es den dortigen Poststempel.[38] Das Täuschungsmanöver diente dazu, von den Mordzentren mitten in Deutschland abzulenken. Die Familien sollten davon abgehalten werden, nach dem Verbleib ihrer Angehörigen zu forschen; sie konnten nicht einmal die sterblichen Überreste der Ermordeten bestatten. Die Leichen waren verbrannt und wie Müll entsorgt worden.

Die Mitteilung an Marianne war kurz, ein genaues Todesdatum fehlte. Angebliche Todesursache: »Zellgewebsentzündung«. Diese Angabe erhielten wohl Tausende von Angehörigen derer, die ein ähnliches Schicksal wie Rosa Hirschfeld erlitten hatten. Ihre Töchter erinnerten sich nach dem Krieg, dass Rosa in die nahe Berlin gelegene Irrenanstalt Buch verschleppt worden war. Das war die letzte Nachricht, die sie noch zu Lebzeiten der Mutter erhalten hatten.

Der Oberpräsident der Provinz Mark Brandenburg hatte per Schnellbrief vom 12. Juli 1940 angeordnet, jüdische Patienten aus dem Raum Berlin/Brandenburg in der Heil- und Pflegeanstalt Buch zu konzentrieren. Buch war vom Sommer 1940 bis zur Schließung am 31. Oktober die Sammelanstalt für jüdische Patienten, bis sie im Zuchthaus Brandenburg ermordet wurden. 9772 Menschen fanden von Februar bis September 1940 in den Gaskammern dieses Zuchthauses den Tod.[39] Rosa Hirschfeld gehörte mit großer Wahrscheinlichkeit dazu. Ihre Töchter haben das nie offiziell bestätigt bekommen, doch dass die Mutter ermordet worden war, stand für sie außer Zweifel.

»Mit tiefem Schmerz«

Jüdisches Krankenhaus Berlin, 23. August 1942
»Wir sprachen heute [am 30. Mai 1942] beim Frühstück über die unglaubliche Fähigkeit des menschlichen Aushaltens und Sichgewöhnens. Diese märchenhafte Gräßlichkeit unserer Existenz: Angst vor jedem Klingeln, Mißhandlungen, Schmach, Lebensgefahr, Hunger (wirklicher Hunger), immer neue Verbote, immer grausigere Versklavung, tägliches Näherrücken der Todesgefahr, täglich neue Opfer rings um uns, absolute Hilflosigkeit – und doch immer noch Stunden des Behagens, beim Vorlesen, bei der Arbeit, beim mehr als kümmerlichen Essen, und immer wieder weitervegetiert, und immer wieder gehofft. –«[40]
Victor Klemperer und seine Frau Eva waren Anfang 60, als der Philologieprofessor diese Zeilen niederschrieb. Marianne Albinus, geborene Hirschfeld, war bei Beginn des Krieges 27 Jahre alt. 1942, als die Repressalien, Verfolgungs- und Vernichtungsmaßnahmen noch verschärft wurden, wurde sie 30 Jahre alt. Die glanzvolle Zeit der Tanzwettbewerbe lag nicht allzu lange zurück, sie war in Wohlstand und behütet aufgewachsen, sie hatte viel Lebenskraft. Und die Anstrengungen, die Bedürfnisse des täglichen Lebens zu befriedigen, ließen oft gar keine Zeit, Furcht zu empfinden.

Alles war reglementiert: die Ausgangs- und Einkaufszeiten, die (Nicht-)Benutzung von öffentlichen Verkehrsmitteln. Eine neue Zahnbürste konnte man nur erhalten, wenn man die alte abgab, der Erwerb von Blumen war Juden strengstens verboten – die Regeln waren willkürlich und unüberschaubar. Überlebende berichten, dass die schiere Erschöpfung zu einer Art Gleichgültigkeit führte, die wie ein Schutz wirkte. Andererseits gab es immer wieder Augenblicke der Zuversicht, manchmal ohne rechten Anlass. Auch Marianne hat gewiss »immer wieder gehofft« und manchmal Vergessen gesucht und gefunden.

Der Besuch von »Theatern, Kinos, Konzerten, Ausstellungen usw.« war Juden seit dem 12. November 1938 verboten.[41] Treffen von Juden mit »Ariern« in privaten Räumen waren ebenso untersagt wie der Besuch von sogenannten Mischlingen durch »Arier«. Es hielten sich nicht alle an diese Bestimmungen, aber im Großen und Ganzen ging der Plan der Nazis auf, die Juden zu isolieren. Auch wenn sie noch so areligiös waren, blieben sie – notgedrungen – mehr und mehr unter sich. Sie arrangierten sich mit den Umständen, manchmal brachen sie die Gesetze, die sie unterdrücken sollten: Sie gingen heimlich ins Kino, sie schlichen sich in Lokale. Doch vor allem zogen sie sich ins Private zurück.

Dieser Rückzug führte zur Vertiefung von bestehenden Freundschaften zu anderen Juden oder auch zu neuen Kontakten. Die Ausgestoßenen erkannten einander, sie teilten das gleiche Schicksal, sie fühlten sich verbunden. Man bemühte sich, eine entspannte Atmosphäre zu schaffen, ein wenig Abstand und Vergessen zu finden. Das gelang allerdings nicht immer, wie ein Zeitzeuge berichtet: »Doch fand man sich in jüdischer Gesellschaft zusammen, so bedeutete das meist nicht die geringste Erholung, denn jeder einzelne wusste entweder ein eigenes unangenehmes Erlebnis zu erzählen oder hatte irgendeine Hiobsbotschaft von auswärts zu berichten.«[42]

Margot Hass, Tochter einer gutbürgerlichen jüdischen Familie in Berlin, lud regelmäßig Freunde und Bekannte zu sich ein. Gewiss gab es auch sorgenvolle Gespräche, ängstliche

Momente. Aber es wurde trotzdem getanzt, gescherzt, gelacht, getrunken. Die jungen Leute, die sich im Hause Hass trafen, waren Anfang zwanzig, und sie sehnten sich nach einem Leben jenseits der täglichen Schwierigkeiten, jenseits der Beklommenheit und der Zukunftsangst. Ende 1940 oder Anfang 1941 stieß Marianne Hirschfeld über eine gemeinsame Freundin zu dem Kreis. Marianne war fast 10 Jahre älter als die meisten in dieser Clique, aber das machte niemandem etwas aus.

Margot und ihre Eltern gingen 1943 gemeinsam mit Günter Fontheim, dem Sohn eines Rechtsanwalts, in den Untergrund. Dessen Familie war am 24. Dezember 1942 vor seinen Augen aus der elterlichen Wohnung von der Gestapo abgeholt worden. Als Zwangsarbeiter war der junge Mann zu diesem Zeitpunkt von der Deportation nicht betroffen. Er verabschiedete sich von seiner Familie, ohne zu ahnen, dass er sie nie wiedersehen sollte. Am 12. Januar 1943 wurden seine Eltern, der Rechtsanwalt und Notar Dr. Georg Fontheim und Charlotte Fontheim, gemeinsam mit Günters 15-jähriger Schwester Eva Irene in einem Güterwagentransport nach Auschwitz deportiert.

Marianne bekam Ende 1939 Nachricht vom Jüdischen Arbeitsamt, sie habe bei den Märkischen Kabelwerken Zwangsarbeit zu leisten. Das brachte ihr wenigstens etwas Bargeld. Aber ein neues Problem entstand: die Betreuung ihres kleines Sohnes. Als Mariannes Sklavenarbeit begann, war der Junge noch keine vier Jahre alt. Die meisten von Mariannes Verwandten waren entweder umgekommen oder emigriert. Nur zwei Tanten befanden sich noch in Berlin. Zu ihrem geschiedenen Mann hatte Marianne keinen Kontakt mehr. Eine Nachbarin oder eine Freundin konnte sie zwar hin und wieder bitten, auf den Kleinen aufzupassen, aber es muss jeden Tag aufs Neue ein Kampf gewesen sein, das Kleinkind unterzubringen.

Eine Zeit lang soll Billy in einem evangelischen Kinderheim gelebt haben, in dem Marianne ihn regelmäßig besuchte. Sämt-

*15 Kinderausweis von
William Albinus*

liche Unterlagen hierzu sind verschollen. Und verschollen sind
auch die meisten Erinnerungsstücke an die späteren Jahre. Es
gibt kein Einschulungsfoto, überhaupt keinen Beleg, dass Billy
eine Grundschule besuchte, keine Kinderzeichnung, kaum
einen materiellen Hinweis darauf, wie es diesem Jungen ergangen ist. Er konnte nicht mehr gefragt werden. Als dieses Buch
entstand, war er bereits über zwanzig Jahre tot.

Nur Erinnerungsfetzen, undatiert und ungenau, sind über-
liefert. Eine Szene: Mutter und Sohn im Kaufladen, Marianne
verbotenerweise ohne Stern, Billy war zum Sterntragen nicht
verpflichtet. Es herrscht Gedränge an der Kasse. Marianne hat
ausschließlich ungekennzeichnete Marken, also Lebensmittelmarken ohne das »J«, das anzeigt, was sie alles nicht erhalten
darf: in der einen Woche kein Fett, dann keine Eier, ein anderes Mal keinen Zucker. Die begehrten Marken waren vielleicht
ein Geschenk von anständigen Menschen gewesen oder gegen

das so hart erarbeitete Geld eingetauscht. Vielleicht auch das Ergebnis eines Schwarzmarktgeschäfts, ein Stück vom Familiensilber gegen Marken für etwas Gemüse.

Der Besitz von ungekennzeichneten Marken war für Juden sehr gefährlich: »Wenn Gestapo bei Juden Marken ohne J findet, werden die Marken zerrissen, und der Jude wird im günstigsten Fall geprügelt und bespuckt, im weniger günstigen ›hinbestellt‹, auch wohl ›dabehalten‹. Man bekommt aber auf größere J-Marken beim Semmelkauf oft kleinere ohne J heraus. Frau Ida Kreidl riss gestern in solchem Fall das Futter ihrer Handtasche auf und steckte dort die verbotenen Marken an der Innenseite fest, bis sie sie an Eva [Klemperers arische Frau] abtauschen konnte.«[43]

Marianne hat also die Taschen voller verbotener Marken. Im Laden drängen sich Menschen. Personenkontrolle. Hinter der Kasse stehen zwei Gestapo-Männer, die den Ausgang versperren, sie lassen sich die Ausweise der Kunden zeigen und werfen auch mal einen Blick in die Einkaufstaschen. »Jetzt ist es vorbei«, denkt Marianne und umklammert die kleine Hand ihres Sohnes.

Raus kommt sie nicht, aber vielleicht der Junge? Soll sie ihn losschicken? Wohin? Die Kassiererin ist als 100-prozentige bekannt. Und sie kennt die Hirschfelds seit Langem. Marianne verflucht sich. Warum ist sie nicht woanders hingegangen? Die Schlange rückt weiter. Die Männer in ihren langen Mänteln mustern missmutig die Menschen, die auf sie zukommen. Die Stimmung ist angespannt, ab und an ein unwirsches Murmeln, ansonsten Stille.

Marianne kommt an die Kasse, die Gestapo-Beamten kontrollieren gerade die Papiere eines anderen Kunden. Sie packt ihren bescheidenen Einkauf mit zittrigen Händen ein. Dann wendet sich einer an sie: »Ausweis!« Marianne wühlt verzweifelt in ihrer Tasche. Billy steht still neben ihr, er hält sich an ihrer Jacke fest und guckt mit seinen großen dunklen Augen von einem zum anderen.

Da sagt die Kassiererin: »Die ist in Ordnung«, und deutet

mit dem Kinn auf Marianne. Das Murren der Wartenden wird in diesem Augenblick lauter, die Gestapo-Männer gucken sich an, zucken die Achseln, »na denn mal dalli, dalli«, sagt der eine. Marianne schnappt die Hand ihres Kindes und verlässt den Laden. Nicht rennen, nicht über die Schulter gucken. Billy geht ihr zu langsam, sie muss sich zwingen, ihn nicht anzuschreien, sie zittert. Billy ist still; ein stilles Kind ist ein gutes Kind, das hat er früh gelernt.

Das Ereignis im Einkaufsladen, das zu den wenigen gehört, die Marianne später erzählt hat, fiel in die Zeit, als sie nicht mehr »privilegiert«, sondern zum Sterntragen verpflichtet worden war. Das war ab Februar 1943. Im Falle einer Entdeckung wäre sie gleich zweifach angeklagt worden: einmal, weil sie den Stern nicht trug, dann wegen des Besitzes der Marken. Beides Verstöße gegen Naziverordnungen, die hart bestraft wurden.

Die Arbeit in den Märkischen Kabelwerken war körperlich sehr schwer, Metallkabel mussten per Hand gedreht werden. Die Fremdsprachenkorrespondentin Hirschfeld bekam blutige Finger, ihre Füße waren von den obligatorischen Holzpantinen zerschunden. Ihre Ausbildung war ihr dennoch nützlich, denn an ihrer Seite schufteten französische und belgische Zwangsarbeiter, mit denen sie sich dank ihrer Sprachkenntnisse verständigen konnte. Sie knüpfte neue, wertvolle Kontakte, sie lernte freundliche Menschen kennen.

Bei den Märkischen Kabelwerken begegnete Marianne dem belgischen Zwangsarbeiter Luis. Die beiden wurden ein Paar. Sie riskierten viel, um ihre Liebe zu leben.

Anfang 1942 wurde Marianne schwanger. Wieder entdeckte sie die Schwangerschaft erst spät. Ihr körperlicher Zustand hatte sich im Jahr 1941 nicht verbessert. Die Ernährungslage war so schlecht wie nie zuvor, die körperliche Arbeit forderte ihren Tribut, von der ständigen Furcht ganz zu schweigen – um den Sohn, um Luis, um sich selbst, um die wenigen Angehörigen, die noch nicht verschleppt worden waren.

Wie bei vielen Frauen, die während des Krieges dauerhaft Stresssituationen ausgesetzt waren, war Mariannes Menstruation schon länger ausgeblieben. Sie hatte es nicht für möglich gehalten, noch einmal ein Kind zu bekommen. Als ihr Zustand offenbar wurde, wird sie sich mit Luis beraten haben. Vielleicht haben sie eine gemeinsame Flucht erwogen. Flucht schien doch die einzige Möglichkeit, wenigstens eine kleine Chance auf Überleben zu haben. Dazu kam es nicht.

Aus der Zeit mit Luis existiert ein Schwarzweißfoto von Marianne mit Billy, das im Atelier aufgenommen wurde. Der Junge ist vielleicht fünf, sechs Jahre alt. Mutter und Sohn schauen ernst in die Ferne. Auf der Rückseite ist auf Französisch zu lesen: »Mein kleiner Liebling, ich schicke dir das Foto zurück, mit tiefem Schmerz. Für das Leben deines Lieblings. Luis, adieu.«

Die Zärtlichkeit, die aus diesen Zeilen spricht, und die Tatsache, dass Marianne diesen letzten Gruß aufbewahrt hat, lässt den Schluss zu, dass die beiden sich im Einvernehmen trennten. So hat es Marianne später auch anklingen lassen. Die Vaterschaft des arischen Zwangsarbeiters musste in jeden Fall geheim bleiben. Jüdisch-arische Paare wurden nach dem Gesetz gegen die »Rassenschande« schwer bestraft, einige mit dem Tod.

Am 23. August 1942 um 13.29 Uhr gebar Marianne Sara Albinus, geborene Hirschfeld, im Jüdischen Krankenhaus Berlin eine Tochter: Judis Hirschfeld kam als Frühgeburt zur Welt. Sie wog nur 1800 Gramm und war 47 Zentimeter groß. Die Geburt war lebensbedrohlich für Mutter und Kind, die Wehen dauerten an die 14 Stunden, dennoch verließ Marianne offenbar kurz nach der Entbindung das Krankenhaus. Im Geburtenbuch ist neben dem Entlassungsdatum ein unleserlicher Eintrag enthalten, der heißen könnte »Hauswöchnerin«. Doch ihre Tochter blieb dort. Das Baby benötigte besondere medizinische Betreuung. Als Namen des Vaters gab Marianne für die Geburtsurkunde an: Abraham, Martin.

Die noch verbliebenen Angestellten im Jüdischen Krankenhaus, das 1942 innerhalb des Deutschen Reichs die letzte funktionierende jüdische Institution war, fragten gewiss nicht nach. Dr. Segall, die diensthabende Ärztin, die Judis auf die Welt holte, und Schwester Rosa, die Hebamme, könnten mehr gewusst haben. Vielleicht hatte sich Marianne ihnen anvertraut. Diese beiden und alle anderen im Jüdischen Krankenhaus arbeitenden Menschen kümmerten sich nicht mehr um die Vergangenheit, sie dachten nicht viel an die Zukunft, sie sorgten sich um die Gegenwart. Ein Frühchen zu versorgen war unter den herrschenden Bedingungen eine sehr schwierige Aufgabe.

Vollkommen verzweifelt

Theresienstadt, 14. Oktober 1942
Die auf Judis' Geburt folgenden Wochen raubten Marianne den letzten Rest Lebenskraft und -willen. Im Oktober 1942 erhielt ihre Tante Dorothea Hirschfeld, Schwester ihres Vaters, den gefürchteten Brief im länglichen Umschlag. Ihr wurde mitgeteilt, sie sei für den Transport I/71 nach Theresienstadt bestimmt und habe sich zum angegebenen Zeitpunkt bei der vorgesehenen Sammelstelle einzufinden.

Tante Thea, bei der Marianne nach dem Novemberpogrom 1938 ersten Unterschlupf gefunden hatte, war eine gestandene Sozialdemokratin und ab 1919 die erste Frau im höheren Dienst der Reichsverwaltung.[44] Ministerialrätin Hirschfeld, aus der praktischen Wohlfahrtspflege kommend, machte dank ihrer Begabung ohne Studium – auch hierin eine Ausnahmeerscheinung – eine beachtliche Karriere in der Reichsverwaltung.

Die am 26. Februar 1877 in Berlin geborene Tochter aus gutbürgerlichem Haus ist der Familie als »echtes Original« in Erinnerung. Sie war pragmatisch, burschikos und geradeheraus. Thea Hirschfeld ging ganz in ihrer Arbeit auf, viele

Jahre war sie für die Arbeiterwohlfahrt tätig, später für die Kriegshinterbliebenenfürsorge, dann als Beamtin.

Bereits am 27. November 1930 war ihre unerhörte Stellung im Staatsbetrieb – sie fungierte inzwischen als Direktorin der »Reichsanstalt für Arbeitsvermittlung und Arbeitslosenversicherung«, die sie mit aufgebaut hatte – Gegenstand einer Anfrage im Reichstag. Der NSDAP-Abgeordnete Frick fragte unter anderem, ob die Reichsregierung beabsichtige, »der Frau Ministerialrat Hirschfeld die Behandlung der Kriegsbeschädigtenfürsorge sofort zu entziehen bzw. ihre Verwendung nur auf Staatsbürger jüdischer Rasse zu beschränken«. Reichsarbeitsminister Stegerwald (Zentrum) lehnte die Forderung empört ab und stellte sich voll und ganz hinter Dorothea Hirschfeld. Weniger als drei Jahre später trat niemand mehr für sie ein. Auf der Grundlage des Gesetzes zur »Wiederherstellung des Berufsbeamtentums« vom April 1933 wurde Thea Hirschfeld im Alter von 56 Jahren in den »einstweiligen Ruhestand« versetzt.

Thea bewohnte gemeinsam mit ihrer Schwester Pauline ein Häuschen in Berlin-Tempelhof in der Manfred-von-Richthofen-Straße. Pauline Hirschfelds Lebensweg liegt weitgehend im Dunkeln. Um 1910 studierte sie Mathematik und Physik in Berlin. Erst 1908 hatte Preußen Frauen das Recht auf Immatrikulation gewährt. Tante Paula war »so gescheit, dass sie nicht gehen konnte«, heißt es noch hundert Jahre später in der Familie. Ihre Intelligenz und Klugheit stellte sie in den Dienst des Staates: Sie wurde Lehrerin, 1920 Studienrätin. Am 25. Oktober 1942 nahm sich Pauline Hirschfeld das Leben.

Ihre Schwester Thea war am 3. Oktober 1942 gemeinsam mit 947 anderen Berliner Juden nach Theresienstadt verschleppt worden. Thea Hirschfelds relative Bekanntheit im öffentlichen Leben mag dazu geführt haben, dass sie in das »Vorzeigeghetto« kam. Dass diese Vorzeigefunktion bloße zynische Fassade war, ist mit der Befreiung bekannt geworden. Es gab zwar tatsächlich eine Bibliothek. Es gab sogar mehrere. Genauso wahr ist jedoch, dass im Jahr 1943 in einem Areal, das ursprünglich für 10 000 gedacht war, 430 000 Menschen zusammengepfercht waren.[45] Die Gefangenen litten Hunger, unzählige verhungerten, die hygienischen Zustände waren menschenunwürdig, Krankheiten und Seuchen kosteten vielen Menschen das Leben. Wahr ist auch, dass bald täglich Züge nach Auschwitz fuhren, die die Menschen in den Tod brachten. Die Mehrheit der Insassen starb an Hunger, Krankheit, Misshandlung oder wurde von dort aus in ein Vernichtungslager geschickt. Dorothea Hirschfeld wurde am 14. Oktober 1942 im Ghetto Theresienstadt durch die Berliner Gestapo eingeliefert. Kategorie: »Jüdin«.

Am 20. Januar 1942, auf der Wannseekonferenz, wo die »Endlösung der Judenfrage« detailliert besprochen wurde, war von der Einrichtung eines »Altersghettos« in Theresienstadt zum ersten Mal offiziell die Rede. Außer Juden, die über 65 Jahre alt waren, sollten »schwer kriegsbeschädigte Juden und Juden mit Kriegsauszeichnungen« dort untergebracht werden, weil damit »mit einem Schlag, die vielen Interventionen ausgeschaltet«[46] würden. Des Weiteren wurde eine große Anzahl prominenter Juden – Politiker, Wissenschaftler, Künstler – in Theresienstadt, dem einzigen rein jüdischen KZ, gefangen gehalten.

Mehrere ausländische Delegationen und Vertreter humanitärer Organisationen erhielten – nach aufwändigen Vorbereitungen in der »Judenstadt« – die Erlaubnis, sich zu überzeugen, dass die Umstände den Genfer Konventionen entsprächen und alles seine Ordnung hätte. Einige Straßen wurden hergerichtet, Büsche gepflanzt, Häuser gestrichen. Besser genährte Kinder mussten sich den Besuchern präsentieren, gesund aussehende Erwachsene erhielten ordentliche Kleidung und Instruktionen, wie sie sich zu verhalten hätten. Besonders die Drohung, der Empfang lebensnotwendiger Lebensmittelpakete würde fortan unterbunden, falls jemand die wahren Bedingungen verrate, schüchterte die Menschen ein.[47] Die zynische Maskerade funktionierte. Die Nazipropaganda stellte Theresienstadt als eine Art Paradies für Juden dar und versuchte so gleichzeitig, die Gerüchte über schreckliche, unaussprechliche Gräuel zu zerstreuen.

Als Tante Thea im Oktober 1942 »verschickt« wurde, wie es im Nazijargon hieß, den auch die Betroffenen selbst oft benutzten, lag die Geburt von Mariannes Tochter kaum zwei Monate zurück. Marianne hatte wieder einen Menschen verloren, auf den Verlass gewesen war. Davon gab es immer weniger. Ihre Lage war vollkommen verzweifelt und einsam.

Ihre Tochter, dank der Pflege im Jüdischen Krankenhaus am Leben, konnte sie nicht zu sich holen. Sie wusste nicht, wie sie das Kind ernähren sollte, konnte sie doch kaum für sich selbst und ihren Sohn sorgen. Das Baby schien im Krankenhaus in den besten Händen – einerseits. Andererseits war die Gestapo im Jüdischen Krankenhaus allgegenwärtig. Deswegen wagte Marianne es nicht, dorthin zu gehen: Als Mutter eines volljüdischen Kindes musste sie fürchten, ins Visier der Jäger zu geraten. Damit hätte sie gleichzeitig ihre Kinder in große Gefahr gebracht.

Im Falle ihrer Tochter Judis entschied sie sich, wie viele Eltern in ihrer Lage es damals schweren Herzens taten, und überließ das Kind dem guten Willen fremder Menschen. Tausende versteckte oder ins Ausland geschickte Söhne und Töchter überlebten den Holocaust, weil deren Eltern den schweren Entschluss fassten, sich von ihnen zu trennen. Judis Hirschfeld verbrachte ihre ersten zwei Lebensjahre in der Obhut der Mitarbeiter des Jüdischen Krankenhauses. Später kam sie in ein Kinderheim, dann wurde sie nach Palästina verschifft.

Marianne war noch Ende 1942 als »privilegiert« eingestuft, das hieß, sie musste keinen Stern tragen. Dieser Status erleichterte das Alltagsleben und bot auch einen gewissen Schutz; Marianne wollte ihn nicht verlieren. Dieses Privileg resultierte aus der Tatsache, dass Marianne einen Sohn hatte, der den Nazis wegen seines arischen Vaters als »Mischling« galt. William Albinus, im Alter von vier Jahren evangelisch getauft – das war 1940 –, war eine Art Lebensversicherung für seine Mutter. Zwar wurde Billy erst nach der Scheidung geboren, doch die Vaterschaft war amtlich anerkannt und somit auch sein Status im nationalsozialistischen Rassensystem als »Mischling ersten Grades«.

Die NS-Rassenideologie bereitete den Verfolgern im Falle der Existenz von Kindern, die von deutsch-jüdischen Eltern abstammten, Probleme: »Die Kompliziertheit der Verordnungen ist bemerkenswert. Die Nationalsozialisten waren nicht imstande, die ›Juden‹ eindeutig zu definieren und zu isolieren. Statt dessen schufen sie ein ausgefeiltes System voller Zweideutigkeiten.«[48] Die Vernichtung der Kinder aus deutsch-jüdischen Verbindungen hätte bedeutet, dass auch »arisches Blut« ausgelöscht worden wäre. Auch verfügten Juden mit »arischen« Ehepartnern über ein Netz von Beziehungen zu anderen »Ariern«, deren Unmut die Nazis fürchteten.[49] Die Diskussion um Mischlinge ersten Grades, zweiten Grades, Geltungsjuden und darüber, wie mit diesen jeweils zu verfahren sei, füllte ganze Aktenordner: »Während das Justiz- und Innenministerium dafür plädierten, bei alleiniger oder überwiegender Schuld [im Falle der Scheidung] des jüdischen Ehepartners das Sorgerecht dem ›deutschblütigen‹ Teil zu übertragen, vertrat die NSDAP/StdF die Auffassung, dass ›Mischlinge ersten Grades‹ (›Geltungsjuden‹ selbstredend) grundsätzlich dem jüdischen Elternteil überlassen werden sollten … Dahinter stand kaum verborgen die Absicht, die ›Mischlinge‹ den Juden zuzuschlagen. Ungeachtet dieser Diskussionen, von denen sie vermutlich nichts wussten, waren jüdische Frauen durch minderjährige Kinder – bis diese ein bestimmtes Alter erreichten – zumindest bis Ende 1944 vor der Deportation geschützt.«[50]

1942 lebte Marianne zusammen mit ihrem Sohn in einem Zimmer in der Knesebeckstraße 79 in Berlin-Charlottenburg

zur Untermiete bei dem Ehepaar Fleischer in einem der sogenannten Judenhäuser. Mit den Fleischers verstand sie sich gut.
Sie unterstützten sich gegenseitig, wo es ging, sie vertrauten
einander und schmiedeten Fluchtpläne für Ende des Jahres.

Marianne war es gelungen, einigen Schmuck aus dem Fami-
lienbesitz zu retten. Sie verstieß damit gegen eine der zahlreichen
Verordnungen. Am 24. Februar 1939 war verfügt worden, dass
»jüdische Juwelen und Schmuckgegenstände« abzuliefern seien.
Die Juden hatten dabei jedes Angebot zu akzeptieren, Einfluss
auf den Preis für die Wertgegenstände konnten sie nicht nehmen. Allein die Tatsache, dass Marianne Ende 1942 noch
Schmuck besaß, war also ein Straftatbestand. Die Sachen zu verkaufen entsprechend heikel. Sie unternahm die größten Anstrengungen, Brillantringe und eine Perlenkette zu Bargeld zu machen, ohne das an Flucht nicht zu denken war. Sie benötigte es
für gefälschte Papiere; sie hatte entsprechende Kontakte über die
französischen Freunde, aber es fehlte an Geld.

Die Abstände zwischen den Sammeltransporten gen Osten
wurden kürzer. Die Mehrheit der jüdischen Menschen in
Deutschland wusste inzwischen davon und befürchteten das Al-
lerschlimmste – wenn auch den meisten die Phantasie gefehlt
haben dürfte, sich die Gaskammern vorzustellen, war doch
klar, dass »Osten« »Tod« bedeutete. Immer mehr Verwandte,
Freunde, Nachbarn, Bekannte verschwanden. Das Ehepaar
Fleischer wollte nicht mehr länger warten. Sie nahmen Abschied
von Marianne, ohne ihren genauen Reisetermin zu nennen, und
baten sie, eine Meldung so lange wie möglich hinauszuzögern.

Die Aussicht, eine Flucht zu wagen, hatte Marianne in den
letzten Wochen Kraft gegeben. Die Deportation von Tante
Thea, ihrer letzten noch lebenden Verwandten in Deutschland,
war ein harter Schlag gewesen. Sie half ihr beim Packen, sie
brachte sie zur Sammelstelle, sie verbiss sich die Tränen, das war
das Mindeste. Nun waren Fleischers weg, die Lebensmittelkarten waren aufgebraucht, sie hatte wieder einmal diese höllischen

Migränekopfschmerzen, sie wollte nicht mehr. Sie wollte schon lange nicht mehr, aber nun konnte sie nicht weiterleben, definitiv, sie war sich sicher.

Im Notfall willkommen

Jungfernbrücke, Berlin, November 1942
Es war kalt und dunkel und die Straße menschenleer. Marianne Albinus, geborene Hirschfeld, versuchte sich das Leben zu nehmen: Sie wollte sich von der Jungfernbrücke in die Spree stürzen. Aber sie wurde daran gehindert, ein Wehrmachtsoffizier hielt sie vom Springen ab. »Nun ist es denn so vorbei«, mag sie gedacht haben, als sie den Mann in Uniform sah, wahrscheinlicher aber dachte sie gar nichts, was soll der Mensch denken in so einer Situation? Der Mann sprach leise und freundlich und fragte: »Sind Sie Jüdin?«

Was dann folgte, war wie ein Rausch aus Wärme und Freundlichkeit. Heinz Drossel brachte Marianne in seine Wohnung in der Berliner Straße. Er ließ sie Platz nehmen, er kochte ihr einen Kaffee, er sagte: »Wir kennen uns doch.« Da bemerkte sie es auch. Sie waren einander begegnet, kurz und nett hatten sie miteinander geplaudert. Billy war damals erst zwei Jahre alt gewesen. 1938, da war alles schon furchtbar, aber doch noch ein anderes Leben. »Nun erzählen Sie mal.« Und sie erzählte, ein wenig, längst nicht alles, dafür war keine Zeit. Er glaubte ihr. Er schien tatsächlich zu verstehen, und er wollte helfen, das spürte sie gleich. Dann ließ er sie kurz allein.

In Begleitung seiner Freunde Poldi und Charlott kehrte er zurück. Es waren gute Menschen, denen sie gar nichts erklären musste, die einfach da waren, freundliche Menschen – das es das noch gab. Sie bekam zu essen, ihr Bett wurde gerichtet, und die vier beschlossen, dass Charlott die Nacht bei ihr bleiben sollte, zur Gesellschaft.

16 Die Jungfernbrücke, Berlin 1929

Die beiden Männer gingen in Poldis Wohnung und sprachen noch lange, was zu tun sei, um diese Frau – und ihren Sohn natürlich – zu retten. Denn das war es, was Drossel wollte. Der Offizier wider Willen hatte auch gleich eine Idee. Er würde der Jüdin sein Erspartes geben, 6000 Reichsmark, immerhin. Damit könnte sie versuchen, doch noch die nötigen Papiere zu bekommen, und es würde auch für andere Ausgaben reichen; außerdem beschloss er, ihr die Fotoausrüstung zu überlassen, die er schon als Emigrationsgepäck für sich selbst vorgesehen hatte. Poldi müsste mitmachen, Heinz würde ihm das Geld geben, noch einiges organisieren und dann Berlin wieder verlassen, sein Fronturlaub war vorbei. Luitpold »Poldi« Hagen, der Freund aus Schultagen, war bereit.

Drossel schaffte es vor seiner Abreise noch, seinen Onkel Oskar, das schwarze Schaf der Familie, zu benachrichtigen und dessen Erlaubnis einzuholen, Marianne seine Adresse als Versteckmöglichkeit zu nennen. Onkel Oskar, ein Schneidermeister mit großem Talent, nur leider der Spielsucht verfallen, hatte bereits eine heimliche »Untermieterin«. Eine junge jüdische Frau. Heinz wusste angeblich nicht, in welchem Verhältnis sie zu Onkel Oskar stand. Aber trotz Spielsucht und für damalige Verhältnisse dubioser Frauengeschichten: Auf Onkel Oskar war Verlass; Marianne wäre dort willkommen im Notfall.

Berlin wird »judenrein«

Knesebeckstraße 76, Berlin, 27. Dezember 1942
Die Anteilnahme und Hilfsbereitschaft von Heinz Drossel und seinen Freunden hatte Marianne ein kleines Stück Hoffnung wiedergegeben. Mit Luitpold »Poldi« Hagen und dessen Freundin Charlott stand sie fortan in Kontakt, Heinz war noch am Morgen nach ihrer Rettung wieder nach Frankreich gefahren. Von den 6000 Reichsmark, die Heinz ihr via Poldi hatte zukommen lassen, leistete sie eine Anzahlung für die gefälschten Papiere, den Rest nähte sie in Kleidungsstücke ein. Auf gleiche Weise hatte sie auch den bisher unverkäuflichen Schmuck versteckt. Die Koffer waren gepackt. Es war nur eine Frage von Tagen, dann sollte es losgehen. Um keine Aufmerksamkeit zu erregen, ging Marianne dennoch zur Arbeit in die Märkischen Kabelwerke.

Die Papiere ließen auf sich warten, jeder weitere Tag war eine Qual. Weihnachten 1942. Es war bitterkalt, Berlin lag in Trümmern, Mariannes ganze Hoffnung richtete sich auf die Flucht. Am 27. Dezember 1942 war es aus mit der Hoffnung. Marianne und ihr damals sechsjähriger Sohn Billy hielten sich in ihrem Mietzimmer in der Knesebeckstraße 76 auf, als die Gestapo kam. Es war früh am Morgen, noch dunkel draußen, als es gegen die Tür donnerte: Aufmachen, Gestapo. Der gefürchtete Ruf, jetzt schreckte er sie auf.

Schnell, schnell sollte es gehen, ihre Sachen könne sie ruhig stehen lassen, die würden dann nachgeholt, wenn es so weit wäre. Ein »Köfferchen mit dem Notwendigsten« durfte Ma-

87

rianne mitnehmen. Über ihre Gefangenschaft berichtete Marianne später in handschriftlichen Notizen, die als Vorlage für einen Bericht über »verfolgungsbedingte Gesundheitsschäden« nach dem Krieg dienten: »Am 27. 12. 42 wurde ich im Zuge der großen Aktion festgenommen und in das Lager Große Hamburger Straße gebracht (zusammen mit meinem damals 6-jährigen Sohn). Dort kam es bei schlechtester Unterbringung und unzureichendster Kost zu ständigen Verhören und seelischen Drangsalierungen, weil Zweifel über meinen Status bestanden.«

Die »seelischen Drangsalierungen« bestanden in Drohungen, sie und ihre kleine Tochter zu deportieren. Ihr Sohn sollte zum Vater gebracht werden. Die Beamten wollten von Marianne wissen, wo ihr arischer Ex-Mann sich aufhalte. Sie hatten sie offenbar in Verdacht, wieder Kontakt zu ihm zu haben. Das Baby war als »volljüdisch« gemeldet. Aber vielleicht war das eine Lüge? Vielleicht gab es einen Fall von »Rassenschande« aufzudecken? – Vielleicht brauchten die Folterer von Marianne aber auch gar keinen »Grund«, sie zu schlagen und zu demütigen, vielleicht kam es ihnen ganz normal vor, weil sie ständig hilf- und wehrlose Menschen grundlos quälten.

Marianne notierte: »Bei den letzten Vernehmungen im Beisein von zwei anderen Männern in Zivil (einer davon der vernehmende Duberkel) wurde ich von einem Dritten durch schwere Schläge ins Gesicht und auf den Oberkörper auf das Brutalste misshandelt, weil ich geleugnet hatte, mit meinem ehemaligen Ehemann in Verbindung gestanden zu haben (was den Tatsachen entsprach).«

Was diese Situation für den kleinen Billy bedeutete, ist schwer vorstellbar. Wurde die Mutter zu den Verhören geholt, saß der Junge allein in einem überfüllten stickigen Raum voller fremder furchtsamer Menschen, hungrig, müde und ängstlich. Kehrte die Mutter zurück, war sie in einem schrecklichen Zustand. Sie zitterte, manchmal weinte sie, sie sprach nicht, manchmal blutete sie im Gesicht.

17 Walter Dobberke, 1939

Bei dem von Marianne erwähnten Vernehmer »Duberkel«
muss es sich um den Leiter des Lagers Große Hamburger Straße
gehandelt haben, den SS-Hauptscharführer Walter Dobberke
(1906–1946).[51] Dieser ehemalige Kriminalassistent der Sitten-
polizei machte offenbar großen Eindruck auf Marianne. Einmal bezeichnete sie ihn als »Gestapochef«. Seiner Autorität
schrieb sie es zu, dass sie das Lager Schulstraße schließlich wieder verlassen durfte.

SS-Mann Dobberke war in der Tat ein mächtiger Mann in
seinem Wirkungsbereich. Er stellte nicht nur die Listen für die
großen, bis zu 1000 Personen umfassenden Transporte nach
»Osten«, also in den Tod, zusammen. Er war auch Chef der
gleichfalls in der Großen Hamburger Straße stationierten
Fahndungsstelle der Gestapo. Die »Fahnder« waren jüdische
Frauen und Männer. Viele hegten die Hoffnung, ihre eigene
Haut und die ihrer Angehörigen retten zu können, indem sie
Spitzeldienste für die Gestapo leisteten. Sie verrieten untergetauchte Juden an die Geheime Staatspolizei. Dobberke war für
die Rekrutierung und den Einsatz dieser »Greifer« zuständig;
ihre Berichte lieferten sie direkt bei ihm ab.

Dobberke war derjenige, der entschied, dass Marianne fortan
den Stern tragen musste. Die Geburt der Tochter, die als voll-

jüdisch galt, habe sie ihres privilegierten Status enthoben, so die Begründung. Dass die Drohung, sie mit ihrer kleinen Tochter zu deportieren, nicht wahr gemacht wurde, grenzt an ein Wunder. Es liegt auf der Hand, dass für diese Entscheidung die Existenz des von einem Arier abstammenden Sohnes Billy eine Rolle spielte. Die Frage nach dem Umgang mit Mischlingen lähmte den Apparat der Vernichtung; es gab keine klaren Bestimmungen, also auch keine definierten Vorgehensweisen. Andererseits hätte der Junge ja in einem Heim untergebracht werden können. Dann hätte es keinen Grund mehr gegeben, die Volljüdin und ihr volljüdisches Baby zu verschonen. Gestapo-Mann Dobberke entschied vorerst anders.

Am 17. Februar 1943, nach 52 Tagen, endete Mariannes Gefangenschaft. Als sie ihr Zimmer in der Knesebeckstraße erreichte, war der Raum polizeilich versiegelt. Ihre gesamte Habe befand sich hinter dieser versiegelten Tür. Das eingenähte Geld, die kostbaren Juwelen, alles. Das Siegel zu brechen, wagte sie nicht. Erschöpft schleppte sie sich zu Poldi, um ihn um Rat zu fragen. Der, praktisch und vernünftig wie immer, sagte, sie solle zur Polizei gehen – sie habe ordentliche Entlassungspapiere und müsse keine Angst haben, er werde sie begleiten.

So geschah es. Poldi blieb zwar vor der Wache stehen, auch kam er nicht mit ins Haus, als ein Polizist mit Marianne zur Wohnung ging. Aber es war eine Beruhigung, dass da jemand war. Der Polizist löste das Siegel und öffnete ihr die Tür. Der Schock hätte nicht größer sein können: Der Koffer, in dem sich die Kleider mit dem eingenähten Geld und dem Schmuck befanden, war ebenso verschwunden wie die Fotoausrüstung und andere Wertgegenstände. Marianne hatte auf einen Schlag alles verloren, die Flucht war wieder in unerreichbare Ferne gerückt. Es gab nur eine Erklärung: Die Gestapoleute waren die Diebe. Als sie Marianne abführten, hatte niemand die Tür versiegelt, das war also erst später geschehen. Dieses Wissen nützte Marianne allerdings gar nichts – sie konnte ja schlecht Anzeige erstatten.

Nur zehn Tage später wurde Marianne wieder verhaftet; sie war eines der Opfer der »Schlussaktion Berliner Juden«, die am 27. Februar 1943 begann. An diesem ersten Tag der Verhaftungswelle, auch »Große Fabrikaktion« genannt, weil die Menschen vor allem an ihren Arbeitsplätzen gefasst wurden, gerieten ungefähr 5000 Juden in die Hände der Gestapo.[52] Eine große Zahl dieser Menschen zählte zu den »Mischlingen« und in sogenannter Mischehe lebenden Juden, jener Gruppe von »Privilegierten« also, die bis dahin nicht deportiert worden waren, weil Proteste von deren arischen Verwandten und damit innenpolitische Schwierigkeiten befürchtet wurden.

Die Frage nach der Vorgehensweise gegen diese Gruppe von Juden hatte vor der Aktion zwischen den höchsten Chargen des NS-Regimes für Streit gesorgt. Auf der einen Seite stand Propagandaminister Joseph Goebbels, der alles vermeiden wollte, was die deutsche Öffentlichkeit gegen Hitler aufbringen könnte. Auf der anderen Seite agierten hohe Nazifunktionäre des Reichssicherheitshauptamts (RSHA), die die Rassengesetze endlich konsequent umgesetzt sehen wollten. Reichsführer-SS Heinrich Himmler, operativ zuständig für die »Endlösung«, drängte immer wieder auf eine radikale Lösung auch der Mischlingsfrage. Die taktischen Überlegungen Goebbels' gingen ihm gegen den Strich. Hitler hatte mal die eine, mal die andere Position eingenommen. Die im Oktober 1941 erteilte Anweisung, Mischlinge und mit deutschen Ehepartnern lebende Juden von den Deportationen vorerst zurückzustellen, könnte auf Hitler persönlich zurückgehen.[53]

Ende 1942 beschlossen die Nationalsozialisten, die letzten noch in Berlin lebenden Juden, unabhängig von ihrem Status, zu verhaften und zu deportieren. Die »Schlussaktion Berliner Juden« war von langer Hand geplant. Lkws in und um Berlin waren beschlagnahmt worden, die Sammellager vorbereitet. In den frühen Morgenstunden des 27. Februar 1943 schlugen sie zu: Hitlers SS-Leibstandarte übernahm die Verhaftungen in den Fabriken, Gestapo und Schutzpolizei holten die Leute aus ihren Wohnungen oder von der Straße weg.

Marianne wurde gemeinsam mit anderen jüdischen Zwangsarbeitern von den Märkischen Kabelwerken auf Lastwagen abtransportiert. Eine erste Station für Hunderte Gefangene war die Herman-Göring-Kaserne. Dort verbrachten sie dicht gedrängt, ohne Licht und Wasser, die kalte Winternacht auf dem bloßen Betonboden. Am nächsten Morgen kamen SS-Männer, die die Menschen in zwei Gruppen ordneten: hier jene, die einen deutschen Ehepartner hatten, dort die anderen. Letztere blieben vorerst in der Kaserne, jene aus »Mischehen« wurden in die Rosenstraße 2–4 verbracht, das Gebäude der Jüdischen Gemeinde.

In den folgenden Tagen entwickelte sich das, was der amerikanische Historiker Nathan Stolzfus überschwänglich als »Widerstand des Herzens« feierte, andere Zeitgeschichtler nüchterner als Privataktion einstuften: Die Angehörigen der Juden, die in der Rosenstraße verwahrt wurden, zumeist die Ehefrauen, postierten sich vor dem Gebäude. Sie beobachteten Tag und Nacht, was dort vorging, sie brachten Päckchen und Briefe und schließlich forderten sie lautstark: Gebt uns unsere Männer zurück! Es war wohl die einzige öffentliche Demonstration gegen das Naziregime in den 12 Jahren der Gewaltherrschaft. Ob getragen durch Zivilcourage oder vor allem motiviert durch persönliche Betroffenheit: Die Frauen erreichten ihr Ziel, ihre jüdischen Männer kamen frei.

Die anderen blieben in Haft. Marianne kam in ein Lager in der Levetzowstraße. Ihr Sohn Billy war nicht bei ihr. Er könnte sich bei der neuen Vermieterin, einer Frau Bäcker, in der Lietzenburger Straße 8 aufgehalten haben. Marianne konnte nichts wissen von den unerhörten Vorgängen in der Rosenstraße, sie hatte auch niemanden mehr, der für sie eingetreten wäre. Aber ihre Bewacher dürften sehr wohl von den Demonstrationen der Frauen gewusst haben und spürten gewiss auch die Nervosität ihrer Vorgesetzten. Es war nicht vorgesehen, dass die Opfer sich sträubten, noch viel weniger, dass sie Hilfe und Beistand erhielten.

Marianne, erst zehn Tage zuvor aus Folter und Gefangenschaft entlassen, vor drei Monaten vor dem Selbstmord bewahrt, sprach mit ihren Wärtern, sie wollte entkommen. Sie wollte zu ihrem Sohn, sie wollte nicht sterben. Am 1. März konnte sie heimlich »mit Hilfe eines Polizisten« aus dem Lager Levetzowstraße entweichen, berichtet sie in einem der zahlreichen Protokolle im Rahmen ihres Entschädigungsverfahrens nach dem Krieg. Warum hat er ihr geholfen? Konnte Marianne den wachhabenden Polizisten, der unter dem Eindruck des Rosenstraßen-Aufstandes stand, überzeugen, dass auch sie einen Sonderstatus habe? Zeigte sie ihm die Papiere ihres Sohnes, um ihrer Aussage Nachdruck zu verleihen? Vielleicht war das nicht nötig, vielleicht hatte dieser namenlose Polizist einfach Mitleid mit der jungen Frau, die ihn anflehte, sie gehen zu lassen, und es bot sich eine günstige Gelegenheit.

Nach dieser großen Razzia und den letzten massenhaften Transporten in die Vernichtungslager erklärte Propagandaminister Joseph Goebbels Berlin im Juli 1943 offiziell für »judenrein«. Zu diesem Zeitpunkt waren mehr als tausend jüdische Verfolgte bereits in den Untergrund gegangen: Als »U-Boote«, wie sie sich selbst nannten, versuchten sie ihren Mördern zu entkommen. Schätzungen gehen von bis zu 5000 Menschen aus, die zumindest zeitweise in die vom NS-Staat diktierte Illegalität abtauchten. Überlebt haben sollen davon 1400 Juden in Berlin.[54]

Auch Marianne entzog sich nach und nach der Kontrolle und dem Zugriff der Nazis. Am 16. April 1943 begann sie als Zwangsarbeiterin für die BVG in Nachtschichten Wagen zu waschen. Tagsüber hielt sie sich nun nicht mehr unter ihrer gemeldeten Adresse auf. Das war strengstens verboten. Für Juden galten strikte Regeln, wann sie sich überhaupt auf der Straße bewegen durften. Außerhalb dieser Zeiten hatten sie in ihren registrierten Wohnungen zu bleiben, jederzeit erreichbar für die Behörden. Die Ausgehzeit beschränkte sich auf wenige Stunden, die zum Einkaufen genutzt werden mussten – falls das nötige Geld und die Lebensmittelmarken vorhanden waren.[55]

In der ersten Phase nach Mariannes zweiter Haftzeit in der Levetzowstraße scheint zumindest das kaum Probleme bereitet zu haben: »In der darauf [auf die Inhaftierung] folgenden Zeit war es mir zunächst noch möglich, meine Lebensmittelmarken weiter zu beziehen, da mir die Leiterin der für mich zuständigen Kartenstelle in der Knesebeckstraße sehr gewogen war und mir meine Lebensmittelkarten immer wieder ohne Schwierigkeiten aushändigte.«[56] Diese Information steht relativ zusammenhanglos in dem Dokument, sie muss wohl als Hinweis darauf verstanden werden, dass der Zugang zu Lebensmittelmarken, zu Nahrungsmitteln generell, noch sehr viel schwieriger wurde.

Die Versorgungslage war im Laufe des Jahres 1942 immer katastrophaler geworden, auch für die »arischen« Volksgenossen, wie Klemperer am Beispiel seiner Frau zu berichten weiß: »Jetzt ist Eva zeitweilig am Ende ihrer Nerven. So gestern besonders. Das ergebnislose Herumjagen nach Lebensmitteln zerstört sie geradezu. Dazu nun seit einer Reihe von Tagen der nackte Hunger. … Auch fehlt es Eva jetzt an Fettmarken, da sie die J-Marken nicht eintauschen darf. Und zu Hause lebe ich fast ausschließlich vom Brot. – Seit einigen Tagen dürfen Gärtnereien einen Teil ihrer Gemüse frei an das Publikum verkaufen. Eva steht über eine Stunde Schlange und erhält klein wenig oder gar nichts.«[57]

Zu ihrer Zeit in der »Illegalität« erklärte Marianne: »Mein jetziger Ehemann Heinz Drossel, den ich seit dem Jahre 1938 kenne, kam im Frühsommer 1944 anlässlich einer Dienstreise nach Berlin und riet mir dringend, mich sofort in die Illegalität zu begeben, da er annahm, dass sich innenpolitisch in kurzer Zeit etwas ereignen würde, woraufhin man dann sicher wieder erneute Aktionen gegen die Juden starten würde. Ich begab mich daher am 12. 6. 1944 in die Illegalität. Mein jetziger Mann hatte mir zu diesem Zweck den Schlüssel seiner damals von ihm bewohnten Wohnung in Tempelhof, Berliner Str. 76, ausgehändigt.«[58] Diese Formulierung dürfte zum Teil aus dem Wunsch heraus gewählt worden sein, den Behörden einen nachvollziehbaren Ablauf der Ereignisse zu geben, die zur »Illegalität« führten. Die Schilderung des Verlaufs ihres Daseins als »U-Boot« lässt ebenfalls auf diese Intention schließen. Die Wirklichkeit dürfte sehr viel chaotischer gewesen sein.

Den Schlüssel zu seiner Wohnung beispielsweise hätte Heinz Drossel Marianne Hirschfeld nur im November 1942 persönlich geben können. Im Frühsommer 1944 war Heinz Drossel nicht in Berlin. Dass die beiden sich nach der dramatischen Nacht auf der Jungfernbrücke während des Krieges noch einmal begegneten, ist äußert unwahrscheinlich. Wahrscheinlicher ist, dass Luitpold »Poldi« Hagen, Heinz' bester Freund, den Schlüssel in seinem Besitz hatte. Falls Marianne tatsächlich zwischen Sommer und Winter 1944 in der Berliner Straße 76 Unterschlupf fand, dann durch die Vermittlung Poldis. Vielleicht vermischte sie einfach in der Erinnerung ihren Aufenthalt vom November 1942 in der Drossel-Wohnung mit der aufregenden Zeit als »U-Boot«.

Klar ist nur eines: Die Stationen während des Verstecktseins – das sich auf die Tage beschränkte, denn in den Nächten ging Marianne weiter zur BVG, um wenigstens den kläglichen Lohn zu bekommen – müssen vielfältig gewesen sein. Es gibt Schätzungen, die besagen, dass zur Rettung eines einzelnen Verfolgten in der NS-Zeit, der sich durch sogenannte Illegalität dem Zugriff der Behörden entzog, bis zu zehn Helfer notwendig waren. Die Aufenthaltsorte mussten ständig gewechselt, Lebensmittel mussten beschafft, transportiert und übergeben werden. Der Verfolgte benötigte zudem nicht nur Nahrung, sondern auch Kleidung, Schuhe, Hygieneartikel.

Wahrscheinlich ab Juli 1944 war Marianne eine Zeit lang bei Oskar Drossel, jenem Onkel von Heinz, der gern spielte und schon 1942 eine jüdische Freundin aufgenommen hatte. Onkel Oskar kam bei einem Bombenangriff im Herbst 1944 ums Leben, Marianne schlüpfte auch zeitweise bei Poldi unter, dann bei »Eva F.« in Tempelhof. Dort konnte sie bis Ende 1944 bleiben, das heißt die Tage verbringen, wenn sie nicht arbeiten musste, und dort kam auch ihr kleiner Billy unter.

Wo der Junge in diesem halben Jahr des Herumziehens und Versteckens sonst war, ist nicht mehr zu klären. Er war inzwischen acht Jahre alt. Viele Berliner Kinder seines Alters waren in diesem Jahr mit der Kinderlandverschickung außerhalb der Reichweite der alliierten Bomben untergebracht. William Albinus verbrachte seine gesamte Kindheit unter Bombenhagel an der Seite einer gejagten, körperlich und seelisch schwer geschädigten Mutter, die immer wieder tage- oder wochenlang verschwand.

V. Zweimal Russland und zurück (1942–1945)
Nach den Erinnerungen von Heinz Drossel

»Wo sind Deutschlands Psychiater?«

Demjansk, Juli 1942

Das Ticket, um der Mausefalle von Demjansk zu entkommen, hielt Drossel in Form seiner Beförderung zum Fahnenjunker zwar in Händen, doch der Reserveoffiziersanwärter musste noch einen Weg finden, auch tatsächlich wegzukommen. Niemand kümmerte sich darum, es gab keinen Plan und keine Anweisungen, wie Heinz Drossel nach Potsdam zur Offiziersausbildung gelangen sollte.

Drossel schlug sich durch Wälder und Sümpfe zum Flughafen von Demjansk durch. Den ersten Flug seines Lebens hat er nie vergessen. Abgesehen von der Faszination, die er verspürte, als er in der riesigen JU 52 über den Wipfeln der Bäume flog, sorgten dafür vor allem die Einschläge der russischen Maschinengewehre im Flugzeugrumpf. Über Riga und Königsberg ging es nach Berlin. Seine Eltern trauten ihren Augen nicht, als ihr Sohn vor der Tür stand. Nach einer Nacht daheim begab sich Drossel in die Kriegsschule Potsdam.

Die Ausbildung empfand er als »abwechslungsreich«, besonders froh war er über die Wochenendbesuche zu Hause in Tempelhof, obwohl sie »zunehmend durch die Luftangriffe beeinträchtigt«[59] waren. Die ersten alliierten Angriffe auf Berlin fanden 1940 statt. In der Nacht vom 25. auf den 26. August warfen Briten und Amerikaner Bomben auf die Bezirke Reinickendorf, Pankow, Malchow, Wartenberg. Schon drei Tage später gelang es den Briten, bis nach Kreuzberg vorzudringen. In der Nacht zum 29. August 1940 verloren die ersten zwölf Berliner ihr Leben durch Bomben.[60] Die materiellen Schäden waren zunächst vergleichsweise gering. Dann steigerten sich Häufigkeit und Genauigkeit der Bombardements kontinuierlich.

Die Angriffe auf Lübeck am 29. März und die Ende Mai 1942 auf Köln, bei denen Brandbomben in großer Zahl eingesetzt wurden, markierten den Beginn einer neuen Ära im Luftkrieg. Mit diesen Großangriffen, in Köln kamen erstmals über 1000 Flugzeuge gleichzeitig zum Einsatz, sollten extreme Schäden angerichtet, möglichst viele Zivilisten getötet und so letztlich der Krieg gewonnen werden. Diese Strategie der Engländer, die hofften, die Zivilbevölkerung zu demoralisieren und so gegen das eigene Regime aufzubringen, ging nicht auf.[61] Die deutsche Bevölkerung reagierte wie die Briten, die deutschem Luftterror ausgesetzt waren: mit Hass auf den Feind und gestärktem Kampfeswillen.

Am Ende der Offiziersausbildung an der Kriegsschule Potsdam stand die Verabschiedung der frischgebackenen Offiziere im Sportpalast durch den »Führer« persönlich. Aus Drossels Erinnerungen: »Sein nichtssagendes Geschrei und Getobe ist kaum zu verstehen. Zum Schluss geht er die erste Reihe ab, und ich habe Gelegenheit, mich davon zu überzeugen, dass ›Großdeutschland‹ von einem Irren regiert wird. Hochgereckter Kopf, Maskengesicht, weit aufgerissene Basedowaugen, der lächerliche Schnurrbart zittert vor Verkrampfung und Erregung, der rechte Arm in seiner Spezialausführung des ›Deutschen Grußes‹ nach oben abgewinkelt und ein Blick, der einen schaudern lässt – das ist gebündelter, fanatischer Wille zur Vernichtung, das ist ›das Böse‹ in Person. Wo sind die Psychologen und Psychiater in Deutschland?«[62]

Anfang Juni 1942 kam Leutnant Drossel zu einem Ersatzbataillon nach Landsberg (Warthe). Es folgte eine »vornehme, aber entbehrungsreiche Zeit«[63]: Die jungen Leutnants saßen mit im eleganten Offizierskasino, kamen jedoch oft kaum zum Essen, denn sobald die ranghöheren Offiziere, die zuerst bedient

18 Heinz Drossel als Unteroffizier, 1942

wurden, fertig gespeist hatten, wurde die Tafel aufgehoben. Drossel bekam eine Kompanie unterstellt; vormittags leitete er deren Ausbildung im Gelände, nachmittags erhielt er Reitunterricht.

Bald begann die nächste Reise Richtung Osten. Am 15. Juli traf Drossel – diesmal in der 2. Klasse und auf Polsterbänken – in Dnjepropetrowsk in der Ukraine ein. Untergebracht wurde der deutsche Offizier im Haushalt einer russischen Mittvierzigerin und deren Tochter. Ihr Mann war an der Front. Die Zeit verstrich vergleichsweise angenehm: »Die Ausritte in der weiten Ebene der Umgebung von Dnjepropetrowsk mit unendlichen Sonnenblumen- und Weizenfeldern sind mir unvergeßlich geblieben. Es ist leichter Dienst, und ich habe mit meinen Leuten vom Stab keinerlei Schwierigkeiten. Mein Bursche wird Schneider des Bataillons, Günter Busch, mit dem man offen reden kann; sein Bruder ist im KZ. Er erleichtert mir das Leben, wo er nur kann.«[64]

Der Vormarsch der Deutschen auf Stalingrad nahm seinen Lauf; auch Drossels Division wurde abkommandiert. Zunächst hieß es, sie solle sich der 6. Armee anschließen, die im Don-Bogen westlich von Stalingrad in schwere Kämpfe verstrickt war. Hitler hatte, teilweise gegen den Widerstand der Generalität, Stalingrad als Angriffsziel parallel zur südlichen Offensive in Richtung Kaukasus befohlen. Hunderte Flugzeuge begannen am 23. August 1942 die Stadt mit Bomben zu attackieren. An diesem Tag kam im fernen Berlin Judis Hirschfeld auf die Welt.

Deutsche Panzer drangen in einige Außenbezirke Stalingrads vor; in erbitterten Straßen- und Häuserkämpfen besetzten die Deutschen immer größere Gebiete. Eine vollständige Einnahme der Stadt sollte jedoch nie gelingen. In diesem August begann, was wenige Monate später als Kesselschlacht von Stalingrad mit Hunderttausenden von Toten, Verwundeten und Tausenden deutschen Gefangenen enden sollte.

Drossel saß Ende August wieder in der Bahn. Über Brest in Weißrussland nach Oppeln zu einem Truppenübungsplatz in Breslau – die meiste Zeit wusste keiner der Männer, wohin und zu welchem Zweck sie durch das kriegszerstörte Europa gekarrt wurden. Dann wurde deutlich, dass ihr Zug »heim ins Reich« fährt. Doch es gab keine Pause. Im Zickzack wurden Kilometer um Kilometer zurückgelegt: Liegnitz, Cottbus, Berlin, Magdeburg, Kassel – Frankreich. Auf einem trostlosen Truppenübungsplatz bei Épernay endete die Reise vorläufig. Langsam sickerte die Information durch, dass diese »Ladung« Soldaten als Reserveeinheit bei der Verstärkung des Atlantikwalls eingesetzt werden sollte.

Die Männer machten sich auf den Weg zum französischen Kriegshafen Brest, der nunmehr ein deutscher Flottenstützpunkt war. Quartier wurde in Saint Renan genommen, einem Ort, der damals keine 3000 Einwohner zählte. Die Offiziere bekamen Einzelzimmer in einem beschlagnahmten Hotel. Es gab Kuchen beim Bäcker gegenüber, Fleischgerichte im Bistro – alles ohne Marken. »Madame versteht sich vorzüglich auf Kaninchenbraten, delikat zubereitet, täglich anders gewürzt. Eines Tages ist es auch damit vorbei. Auf Befragen antwortet Madame: ›Messieurs – es ist schauderhaft – aber es gibt jetzt weit und breit keine Katzen mehr.‹ Wir haben den Schock mit Rotwein hinuntergespült.«[65]

Am 21. September wurde Heinz Drossel 26 Jahre alt. Es gab ein rauschendes Fest, das am Morgen mit üppigem Frühstück und Kutschfahrt begann und nachts um 4 Uhr bei Cognac endete. Zwischendurch Langusten und Champagner. Ein Jahr zuvor hatte das Geburtstagskind im Schützenloch gehockt, unter starkem Beschuss, voller Todesangst.

Eine Woche nach den Ausschweifungen brach bei Heinz Drossel eine schwere Hepatitis aus. Er musste ins Lazarett. Das befand sich in einem Kloster, wo sich Ordensschwestern um den Kranken kümmerten. Er genoss die Ruhe und Geborgenheit in dieser spirituellen Umgebung. Nach 14 Tagen durfte er zum ersten Mal wieder aufstehen; im Klostergarten blühten Herbstblumen. Weitere zwei Wochen später galt der Patient als geheilt, und kurz darauf wurde die Truppe weiter nach Norden verlegt, zur Sicherung des Atlantikwalls.

Die Frau auf der Jungfernbrücke

Jungfernbrücke, Berlin, November 1942
Bevor es zu einem Einsatz kam, hatte Drossel Anfang November 1942 Urlaub – seinen ersten Heimaturlaub als Offizier. Von der Atlantikküste bis nach Berlin sind es gut 1600 Kilometer; das Umherreisen im zerbombten Europa zu einer Zeit, als die Bevölkerung Hunger litt, als die Ressourcen langsam knapp wurden – es funktionierte seltsamerweise immer noch. Leutnant Drossel genoss seinen Berlin-Aufenthalt. Er verbrachte die Abende mit seinem Schulkameraden und »Gesinnungsfreund« Poldi Hagen und dessen Freundin Charlott, besuchte einige Verwandte und spazierte durch seine geliebte Heimatstadt.

Am letzten Abend passierte es dann; er sah eine Frau auf der Jungfernbrücke: »Sie will sich über das Geländer fallen lassen, ich packe sie und drehe sie zu mir um – ein Blick und ich erstarre vor Überraschung – vor mir steht die junge Frau aus Neu-Tempelhof. Wann war das? 1938 – eine Ewigkeit her … Ich denke an das Kind – an ihr Kind und das in der Grube bei Dagda … ›Poldi, tu mit dem Geld alles, um sie in Sicherheit zu bringen.‹

Ich gehe in meine Wohnung und verabschiede mich von ihr. Marianne heißt sie ... Mir bleibt der Weg zurück nach Frankreich.«[66]

Heinz Drossels Erinnerungen an diese Nacht, an den folgenden Tag, die Dinge, die es zu erledigen gab, den Abschied von Marianne waren seltsam schwach. Aufregendes ereignete sich in diesen Stunden, er muss sehr angespannt gewesen sein. Doch stets, wenn er darüber berichtete, sei es als Zeitzeuge vor Schülern, sei es im Zwiegespräch, reichten ihm wenige Sätze zur Beschreibung der Situation. Auch auf Nachfragen war nicht mehr zu erfahren. Alles scheint im Rückblick konzentriert auf einen Punkt. Und dieser Punkt, das war die Begegnung auf der Brücke, der Anblick dieser Frau, die sich übers Geländer stürzen will, das Erinnern an ihren Sohn, den kleinen Jungen mit dem Stein, und den kleinen Jungen von Dagda, der vor Heinz Drossels Augen ermordet wurde.

Ein Konzentrat von Eindrücken, Gedanken, Bildern, das ihn damals dazu brachte, zu handeln, wie er es tat: sich der fremden Frau anzunehmen, Verantwortung zu tragen, sich selbst in Gefahr zu begeben. Nach eigener Aussage zögerte Drossel »keine Sekunde«. Ihm war »einfach klar«, dass er etwas unternehmen, dass er sich einmischen musste. Sein Handeln gründete nach eigener Einschätzung also eher auf einem Reflex als auf einer Entscheidung. Das mag den ersten Impuls erklären, der dazu führte, dass Drossel Marianne Hirschfeld nicht nur davor zurückhielt, sich ins Wasser zu stürzen, sondern sie mit zu sich nach Hause nahm. Dass er ihr Unterkunft für die Nacht gewährte, kann noch als Resultat des Reflexes interpretiert werden. Aber was dann folgte, war eine Entscheidung, rational und nach reiflicher Überlegung getroffen: Drossel löste sein Sparkonto auf, ließ der Verfolgten über seinen Freund Poldi 6000 Reichsmark zukommen, auf dass sie – gemeinsam mit ihrem Sohn, das war Drossel wichtig – aus Deutschland fliehen könne; außerdem verhalf er ihr zu einem Kontakt mit seinem Onkel Oskar, der ihr Unterschlupf gewähren würde.

So begann der November 1942 für ein paar Menschen in

Berlin mit etwas Hoffnung und Menschlichkeit. Für die deutschen Soldaten in und um Stalingrad ging im November alle Hoffnung verloren. Am 19. November startete die russische Gegenoffensive. Drei Tage später waren die 220 000 Mann der 6. Armee eingeschlossen, gefangen im Kessel von Stalingrad. Befehlshaber General Friedrich Paulus bat Hitler, einen Ausbruchsversuch unternehmen zu dürfen. Hitler verbot ihm, die Soldaten in Sicherheit zu bringen. Keine dieser Nachrichten drang vorerst an die Öffentlichkeit.

Drossel – und andere Nazigegner und Realisten – glaubten längst nicht mehr an einen Sieg der Deutschen. Was am Anfang des Krieges nur eine verzweifelte Hoffnung gewesen war, wurde zur Gewissheit. Hitlers Armee war nicht unbesiegbar, sie war zum Teil sehr schlecht vorbereitet und ausgerüstet.

Der Zustand des »Atlantikwalls«, der vor allem die Amerikaner von einer Landung in Europa abschrecken sollte, bestätigte Drossels Einschätzungen. Er bezeichnete die Gräben, Unterstände und Panzerfallen, die er zu Gesicht bekam, als »dürftig« und »schlampig«; den Atlantikwall als »Bluff«: »Das Ganze ist ganz gemütlich, solange Frieden herrscht. Im Falle eines Angriffs ist das Gelände keine paar Stunden zu halten, zumal es weit und breit keine Artillerie gibt.«[67]

Am 31. Januar 1943 war die 6. Armee von Stalingrad besiegt; General Paulus und mit ihm Tausende deutsche Soldaten kamen in russische Kriegsgefangenschaft. Das militärisch unsinnige Vorgehen, das Ausharren in der aussichtslosen Lage, hatte einen hohen Tribut gefordert. Über 200 000 deutsche Soldaten hatten ihr Leben verloren; auf russischer Seite starben mehr als eine Million Menschen.

Für die wachsende Zahl der Kriegsmüden, vor allem aber für die Verfolgten und andere Gegner der Nazis war diese Niederlage Anlass zur Freude, zur Hoffnung auf ein baldiges Ende des Krieges und des Regimes: »*27. Januar; Mittwoch, gegen Abend* ... Man war auf der Gemeinde in gehobener Stimmung:

Die Nachrichten von der Front sind wahrhaft katastrophal. (Auch heute wieder.) In Stalingrad geht eine ganze Armee, die sechste, mit rumänischen und kroatischen Armeen eingestandenermaßen verloren, an der gesamten Ostfront gehen wir zurück, in Afrika gibt es keine italienische Kolonie mehr, nur Tunis hält und ist in der Zange.«[68]

Die verlorene Schlacht von Stalingrad hatte großen Symbolcharakter. Sie könnte der Anfang vom Ende des Regimes sein, hofften viele Nazigegner. Sophie und Hans Scholl wollten nicht nur hoffen und bangen, sie wollten handeln. Sie versuchten, ihre Mitbürger aufzurütteln; durch das Bekanntwerden der skandalösen Umstände dieser Schlacht sollten die Deutschen ihre Einstellung zu Hitler ändern. Die Geschwister Scholl verteilten am Vormittag des 18. Februar 1943 an der Universität München das sechste und letzte Flugblatt der Widerstandsgruppe »Weiße Rose«:

»Kommilitoninnen! Kommilitonen! Erschüttert steht unser Volk vor dem Untergang der Männer von Stalingrad. Dreihundertdreißigtausend deutsche Männer hat die geniale Strategie des Weltkriegsgefreiten sinn- und verantwortungslos in Tod und Verderben gehetzt. Führer, wir danken dir! Es gärt im deutschen Volk: Wollen wir weiter einem Dilettanten das Schicksal unserer Armeen anvertrauen? Wollen wir den niedrigen Machtinstinkten einer Parteiclique den Rest der deutschen Jugend opfern? Der Tag der Abrechnung ist gekommen, der Abrechnung unserer deutschen Jugend mit der verabscheuungswürdigsten Tyrannei, die unser Volk je erduldet hat. Im Namen der ganzen deutschen Jugend fordern wir von dem Staat Adolf Hitlers die persönliche Freiheit, das kostbarste Gut des Deutschen zurück, um das er uns in der erbärmlichsten Weise betrogen hat ... Der deutsche Name bleibt für immer geschändet, wenn nicht die deutsche Jugend endlich aufsteht, rächt und sühnt zugleich, seine Peiniger zerschmettert und ein neues, geistiges Europa aufrichtet.«

Sophie und Hans Scholl wurden beim Verteilen der Flugblätter entdeckt, verhaftet und vier Tage später wegen »Wehrkraftzersetzung«, »Feindbegünstigung« und »Vorbereitung zum Hochverrat« vom Volksgerichtshof zum Tode durch das Fallbeil verurteilt. Das von ihrem Mitstreiter Karl Huber verfasste Flugblatt konnte außer Landes geschafft und noch Ende 1943 von britischen Piloten über Deutschland abgeworfen werden.

Wenige Stunden nach der Verhaftung der Geschwister Scholl hielt Joseph Goebbels in Berlin seine berühmte Sportpalastrede. Der Minister fragte sein Publikum: Wollt ihr den totalen Krieg?! Und die Menge jubelte: Ja!

Eine neue Dimension

Bretagne, Februar 1943
Drossels Reservetrupp in der Bretagne bekam die Feindseligkeit der Bevölkerung immer deutlicher zu spüren. Den Berliner wunderte das nicht im Geringsten. Es war bekannt, dass die Region eine Hochburg der Résistance war; die Widerständler waren gut organisiert und hatten starken Rückhalt in der Landbevölkerung. Sogar Kinder arbeiteten den Freiheitskämpfern zu. In Drossels Bezirk wurde ein 10-jähriger Junge dabei erwischt, wie er Munition klauen wollte. Drossel ging mit dem Kind zu dessen Vater, einem Handwerker, und machte ihm klar, dass solche Aktionen lebensgefährlich waren. Geiselerschießungen von Partisanen durch die SS waren zu der Zeit schon häufiger vorgekommen. Die SS sei so skrupellos, sie würde auch Kinder nicht schonen, erklärte Drossel. »Ehe ich gehe, sage ich leise beiläufig: ›Sollten Sie Verbindung mit dem Maquis haben, ich wäre an einem Gespräch mit einem Verantwortlichen interessiert – aber nur ich persönlich, freies Geleit zugesichert!‹ Ein langer Blick prüft mich, dann ein Nicken, ein Händedruck, ich gehe.«[69]

Wenige Tage später erhielt Drossel per Post Geheimunterlagen über Minensperren seines Gebietes – über die deutschen Minensperren. Der Anführer der regionalen Gruppe der Résistance, des Maquis, demonstrierte seine Macht, indem er die Dokumente entwenden und dem deutschen Besatzer wieder zukommen ließ. Drossel bewahrte Stillschweigen und heftete die Karten wieder da ab, wo sie hingehörten. Kurze Zeit darauf bekam der deutsche Offizier Besuch von einem bärtigen Mann mit Baskenmütze, der ihn zu einem Spaziergang einlud.

Der Franzose schwieg die meiste Zeit. Drossel redete über seinen Abscheu vor dem Naziregime und diesem Krieg. Er versicherte, dass er das Widerstandsrecht des französischen Volkes respektiere und Blutvergießen Unschuldiger vermeiden wolle. Wenn deutschen Soldaten etwas passiere, werde die SS schreckliche Vergeltungsmaßnahmen ergreifen. Er habe darauf keinerlei Einfluss. Er sagte auch, er sei überzeugt, dass Deutschland den Krieg verlieren werde. Diese Äußerung schien den Maquis-Kämpfer zu bewegen und von der Rechtschaffenheit seines Gesprächspartners zu überzeugen.

Nur eine Woche später bat ein junger französischer Mann die Besatzer um ein Fußballspiel: das Dorf gegen die Soldaten. Drossel überredete seinen Bataillonskommandeur, das Spiel zu genehmigen, hatte aber bis zum Ende Herzklopfen: »Zehn Minuten vor Schluss fällt der Siegestreffer für die französische Jugend – Gott sei Dank!«[70]

Die folgende Zeit war ruhig, die Atmosphäre deutlich entspannter. Drossel hatte oft Gelegenheit auszureiten. Die Landschaft faszinierte ihn, er gab sich seinen kleinen Fluchten hin. Die Abende verbrachte er bei Wein kartenspielend im Kasino. Doch quälende Gedanken setzten ihm zu: »Wie gern würde ich dieses herrliche Land als Gast genießen, so bin ich, zu Recht, ein gehasster Fremdling, dem die Verachtung der ganzen Welt gilt – und auch meine eigene. Aber mit meiner bin ich allein – ganz allein. Was ändert es, wenn ich versuche, ihnen zu helfen.

Selbst wenn es mir gelingt, das eine oder andere zu erreichen – zu ihnen gehöre ich doch nicht. Und wenn es darauf ankommt, werden sie mich behandeln wie die anderen auch. Trotzdem – ich habe mich gegen den Ungeist gestellt – ein Trost?«[71]

Als Trost reichten diese Überlegungen damals nicht aus. Drossel fühlte sich zunehmend verzweifelt und einsam. Eines Tages ritt er wieder in die Dünen, stieg ab und setzte sich in den Sand. Er zog seine Dienstpistole aus dem Halfter, starrte aufs Meer und spannte den Hahn. Ohne weiter nachzudenken, hielt sich er sich die Waffe an die Schläfe und drückte ab. Die bisher bei Schießübungen stets verlässliche Pistole hatte eine Ladehemmung. Jetzt zitterte Drossel. Ein zweites Mal drückte er nicht ab.

Der Krieg hatte eine neue Dimension erreicht. Die Zeichen der Unterlegenheit »Großdeutschlands« mehrten sich, die Niederlage von Stalingrad war eines der sichtbarsten gewesen. Das Desaster in Russland war wohl der Grund für das Ziel des Marschbefehls, den Drossel im Februar 1943 erhielt. Durch Frankreich, Deutschland, Polen, Weißrussland ging es dahin, wo er ein gutes halbes Jahr zuvor hergekommen war: in die Ukraine, nach Dnjepropetrowsk. Das Land und die Art der Kriegsführung hatten sich inzwischen stark verändert. Die russischen Truppen schienen allgegenwärtig und sehr viel besser gerüstet. Sie waren den deutschen deutlich überlegen: durch größere Mannschaftsstärke, mehr Panzer – und nicht zuletzt bessere Kampfmoral.

Dennoch folgten zunächst Wochen relativer Ruhe. Drossel befand sich mit seinen Männern in einem Gebiet zwischen den Flüssen Dnjepr und Donez, am Ufer des Donez. Nach heftigen Kämpfen hatten sie die SS-Division »Wiking« abgelöst, die Begegnung mit deren Kommandanten löste bei Drossel Abscheu und Wut aus: »Ich treffe ein impertinentes, eingebildetes ›Herrenvolk‹ an – wir sind da zweite Wahl. Auch bei der Ablösung werden unsere Landser wie ein Stück Dreck behandelt. Hier wird mir offen vor Augen geführt, was geschieht, wenn dieser

Abschaum Sieger bleibt. Auch das deutsche Volk wird dann behandelt werden wie Polen und Tschechen heute – Deutschland würde ein riesiges KZ mit mehreren Klassen werden.«[72]

Die Truppe richtete sich ein. Graben wurden ausgehoben, Unterstände gebaut; etwas abseits lag der Stab in Zelten und Bunkern. Jenseits des Flusses, nur 100 Meter entfernt, befand sich der russische Gegner. Drossel verbrachte viel Zeit bei den Soldaten vorn in den Gräben – und wunderte sich: Es fiel Tag und Nacht kein Schuss. Nach einiger Zeit entdeckte der Offizier den Grund für die ungewöhnliche Ruhe. Deutsche und Russen trieben regen Tauschhandel; Letztere liebten die Uhren ihrer Feinde und boten dafür ordentliche Stiefel. Einige Soldaten spielten Schach gegeneinander, es gab sogar ein kleines Turnier, an dem Drossel und auch russische Offiziere teilnahmen. Die Männer, die eigentlich in diese Einöde gekommen waren, um sich gegenseitig zu töten, tranken beim Brettspiel Wodka und Cognac auf den Sieg der Russen.

Die eigenartige Idylle hatte schnell wieder ein Ende. Die Russen zogen sich ein Stück weit zurück, die Deutschen bekamen offiziell Schießverbot – wegen Munitionsmangel. Drossels Leute nahmen Quartier in einem verlassenen Dorf. Sie konnten beobachten, dass der Gegner eine Brücke baute, unternehmen konnten sie nichts. Drossel erinnerte sich später dank seiner Tagebuchaufzeichnungen genau: Am 17. August 1943, morgens um vier Uhr, erreichten die Russen mit ihrer Brücke das Ufer, gleich darauf begann das Trommelfeuer.

Stunde um Stunde hielt es an, der Boden bebte, das Dorf lag schnell in Schutt und Asche; Drossel harrte mit anderen in einem der einfachen Bunker aus. Zur Nacht wurde es ruhiger, dann, am nächsten Morgen, ging es weiter. Die Deutschen flüchteten schließlich aus dem Dorf. Unterstützung von außen forderte Drossel vergeblich an. Die wenigen verbliebenen Panzer, so hieß es, müssten geschont werden. Am gleichen Abend stürmten die deutschen Soldaten die jämmerlichen Reste des ehemaligen Dorfes, das sie hatten räumen müssen – der Mut der Verzweiflung gab ihnen offenbar die Kraft, so Drossels Theorie: Die furchteinflößende Vorstellung, die Nacht völlig ungeschützt im Freien zu verbringen, mobilisierte ihre letzten Kräfte.

Leutnant Drossel bekam Ende August wieder Heimaturlaub. Er verbrachte einige ruhige Tage bei seinen Eltern, die nach der Schließung des Geschäfts – die Gestapo hatte Anfang 1943 die Liquidation verfügt – nach Senzig, 35 Kilometer südöstlich von Berlin bei Königs Wusterhausen in ihr Sommerhäuschen gezogen waren. Hier konnten sie sich vor den britischen Luftangriffen auf die Hauptstadt einigermaßen sicher fühlen. Deren Frequenz und Intensität stiegen kontinuierlich. Das bekam Heinz Drossel zu spüren, als er seine Freunde Poldi und Charlott in Tempelhof besuchte.

Von den beiden erhielt er Nachrichten über Marianne, die Frau von der Jungfernbrücke. Dass sie ein paarmal Kontakt gehabt hatten, dass das Geld angekommen, aber die Flucht trotzdem nicht gelungen, dass sie verhaftet worden war, zweimal sogar. Von der letzten Inhaftierung in der Levetzowstraße hatten Poldi und Charlott nur über Dritte gehört. Danach kein Lebenszeichen mehr. Heinz Drossel war sehr bedrückt, als er sich Mitte September wieder an die Front zu seiner Einheit begab.

In der Ukraine angekommen, erfuhr er, dass der Rückzug vom Donez eingeleitet sei; er solle sein Regiment »suchen«. Er bekam eine ungefähre Richtung gewiesen und war ansonsten auf sich allein gestellt. Züge fuhren zwar noch, aber es herrschte Chaos. Alles bewegte sich nach Westen: Menschen, Vieh, Güter. Überall brannten Dörfer, angezündet von Wehrmachtssoldaten, die dem Befehl folgten, »verbrannte Erde« zu hinterlassen. Drossel bestieg einen fast leeren Güterzug in die entgegengesetzte Richtung. Mit ihm reisten noch 30, 40 Landser, die ebenfalls auf der Suche nach ihrer Einheit waren. Es war kalt, und Drossel, der einen dicken Mantel trug, räumte nach einiger Zeit seinen geschützten Platz im Bremserhäuschen, das sich direkt hinter der

Lok befand. Zwei Soldaten, die nur unzureichend gekleidet waren, stiegen dankbar statt seiner vorn ein. Drossel kauerte sich in einem der hinteren Waggons mit anderen Männern zusammen. Kurze Zeit später fuhr der Zug auf eine Mine. Die Lok und die ersten Waggons wurden vollkommen zerstört.

Drossels Bataillon war in alle Winde zerstreut. Unter absurden Umständen führte er einen Tross durch die Nacht zu einem Sammelplatz, einem Rollfeld, wo sich diverse Trosse zusammenschlossen, um weiter gen Westen zu ziehen. Während des nächtlichen Marsches vermischte sich der deutsche Zug fast mit einer Truppe russischer Soldaten, die ebenfalls gen Westen zog. Mit einem langen Russenmantel angetan, einer gehörigen Portion Chuzpe und dank seiner russischen Sprachkenntnisse gelang es Drossel, das Durcheinander zu entwirren: Die Feinde trennten sich an einer Weggabelung, ohne dass ein Schuss gefallen war.

Die Schlacht am Dnjepr hatte am 26. August 1943 begonnen, relativ schnell wurde klar, dass die Deutschen keine Chance hatten. Was von den Militärs als »›geordnete Absetzbewegung‹« gedacht war, »war in Wirklichkeit eine ununterbrochene Schlacht«.[73] Drossels Bataillon bezog vorübergehend Stellung hoch über dem Dnjepr in einem Dorf, das nur von Frauen bewohnt war. »Die Lage ist eigentlich zur Verteidigung günstig … Aber nichts ist vorbereitet, keine Stellungen, keinerlei Nachschubvorrichtungen; für den überschlauen ›Führer‹ hat es ja kein Zurück gegeben und damit auch keine Auffangstellungen oder sonstige Vorsichtsmaßnahmen. Es war ein Verbrechen eines wahnsinnigen ›Führers‹, nicht nur an fremden Völkern und Rassen, sondern auch am eigenen Volk.«[74]

Mitte Oktober kam der Abzugsbefehl. In aller Eile wurde gepackt und verladen. Eines Abends, nach einigen Tagen Marsch, schlugen die Soldaten wieder ein Lager auf. Sie waren umzingelt von russischen Verbänden. Notdürftige Gräben wurden ausgehoben, auf einer kleinen Anhöhe versuchten die

19 *Heinz Drossel in der Nähe von Isjum, Ukraine, 1943*

Männer, einen halbwegs sicheren Platz zu finden. Der Kommandeur schickte die Soldaten den russischen Angreifern entgegen und befahl: Die Stellung muss um jeden Preis gehalten werden. In der Nacht kam es zu schrecklichen erbitterten Kämpfen mit zahlreichen Toten, vor allem unter den deutschen Soldaten. Drossel musste mehrere seiner Kameraden aus nächster Nähe sterben sehen. Er war am Ende seiner Kräfte: »P. liegt vor mir, verwunderte, offene Augen ohne Blick. Russische Flüche zwei oder drei Meter rechts. Ich haste zurück, höre nur noch russische Laute. Dann einen Moment Ruhe – völlige Depression – ich will das nicht mehr mitmachen.«[75]

Der junge Mann befand sich mitten im russischen Nirgendwo, umgeben von sieges- und wodkatrunkenen Russen. Drossel fasste einen ebenso verzweifelten wie riskanten Entschluss: Er schoss sich in den Unterarm. Die Möglichkeiten medizinischer Versorgung in unmittelbarer Nähe waren mehr als dürftig. Die Strafen bei Entdeckung einer Selbstverstümmelung waren zum Teil drakonisch und reichten bis zur Erschießung des Delinquenten – er war in der Logik der Militärs nichts anderes als ein Deserteur.

Drossel hatte Glück. Nachdem er seinem Kommandanten Bericht erstattet hatte – der seine Verachtung für die »läppische« Verletzung nicht verbarg –, machte er sich auf den Weg zum Feldlazarett; ein russischer Bauer mit einem Wägelchen nahm ihn mit. Drossel musste warten, viele Schwerverletzte waren zu versorgen; er sah eine Wanne mit amputierten Unterschenkeln und Armen. Zum ersten Mal überlegte er, ob er vielleicht den Arm verlieren würde. Sein Warten schien ihm eine Ewigkeit zu dauern. Dann erfuhr er, dass das Lazarett aufgelöst werde, die Russen seien im Anmarsch. Ein Sanitäter nahm sich schließlich doch noch seiner an.

Er versorgte Drossels Wunde notdürftig, sprach ruhig mit ihm, riet ihm, zum Bahnhof zu gehen, von dort würden Lazarettzüge fahren. Der Sanitäter füllte einen Transportzettel für Drossel aus, das rettende Dokument. Er überreichte es ihm, dann sagte er mit einem Lächeln in der Stimme, dass man mindestens 30 Zentimeter Abstand halten müsse mit der Pistole – »die Brandspuren verraten alles«[76]. Der Mann war katholischer Kaplan, Drossel zu denunzieren kam für ihn nicht in Frage.

Mit einem überfüllten Lazarettzug, zu Fuß, mit einem Pferdekarren, in Odessa mit einer Straßenbahn ging es schließlich per Flugzeug Richtung Düsseldorf. Wegen Fliegerangriffen in Mitteldeutschland musste der Weitertransport in Schlesien abgebrochen werden. Neben dem Flugplatz befand sich ein kleines Luftwaffenlazarett, in dem Drossel und ein anderer Berliner, den er unterwegs getroffen hatte, herzlichst aufgenommen wurden. Es folgten drei Wochen in paradiesischen Zuständen: Entlaust und gebadet, in weiße Wäsche gebettet, sammelte Drossel neue Kräfte. Es gab köstliches Essen, Sekt, Spaziergänge im Park. Die Ärzte drückten beide Augen zu, um einen möglichst langen Aufenthalt zu rechtfertigen. Anfang Dezember 1943 wurden beide entlassen, um sich im »Heimatlazarett« zu melden.

Im Garnisonslazarett Tempelhof wurde Drossel weit weniger freundlich empfangen. Der Vorwurf der Drückebergerei hing in der Luft. Er bekam sofort Reisepapiere und den Befehl, sich zum Ersatztruppenteil auf den Weg zu machen. Drossel meldete sich am folgenden Tag in Landsberg. Dort erhielt er Genesungsurlaub verordnet und fuhr zu seinen Eltern. Die Stimmung daheim war gedrückt. Immer heftigere Luftangriffe, bedrohliche Lebensmittelknappheit und die Ungewissheit, wie lange das verhasste Regime noch das Sagen haben würde, beherrschten die Gedanken der Menschen, die Heinz Drossel nahestanden. Derer gab es inzwischen weniger als noch vor zwei Jahren: Schulfreunde oder Bekannte – Männer, die an der Front waren oder bereits tot. Poldi und Charlott, die guten Seelen, lebten zum Glück noch. Poldi Hagen, der sich so selbstlos um Marianne Hirschfeld gekümmert hatte – und nach Drossels Einschätzung auch anderen jüdischen Verfolgten half –, war als Fernmeldetechniker von »kriegswichtiger« Bedeutung, er wurde nie eingezogen.

Das Weihnachtsfest 1943 mit den Eltern verlief freudlos. Silvester verbrachte Heinz mit Poldi und Charlott, auch hier gedämpfte Stimmung. Bange Fragen bewegten die jungen Leute: »Wird 1944 uns das Ende des Krieges bringen? Die Freiheit? Die Freiheit ist nur über eine totale Niederlage Hitlerdeutschlands zu bekommen. Werden wir das Neue Jahr überleben? Wie wird die Welt danach aussehen?«[77]

Zwischen Hoffnung und Depression

Riga, Frühjahr 1944

Drossel überzog seinen Urlaub. Er hatte den Befehl bekommen, sich als Gerichtsoffizier beim Infanteriebataillon 561 z. b. V. (zur besonderen Verwendung) zu melden. Bei diesem Bewährungsbataillon im Norden Russlands sollte er sich am 30. Dezember einfinden, er fuhr aber erst am 2. Januar 1944 los. Die Fahrt zog sich in die Länge, weil die Logistik kaum noch funktionierte –

Züge standen still oder fuhren Umwege. Seine verspätete Ankunft fiel jedoch nicht auf. Zunächst galt es, das Bataillon zu organisieren; Drossel übernahm die neue Aufgabe mit Elan. Er hatte das Gefühl, eine sinnvolle Tätigkeit ausüben zu dürfen, und hoffte, den Soldaten – die dort »zur Bewährung« ihren Dienst taten –, helfen zu können, sich zu rehabilitieren und zu überleben.

Offiziere und Unteroffiziere, die aus verschiedenen Einheiten zusammengesucht waren, standen an der Spitze des Bewährungsbataillons. Die eigentliche Truppe setzte sich aus straffällig gewordenen Wehrmachtsangehörigen zusammen. Die häufigsten Vergehen waren unerlaubte Entfernung von der Truppe, Kameradendiebstahl, Vergewaltigung. Drossel hebt in seinen Erinnerungen hervor, dass gerade unter den degradierten Offizieren des Bewährungsbataillons viele Vergewaltiger zu finden waren. Die Soldaten waren für ihre Taten auf Bewährung verurteilt worden, das hieß, sie mussten nicht ins Gefängnis, sondern an die Front. Strafcharakter sollte der Dienst in einem Bewährungsbataillon ausdrücklich nicht haben.

Wegen politischer Vergehen Verurteilte oder zivilrechtlich Belangte waren in den Bataillonen »999« und im »Dirlewanger« zusammengefasst. Die SS-Dirlewanger setzte sich aus ehemaligen KZ- oder Gefängnisinsassen, zusammen. Die Angehörigen dieser Brigade hatten nichts mehr zu verlieren. Benannt nach dem mehrmals wegen Sexualdelikten auffällig gewordenen Waffen-SS-Mann Oskar Dirlewanger, war die Brigade vor allem im Einsatz gegen Partisanen oder Aufständische tätig und berüchtigt für ihre Brutalität. Diese Brutalität bekamen auch Zivilisten zu spüren und kostete Tausenden das Leben.

Drossel übernahm eine leitende Funktion bei der Neuzusammenstellung des Bataillons, das zuvor in alle Winde zerstreut und durch Gefechte dezimiert worden war. Später unterstand ihm die Leitung eines Trosses, außerdem war er Ansprechpartner für die Soldaten und verantwortlich für die Verwaltung aller Personalakten. Seine wichtigste Aufgabe bestand darin, Gnadengesuche vorzubereiten und einzureichen. Die neue Situation gefiel dem Leutnant gut; er fand schnell Zugang zu den Männern, genoss ihr Vertrauen und stürzte sich mit Eifer in die Aufgabe. Bald waren die gröbsten Organisationsprobleme gelöst; die Truppe richtete sich ein. Drossel lebte mit dem Tross etwa 15 Kilometer hinter den Kampflinien; auch die relative Ruhe trug gewiss zu seinem zusehends stabileren Gemütszustand bei.

Aus seinen Erinnerungen: »Ich fühle mich bald unter den ›Kriminellen‹ sehr wohl. Im Laufe der Zeit kommen eigentlich alle mit ihren Nöten und Sorgen – manchmal sehr persönlichen – zu mir. Ich … mache aus meiner eigenen Haltung auch kein Hehl. Nazis gibt es hier glücklicherweise so gut wie nicht – hier haben alle ihre Erfahrungen gemacht … Gott sei Dank trägt hier so gut wie nichts einen Strafcharakter … Arbeit mit Menschen, die einen brauchen und die dankbar sind, als Menschen behandelt zu werden – Menschen, die fast alle die Hölle der Wehrmachtsgefängnisse kennengelernt haben.«[78]

Das Vertrauensverhältnis, das sich bald einstellte, nutzte Drossel, um denjenigen, die ihm ihre Fluchtgedanken offenbarten – und das waren vermutlich einige –, das hohe Risiko vor Augen zu führen. Partisanenrache oder Kriegsgefangenschaft unter ungewissen Bedingungen auf der einen Seite, der sichere Tod bei Entdeckung auf der anderen Seite. Gegen Deserteure wurde von deutscher Seite aus immer unerbittlicher vorgegangen, je aussichtsloser dieser Krieg wurde. Im Bataillon, so Drossels Argument, bestand die Möglichkeit, dass man begnadigt wurde – oder als Verwundeter ins Lazarett kam. Er war offenbar überzeugend, denn er konnte berichten: »Nach dem Gespräch bei Zigaretten und Wein entscheiden sich alle zum Bleiben. Ich hoffe, sie haben es nicht bereut.«[79]

Weniger erfolgreich war er mit seinen Argumentationskünsten gegenüber zwei verurteilten Soldaten, die er aus dem Wehrmachtsgefängnis in Riga abholte, um sie im Bataillon aufzunehmen. Sie flohen, Drossel hörte nie wieder von ihnen. Bei diesem Besuch hatte Drossel Gelegenheit, das Offizierskasino von Riga kennenzulernen, eine ganz andere Welt bot sich ihm dar: »Ein glänzendes Gebäude, innen strahlender Lichterglanz, riesige Kronleuchter, ein großer Saal, viele Offiziere und Zahlmeister, Intendanturräte und alles, was so zu einer Etappe gehört, fast alle mit ihren ›Damen‹ in großer Robe – Russinnen, Litauerinnen, Baltinnen und einige Deutsche. Ein Essen mit drei Gängen, ein kleines Orchester, Stimmengewirr – träume ich? Im ersten Augenblick bin ich empört – so also lebt die Etappe in Riga. Aber dann werde ich ruhiger – haben sie vielleicht Recht? Was steht uns – und ihnen – bevor? Andererseits verbluten draußen Hunderttausende für sie. Gibt es hierfür eine Antwort? Ich finde sie nicht. Ich esse mein Menü mit drei Gängen – es schmeckt nicht so recht – und gehe.«[80]

Drossel war bald auch als Gerichtsoffizier tätig: »Meine erste Aufgabe von der Division ist eine Verteidigung, eine heikle Sache. Ein Oberarzt ist angeklagt wegen Feigheit vor dem Feind; da geht es um Sein oder Nichtsein … Ich bin Tage unterwegs, recherchiere vor Ort, ermittle durch Befragen von Zeugen … Ich kann nachweisen, dass mein Mandant im fraglichen Zeitraum in einem Bunker in vorderster Linie gelegen und Verwundete versorgt hatte … Ich setze alles auf eine Karte, beantrage ›Freispruch wegen erwiesener Unschuld‹ … Das Urteil fällt antragsgemäß aus … Zwischendurch kommen kleinere Sachen. Anklagevertretung bei Wachvergehen, Verteidigung wegen unerlaubter Entfernung von der Truppe. Ich erreiche viele Freisprüche und milde Strafen.«[81]

Die Monate vergingen, die Truppe befand sich inzwischen wieder in Russland, östlich von Dünaburg. Am 15. April 1944 schrieb Heinz Drossel einen Brief an seine Eltern: »Ein strahlender Frühlingstag liegt wieder über dem Land. Noch liegt der Schnee, aber er verschwindet zusehends, nur einige Tage noch und wir werden wohl richtigen Frühling haben. Noch ist alles kahl, aber die ersten Knospen regen sich.« Über die eigene Lage berichtet der Oberleutnant wenig: »Bei uns ist noch alles ruhig. Was sonst in der Welt vorgeht, davon erfahren wir im Augenblick nicht viel. Aber in der Heimat muß ja wohl einiges los sein. Seit 10 Tagen ist keine Post mehr aus Berlin gekommen und aus dem Westen ist diese Zeit noch länger.« Die relativ ruhige Lage wurde mehr und mehr durch dunkle Vorzeichen überschattet: »Gestern Nacht muß er [der Russe] wieder gewaltig etwas vorgehabt haben. Das Brummen [der Flieger] über uns nahm kein Ende – diesmal so wie damals bei uns. Demnächst wird wohl Riga dran sein. Na, und dann werden die beiden [Russen und Engländer] sich auch bald in der Luft die Hand reichen.«

Heinz Drossel suchte »Major K« zu einer Besprechung auf und überraschte ihn beim Hören des englischen Senders. Die beiden gingen nonchalant darüber hinweg. Man verstand sich ohne Worte. Der Major, ein Mann aus dem weiteren Kreis der Männer des 20. Juli, wie Drossel mutmaßte, erklärte, er habe verhindert, dass ein NS-Führungsoffizier zur Truppe käme. Der sollte die Soldaten wohl noch einmal einschwören auf ihre Treue zum »Führer«.

Die Gerüchte, dass in Kürze in Frankreich eine Invasion durch alliierte Truppen erfolgen würde, verdichteten sich. »Major K« übertrug Drossel die Aufgabe, mit den Landsern zu sprechen. Der erledigte das ziemlich salopp: »Ich rufe die Stabskompanie und den Tross zusammen, mache politische Aufklärung … Wenn eine Invasion kommt, wird sie eben zurückgeschlagen. Nur wenn die Alliierten sich in Frankreich festsetzen sollten, aber das passiert ja nicht, aber wenn – ja, dann ist der Krieg wohl endgültig verloren.«[82] Drossels »politische Schulung« fand am 2. Juni statt. Am 6. Juni 1944 landeten die alliierten Truppen in der Normandie, und es war schnell klar, dass die Alliierten stark und entschlossen genug waren, die deutschen Truppen zu besiegen.

Gut zwei Wochen nach dem »D-Day«, am 22. Juni 1944, begann für Drossel und all die Männer, die mit ihm zusammen waren, ein weiterer Albtraum, eine Großoffensive der Russen. Das Trommelfeuer ließ stundenlang die Erde beben, auch kilometerweit hinter der eigentlichen Front. Die deutsche Armee löste sich praktisch auf: Was als einigermaßen geordneter Abzug begann, endete im totalen Chaos, in dem deutsche Offiziere deutsche Soldaten mit vorgehaltener Pistole von der Flucht vor den russischen Panzern abzuhalten versuchten und jede Orientierung verloren ging.

Einige deutsche Armeekorps wurden bei dieser Offensive vernichtet; zwischen der Heeresgruppe Mitte und der Heeresgruppe Nord klaffte eine Lücke, durch die die russische Armee gen Westen zog. Drossels Einheit orientierte sich nach Norden, traf nach Wochen wieder mit anderen Teilen des Bataillons zusammen und zog weiter nach Norden. Noch befanden sie sich in Russland. In dieser Situation erfuhr Drossel am Abend des 20. Juli vom missglückten Anschlag auf Hitler: »Wir marschieren den ganzen Tag. Abends gegen 21 Uhr ist Rast in einem kleinen Wäldchen. Dort bekommen wir die ersten Nachrichten vom Attentat auf Hitler. Aber in diesem Augenblick war schon alles vorbei – Hitler lebt. Es fand sich nicht einmal besonderes Interesse für die Meldung. Die Männer waren müde und hungrig, sowieso an allem uninteressiert, was mit Politik zu tun hatte – und außerdem – das Attentat war misslungen. Hier und da leichtes Bedauern in den Mienen, sonst kaum eine Regung … Für die Ostfront fast ein Tag wie jeder andere.«[83]

Drossel zog mit seinem Tross nach Lettland; Ende August erhielt er Nachricht, dass sie wieder einmal vom Rest der Truppen abgeschnitten seien, weil die Russen zwischen Libau (Liepāja) und dem Landkreis Heydekrug an die Ostsee gelangt waren. Ab Oktober war im Wehrmachtsbericht die Rede von der »Kurlandarmee«, so wie gar nicht so lange zuvor von der »Stalingradarmee« gesprochen worden war. Das Ende der Kurlandarmee war offiziell erst mit der Kapitulation am 8. Mai 1945 besiegelt. Die dort de facto eingekesselten Soldaten kämpften verbissen und galten am Ende des Krieges als einziger Großverband der deutschen Wehrmacht, der außerhalb des Deutschen Reiches nicht im Kampf geschlagen wurde. Zehntausende deutsche und russische Soldaten verloren ihr Leben.

Drossels Befinden in den Herbsttagen des Jahres 1944 schwankte zwischen Hoffnung und tiefer Depression. Die Briefe an seine Eltern sind voller Naturbeschreibungen, düster und optimistisch zugleich: »Stürmisch wie die Zeiten, so war der heutige Tag. Tief jagten die Wolken von der See her … Nur die Bäume stehen kahl und leer im bleichen Licht der Sterne und recken ihre Zweige wie drohend gegen den nachtschwarzen Himmel … So lasst denn die Stürme toben, lasst die Gewalt streiten. Nach all dem Sturm wird sich der weiße Schleier über die Erde legen und ein neuer Frühling wird ein neues Erwachen bringen.«[84]

Im Dezember 1944, Drossel befand sich in einem lettischen Försterhaus, brach bei ihm erneut eine schwere Hepatitis aus. Hohes Fieber, starke Übelkeit und Schwäche machten es ihm unmöglich, dem gerade eingegangen Marschbefehl Folge zu leisten; er musste ins Feldlazarett bei Libau: »Trotz meiner Lethargie ist mein Eindruck vom Lazarett überwältigend. Das ist wirklich ein fideles Gefängnis. Alle Leute ohne Arme und Beine, zerschunden und zerschossen, die nur noch ein Bestreben haben: rechtzeitig raus aus diesem Schlamassel.«[85]

Das war allerdings fast unmöglich. Ein Oberarzt attestierte Drossel zwar eine schwere Hepatitis mit Gelbsucht, erklärte, es sei unbedingt nötig, dass er in ein Heimatlazarett komme, damit er anständig versorgt werde, bedauerte aber im gleichen Atemzug, er könne ihm keine Reisepapiere ausstellen: Nur Schwerstverwundete bekämen eine Ausreisegenehmigung, Kranke nicht, die Kontrollen in Libau seien extrem streng. Der Oberarzt berichtete, leichter Erkrankte seien sogar schon erschossen worden, weil sie versuchten, einen Transportzug zu besteigen. Für Generalfeldmarschall Schörner[86] sei Krankheit faktisch Feigheit vor dem Feind, erklärte der Arzt offen.

Drossel verbrachte die Silvesternacht also notgedrungen im Lazarett; die Stimmung war grauenhaft, aufgeregt und deprimiert zugleich. Die Offiziere, mit denen er sich ein 20-Bett-Zimmer teilte, lehnten es vehement ab, sich die Neujahrsansprache des »Führers« im Radio anzuhören: »›Sani, steck dir deinen Führer in den Arsch und mach die Tür zu!‹ Das war ein Major der Luftwaffe. Der Stabsfeldwebel wird stur: ›Die Tür bleibt offen.‹ Schon rast ein Knobelbecher durch den Raum – von einem, der nur noch einen braucht – der Stabsfeldwebel kann grad noch ausweichen, der Stiefel trifft voll den Lautsprecher, es klirrt und scheppert – dann ist Ruhe. Der ›Führer‹ ist hier nicht gefragt, zumindest nicht mehr.«[87]

Mit Hilfe des Oberarztes gelang es Drossel, nach Neujahr doch an Transportpapiere heranzukommen. Beim Einschiffen im Hafen von Libau wurde es noch einmal brenzlig, weil ein Generalarzt Drossel als »nur Kranken« nicht an Bord lassen wollte. Die Ansteckungsgefahr, die von Drossels Hepatitis (angeblich) ausgehen sollte, überzeugte den Mann schließlich. Die kämpfenden Soldaten wollte er wohl einem solchen Risiko nicht aussetzen; die Verletzten auf dem Transport spielten bei diesen Überlegungen offenbar keine Rolle. Das alte heruntergekommene Boot war hoffnungslos überfüllt. Es stank nach Kot, Urin und Eiter, die unzureichend versorgten Verwundeten, viele mit Amputationen, stöhnten vor Schmerzen.

Von Königsberg aus brachte ein Zug Oberleutnant Drossel und die anderen Verletzten nach Stuhm/Ostpreußen in das dortige Lazarett. Die Wehrmacht konnte den Vormarsch der russischen Armee nicht mehr aufhalten. Dennoch war der Bevölkerung die Flucht von oberster Stelle verboten worden. Die Zivilisten waren auf sich allein gestellt, sie lebten in ständiger Angst; viele begannen trotz Strafandrohung den Marsch nach Westen. Nach einigen Tagen erreichten Schreckensmeldungen von Überfällen und Vergewaltigungen aus der nächsten Umgebung das Lazarett. Der Chefarzt entschloss sich, das Krankenhaus aufzulösen. Drossel

120

wurde gebeten, alle gehfähigen Patienten nach Marienburg (Malbork) zu führen. Er verabredete sich mit einem Unterarzt, der den Transport der liegenden Kranken organisieren wollte, am Bahnhof der Kleinstadt. Der Marsch durch die eiskalte Nacht, knapp 14 Kilometer, dauerte mehrere Stunden.

In Marienburg war nichts mehr von preußischer Ordnung zu spüren. Betrunkene Soldaten in den Gassen, der Bahnhof ohne Beamte. Dennoch gelang es Drossel, einen Zug zusammenzustellen – allerdings vorerst ohne Lok. Die fast 150 Menschen, für die er sich verantwortlich fühlte, richteten sich notdürftig in den Waggons ein: »Wir warten, nichts geschieht. Ich habe bereits die Hoffnung aufgegeben, da keucht von Süden her ein Zug heran – ein Güterzug, fährt in den Bahnhof ein, kommt zum Stehen. Mein Unterarzt springt mir in die Arme.«[88] Mit Hilfe dieses Mannes, der namenlos bleibt, gelang es Drossel tatsächlich, über Neumünster bis zur Ostsee zu kommen.

Nicht nur Drossel profitierte von den erstaunlichen Organisationstalenten und dem Mut dieses Mannes – er hatte einen Waggon voller Sekt, Süßigkeiten und Schnaps aufgetrieben, was sich beim Anheuern von Lokführer und Heizer als äußerst hilfreich erwies. Bis nach Stettin (Szczecin), wo das Chaos noch nicht ausgebrochen war, konnten zusätzlich zu den Verwundeten zahlreiche Flüchtlinge in den Zug aufgenommen werden.

Gemeinsam hatten Drossel und der Unterarzt es außerdem geschafft, ein Lebensmittellager zu »beschlagnahmen«, gegen den Widerstand eines offenbar nazitreuen Intendanturrates, der das Lager lieber in die Luft sprengen wollte. Drossel gab sich telefonisch als »General von Alvensleben« aus, der Unterarzt spielte dem Intendanturrat von Angesicht zu Angesicht ein bisschen Theater vor – die Verpflegung für die desperaten Reisenden des Zuges aus Marienburg war bald gesichert.

Nach vielen Stunden Fahrt erreichte der Zug das über 300 Kilometer entfernte Stettin. Unterwegs gab es einige Halts, Tote wurden ausgeladen, Schwerstverwundete zu nahen Lazaretten weitertransportiert. Der Stettiner Bahnhof war von SS-Leuten besetzt, die die Waggons nach Deserteuren durchsuchten. Drossel zeigte seine Ausreisegenehmigung aus Libau vor, mit einem flauen Gefühl im Magen. Doch das Dokument erfüllte seinen Zweck. Nach einigem Hin und Her – die SS wollte zunächst die Flüchtlinge in Stettin aussteigen lassen –, durfte der Zug am nächsten Morgen weiter gen Westen fahren. Der Unterarzt hatte sich vehement für eine Weiterreise mit den Verletzten eingesetzt. Sein Vater war Generalarzt in Neumünster in Schleswig, dorthin brachte er die Verwundeten – und sich selbst. Drossel erhielt eine Einweisung ins Lazarett Kurhaus Travemünde, wo er knapp drei Wochen verbrachte.

In Travemünde machte er die gleiche Erfahrung wie zuvor in Libau – die Offiziere, mit denen er sich ein Krankenzimmer teilte, zeigten offen ihre Ablehnung, ihre Verachtung des »Führers«. Auch sie verweigerten geschlossen die Aufmerksamkeit für eine Hitlerrede, die im Rundfunk übertragen wurde. Das war am 30. Januar 1945. Einen Tag später hatten alle sieben Offiziere ihre Entlassungspapiere vom Chefarzt des Lazaretts Travemünde neben ihrem Frühstückstee liegen. Der Hauptmann, der tags zuvor als Anführer der kleinen Meuterei aufgetreten war, sorgte dafür, dass alle noch etwas Aufschub bekamen, bevor sie zum Ersatztruppenteil zurückmussten: 14 Tage Heimaturlaub.

»Das sind alles Schweine«

Senzig, Februar 1945

Drossel kam mit einem Zug nach Berlin. Die Reise war mühsam und gefährlich. Britische Bomber hatten die Strecke unter Kontrolle, nachts fielen immer wieder Bomben, der Zug hielt, und die Passagiere mussten sich an die Bahndämme drücken. Mit einigen Schwierigkeiten erreichte Drossel schließlich

20 *Jack und Lucie Hass,*
1951

Senzig, wo seine Eltern nach wie vor halbwegs sicher unterge-
bracht waren. Er lernte die Nachbarn kennen: ein Ehepaar
Hesse und ihre zwanzig Jahre alte Tochter. Auch ein junger
Mann gehörte zu ihnen, wie Drossel erfuhr. Die vier waren in
Berlin ausgebombt worden und lebten seit knapp zwei Jahren
in einer Laube auf dem Nachbargrundstück der Eltern. Es war
eigentlich seltsam, dass der junge Mann nicht beim Militär war.
Doch Drossel dachte nicht weiter darüber nach.

Das Ehepaar und die Tochter kamen abends zum Radio-
hören zu Besuch. BBC London war das Programm der Wahl,
Drossels und Hesses lauschten begierig den Nachrichten. Die
beiden älteren Männer machten aus ihrer Meinung keinen
Hehl. Der Wunsch, der Krieg möge rasch mit einem besiegten
Nazideutschland zu Ende gehen, verband die Menschen. Die
junge Frau schien sehr skeptisch gegenüber Heinz Drossel; er
bemerkte, dass sie ihm misstrauische Blicke zuwarf. Er trug die
ganze Zeit seine Offiziersuniform, sprach nicht viel, saß im
Wohnzimmer seiner Eltern und hörte »Feindsender«.

Drossel hoffte, das Ende des Krieges in Senzig erleben zu dürfen. Aber die Nachrichten verhießen nichts Gutes. Die alliierten Truppen wurden durch die Ardennenoffensive aufgehalten. Drossels Urlaub neigte sich dem Ende zu. Ein ortsansässiger Arzt hatte Verständnis und schrieb ihn eine weitere Woche krank. Riesige Bombengeschwader der US-Streitkräfte flogen Richtung Berlin. Drossel sah die Formationen mit einer Mischung aus Fassungslosigkeit, Faszination und Hoffnung.

Bei einem weiteren Besuch der Familie Hesse bei Drossels ist die Stimmung sehr bedrückt. Die drei verabschieden sich schnell wieder. Doch Herr Hesse bittet Heinz Drossel, sie zu begleiten. Er macht die Bekanntschaft des jungen Mannes, Günter ist sein Name. Die drei Männer sitzen zunächst schweigend an einem Gartentisch in der armseligen Laube, in der die vier Berliner zwei Jahre lang Zuflucht gefunden haben. Der ältere Mann ergreift das Wort und gesteht, dass sie unter falschem Namen dort sind. Ihr wahrer Name sei »Hass«. Dass Margot Hass, die jüngere der Frauen, in einem freundschaftlichen Verhältnis zu Marianne, der Frau von der Jungfernbrücke, stand, ahnte Heinz natürlich nicht. Der alte Herr Hass sagte: »Herr Drossel, wir sind Juden und leben hier illegal. Wir haben einen Hinweis bekommen, dass wir verraten worden sind – die Gestapo kann jeden Moment hier sein. Wir wissen nicht mehr weiter. Können Sie uns helfen?«

Drossel junior zögerte nicht. Er erhob sich und erklärte, dass er das gewiss könne, aber zunächst mit seinen Eltern sprechen wolle. Die anderen beiden Männer nickten schweigend. Heinz Drossel setzte seinen Vater in Kenntnis, und der reagierte sofort positiv. Seine erste Frage war: »Hast du einen Plan?« Ja, den hatte Drossel junior. Er wollte die Verfolgten vorerst in seinem Tempelhofer Zimmer unterbringen; Familie Drossel ging gemeinsam zu den Nachbarn.

Günter Fontheim, der jüngere der beiden hilfesuchenden Männer, erzählte mehr als 60 Jahre später: »Es dauerte nicht

21 Margot Hass, um 1946

lange, obwohl es uns wie eine Ewigkeit vorkam, dann kamen Drossels, alle drei. Und Frau Drossel knallte einen Korb mit Lebensmitteln auf den Tisch. Sie war total empört. Sie schimpfte mit uns! Warum wir nicht früher von unserer Lage erzählt hätten. Das sei unmöglich. Wenn sie früher davon gewusst hätte, dann hätte sie uns doch schon längst mit Lebensmitteln helfen können. Sie kochte vor Wut.« Für Fontheim und die anderen war es eine große Erleichterung, das Geheimnis gelüftet zu haben und so gut aufgenommen worden zu sein. Sich nicht getäuscht zu haben in diesen Menschen, mit denen man schon einige Zeit verbracht hatte – und die ihre letzte Hoffnung waren in der grauenhaften Situation.

Gemeinsam packten die neu Verbündeten einige Wertsachen in eine Kiste; Drossels vergruben die Habe später im Garten. Die Verfolgten verließen die Hütte und versteckten sich im Wald. In der gleichen Nacht konnte Heinz Drossel beobachten, wie ein schwarzer Mercedes vor der nun verlassenen Laube hielt. Männer in langen Ledermänteln stiegen aus, näherten sich dem Häuschen, gingen hinein, kamen recht schnell wieder heraus –

und mussten unverrichteter Dinge wieder abfahren. In diesem Haus fand die Gestapo keine Opfer. Im Morgengrauen übergab Heinz den Verfolgten einen Schlüssel für sein Zimmer in Tempelhof. Er erklärte den Weg dorthin. Und er gab dem älteren Mann eine Pistole. Zur Selbstverteidigung. »Ich sage: ›Wenn jemand kommen sollte [bevor ich da bin], haben Sie keine Hemmung. Legen Sie alle um – das sind alles Schweine.‹«[89]

Dass er sich mit seinem Einsatz selbst in Gefahr brachte, darüber habe er nicht nachgedacht, sagte Heinz Drossel später. Doch »allein der Tatbestand, dass er der jüdischen Familie eine Pistole samt Munition aushändigte, hätte zweifellos die Todesstrafe zur Folge gehabt«[90]. Bereits im Oktober 1942 hatte General Rudolf Schmundt, Chef des Heerespersonalamts, eine geheime Verfügung herausgegeben, die die Offiziere der Wehrmacht zum Antisemitismus verpflichten sollte. Darin heißt es unter anderem: »Der Offizier muss … eine eindeutige, völlig kompromisslose Haltung in der Judenfrage einnehmen. Es gibt keinen Unterschied zwischen sogenannten anständigen Juden und anderen … Der Offizier muss … aus innerer Überzeugung heraus das Judentum und damit jede Verbindung zu ihm ablehnen. Wer gegen diese kompromisslose Haltung verstößt, ist als Offizier untragbar.«[91] Diese Befehlslage war dem Oberleutnant Drossel zwar bekannt, doch er folgte seinem Gewissen, eine unmenschliche »Verfügung« hatte keine Macht über ihn.

Heinz Drossel übernahm es außerdem, Spuren zu beseitigen. Günter Fontheim hatte ihm erzählt, dass er einige Telefonate mit Kontaktpersonen in Berlin geführt habe. Die angerufenen Nummern mussten in eine Liste eingetragen werden. Fontheim fürchtete, dass diese Liste die Verfolger zu anderen illegal lebenden Juden hätte führen können.

Der Apparat, den er für seine Telefonate benutzt hatte, stand bei einer »Familie G.«, wie Fontheim in einem Interview 2011 bestätigte. In der zweiten Auflage seiner Lebenserinnerungen hielt Drossel fest, wie er mit List und Tücke das Buch entwen-

22 *Ernest Günter Fontheim, 1955, Ann Arbor, Michigan, USA*

dete, in dem die Nummern notiert waren. Er beschrieb die Situation wie ein kleines Husarenstück, froh, seinem Freund zu Diensten gewesen zu sein, aber auch stolz, das Problem so listig gelöst zu haben.[92]

Die Familie »Hesse«, Margot Hass und ihre Eltern Lucie und Jack, fand später Unterschlupf in alten Stallgebäuden des Schlosses Sanssouci in Potsdam; Günter Fontheim blieb bis zum Kriegsende in Drossels Tempelhofer Zimmer in Berlin. Dem Hauswart, einem Kommunisten, sagte Drossel, der junge Mann sei ein Deserteur. Den wollte der Nachbar gern decken. Hätte er gewusst, dass es sich um einen Juden handelte, wäre seine Bereitschaft vielleicht nicht so groß gewesen, nahm Drossel an. Die Familie und auch Fontheim überlebten und emigrierten nach dem Krieg in die USA.

»Schwachsinn bis zum Exzess«

Bei Olmütz, 4. Mai 1945

Drossel wollte sich das immer größer werdende Chaos im März 1945 zu Nutze machen: Er versuchte, Berlin Richtung Westen zu verlassen. Eigentlich hätte er gen Osten gemusst, aber die Nachrichten, die von dort in die Heimat drangen, waren furchterregend. Die Russen rückten unaufhaltsam Richtung Berlin vor. Sie hinterließen eine Spur der Verwüstung – sie waren durch die von Deutschen zerstörten Gebiete gekommen und ihre Wut nahm zu, je näher sie dem Hauptsitz Adolf Hitlers kamen. Drossel folgte einem spontanen Entschluss und setzte sich am Anhalter Bahnhof in einen Zug, der zur Westfront fahren sollte. In diesem Augenblick war er ein Deserteur. Er geriet sofort in eine Kontrolle. Er gab vor, seine Einheit in Kassel treffen zu wollen. Er wurde über seinen »Irrtum« aufgeklärt, sein Ersatztruppenteil läge »irgendwo in Böhmen«. Notgedrungen musste sich Drossel bei der Leitstelle informieren. Da er angab, zur Front zu wollen, verdächtigte ihn niemand, das zu sein, was er war: ein Mann, der sein Leben schützen wollte, der nicht mehr kämpfen wollten, ein Deserteur.

Über Dresden und Prag fuhr Drossel wie angeordnet nach Olomouc (Olmütz). Er wurde dort zum Kommandanten des Außenforts bestimmt. Das bestand aus alten Gemäuern und einem Turm mit dicken Wänden, einer ehemaligen Schießscharte als Fenster und einem beeindruckenden Blick auf die Umgebung von der Brustwehr aus. Dort bezog Drossel sein Quartier. Alles war eng, kahl und ungemütlich, aber friedlich.

Die Front schien weit entfernt, Geschützfeuer war nicht zu hören. Drossel hatte wenig zu essen, wie die anderen 150 Männer, die dort die Stellung hielten, doch niemand beklagte sich: In dieser Burg herrschte Frieden. Drossel schrieb des Nachts und am frühen Morgen elegische Naturbetrachtungen: »Ernst liegen nun die Berge dort, Nornen gleich, geheime Mächte, durch deren Hände der Schicksalsfaden dieses jungen Tages rollte, Freud und Leid, Glück und Not, Triumph und Niederlage in ihrem Schoße tragend.«[93]

Für Poesie blieb nicht lange Zeit. In der Nacht vom 18. auf den 19. April 1945 waren Artilleriegeräusche aus der Ferne zu vernehmen. Am 20. April, »Führers Geburtstag«, erhielt Drossel den Befehl, Marschbereitschaft herzustellen. Auf Lkws und mit einem Kübelwagen fuhren die Männer Richtung Front. Der Krieg zeigte sich in diesen letzten Tagen für Drossel von einer neuen, schrecklichen Seite: Er lernte echten Fanatismus und blinden Gehorsam aus nächster Nähe kennen.

Im Morgengrauen des nächsten Tages wurde er Zeuge einer willkürlichen Erschießung von deutschen Soldaten durch ein deutsches »Sonderkommando«. Drossels Trupp erreichte seinen Bestimmungsort, eine alte Kaserne, wo eine Alarmeinheit abgelöst werden sollte. Der Befehlshabende, ein junger Mann etwa in Drossels Alter, war völlig verzweifelt: Im Garten der Kaserne zwangen zwei Männer in feldgrauer Uniform mit vorgehaltener Waffe zwei Landser, ihr eigenes Grab zu schaufeln. Die Feldgrauen waren in der Nacht eingetroffen. Sie behaupteten, einem Sonderkommando anzugehören, und erklärten, die Soldaten müssten sofort erschossen werden. Welches Verbrechen die Landser angeblich begangen hatten, erklärte niemand. Dem Leiter der Einheit in der Kaserne drohten die »Sonderkommando«-Männer, offenbar Gestapo-Schergen, mit Verhaftung, wenn er ihren Befehlen nicht folgte.

Drossel hörte die Geschichte, zögerte kurz und lief in den Innenhof. Die Gräber waren fertig, vor seinen Augen wurde den Männern in den Hinterkopf geschossen. Er stand unter Schock: »Ich zittere am ganzen Leib, bin fast gelähmt, höre nur noch aus weiter Ferne ein gebieterisches ›lassen Sie das da zuschaufeln!‹, das Anfahren eines Kübelwagens … Ich stehe lange an dieser Stelle, merke nicht, dass ich schon eine ganze Weile allein bin – ich habe versagt, bin schuldig geworden.« Er wünschte sich, wenigstens die Mörder erschossen zu haben – und war gleichzeitig entsetzt über sich selbst. Die Veränderung, die er an sich wahrnahm, erschütterte ihn: »Unfassbar – die Alternative lautete nur: wieder töten. Wieder ist etwas in mir zerbrochen – tief drinnen, nie wieder in Ordnung zu bringen. In der Stunde meines Lebens, in der ich wirklich als Mensch gefordert war, habe ich versagt! Ich trage Mitschuld, kann nur auf Gnade hoffen.«[94]

Nachdem für die Ermordeten ein Kreuz mit der Inschrift »Hier liegen zwei unbekannte deutsche Soldaten – ermordet von der Gestapo« auf das Grab gestellt war, zog Drossel mit seinen Leuten weiter: Versprengte, Verletzte, ein wild zusammengewürfelter Haufen, der eigentlich nur darauf aus war, sich aufzulösen. Jeder wollte wegkommen und sich so weit wie möglich von der Kampflinie zu entfernen.

In einem Dorf traf Drossel auf einen Hauptmann und einen Oberleutnant, die wie er verzweifelt nach einem Ausweg suchten, um eine Begegnung mit den Russen zu vermeiden. Der Hauptmann erklärte, die Gegend wimmle von SS, deswegen sei auch kein Durchkommen Richtung Pilsen, wo die amerikanische Armee bereits eingetroffen sei. Die Männer kamen zu keinem Schluss und gingen wieder getrennte Wege. »Wir erreichen einen Ort, stehen dort herum, keiner weiß, was los ist … Überall gibt es irgendwelche ›Leitstellen‹. Einige haben sogar Funkverbindung irgendwohin. Sie regeln den ›Einsatz‹ all dieser Haufen.« Drossels Trupp wurde einem Alarmbataillon zugeteilt; dieses Bataillon erschien noch einigermaßen funktionstüchtig, es gab sogar eine Fernmeldeeinheit und eine Feldküche.

Das nächste Dorf wurde besetzt und bald darauf wieder aufgegeben. Drossels Einheit hatte den Anschluss an die anderen Truppenteile verloren und war ganz auf sich allein gestellt, da gab Drossel den Befehl zum Rückzug. Die tschechischen Einwohner schienen zu bedauern, dass die deutschen Soldaten wieder abzogen, vor den Russen fürchteten sie sich noch mehr.

Drossels Trupp kam ohne Verluste aus dem Ort heraus, obwohl die russischen Soldaten ganz nah waren. Erst da wurde Drossel klar, dass sich der Bataillonsgefechtsstand zurückgezogen hatte, ohne ihm Bescheid zu geben.

Nach einigen Stunden Marsch kam es zur Wiedervereinigung mit dem restlichen Bataillon. Der Major hatte in einem in einer Schlucht gelegenen verlassenen Dorf Quartier nehmen lassen. Der Standort war eine strategische Katastrophe, wie gefangen saßen die Männer im engen Tal. Am nächsten Morgen entdeckte Drossel durchs Fernglas acht russische Panzer, die auf der Höhe standen, von der er und seine Männer am Vortag in das Dorf hinuntergestiegen waren. Er versuchte, mit dem Feldtelefon Alarm auszulösen, vergeblich. Die Panzer begannen zu feuern. Da entdeckte Drossel, dass der Gefechtsstand geräumt war – wieder hatten die Verantwortlichen ihn und die anderen im Stich gelassen.

Auch diesmal gelang die Flucht, wobei einige Männer verletzt wurden. Die meisten konnten ihre Waffen mitnehmen, der Marsch ging weiter. Drei Stunden später trafen sie auf den Bataillonsstab. Drossel war wütend: »Ich will genauso türmen wie der Major und wie wir alle, aber so geht das nicht. Wenn auch von Hitlers Gnaden – wir sind nun einmal Offiziere und tragen Verantwortung für diese Leute hier. Wer will, kann gehen, aber nicht um den Preis des letzten Verrats an diesen Männern, um den Preis ihres Verreckens.«[95]

Bei der nächsten Gelegenheit war der Major mitsamt seinem Gefolge verschwunden. Als die Truppe auf ein von deutschen Landsern und SS-Leuten bevölkertes Dorf stieß, setzte sich der Stab stillschweigend ab. So hielt es auch knapp die Hälfte der 150 Mann, die Drossel unterstellt waren. Er war erschöpft, ihm war inzwischen eigentlich alles egal. Sogar als er den Verdacht hegte, sein Adjutant, Feldwebel Weber, den er sehr schätzte, wolle ihn verlassen, regte ihn das nicht auf. Sobald er ein Plätzchen gefunden hatte, schlief er ein. Und als er nachts aufwachte, saß Weber an seiner Seite und hielt Wache. Der Feldwebel hatte gute Neuigkeiten: Er habe einen Fluchtweg aus dem Dorf gefunden, und nebenbei erzählte er, dass Hitler tot sei.

Das Gerücht vom Tod des Führers grassierte bereits seit einigen Wochen. Mal hieß es, er sei »vor Berlin gefallen«, mal, er habe sich erschossen. Tatsächlich nahm sich Adolf Hitler, Reichskanzler, oberster Feldherr und Parteichef der NSDAP, am 30. April 1945 im Führerbunker in Berlin durch einen Schuss in die rechte Schläfe das Leben. Eva Braun, Hitlers jahrelange Geliebte und am Tag zuvor angetraute Frau, starb durch eine Giftkapsel. Magda Goebbels vergiftete am 1. Mai ihre sechs Kinder, dann ließ sie sich von ihrem Mann, Reichspropagandaminister Joseph Goebbels, erschießen. Er tötete sich ebenfalls mit der Schusswaffe. Die Leichen von Adolf Hitler und Eva Braun wurden von SS-Leuten auf dem Gelände der Reichskanzlei verbrannt.

Am frühen Morgen des 4. Mai 1945 flohen Weber und Drossel aus dem Dorf. Durch eine Höhle und einen stillgelegten Brunnen gelangten sie unentdeckt aus dem Tal und wanderten durch Wälder und über Äcker Richtung Westen. Unterwegs mussten sie auf Tiefflieger achtgeben, konnten jedoch den Russen aus dem Weg gehen. Stattdessen liefen sie den Deutschen in die Arme: »Wir haben kaum die Straße betreten, sind wir umringt – fünf, sechs Kettenhunde nehmen uns in die Mitte, führen uns zu einem kleinen Haus 100 Meter rückwärts. Dort sind Offiziere. Kurze Frage an mich: ›Was suchen Sie hier?‹«[96]

Drossels Antwort war ebenso schlau wie abgebrüht: »Meine Alarmeinheit ist getürmt – auf der Verfolgung sind wir von russischen Tieffliegern angegriffen worden und haben die Orientierung verloren. Wir haben keine Karte von der Gegend, es ist ja alles saumäßig organisiert.« Der vernehmende Offizier »verhandelt leise mit den anderen, kommt dann zurück: ›Ein

Stück weiter vorn sind ungefähr 150 Mann, die wir alle hier aufgegriffen haben. Übernehmen Sie die Führung und gehen Sie einfach die Straße entlang, bis Sie zur Hauptkampflinie kommen. Es ist nicht weit‹, und leise setzte er hinzu, ›lassen Sie sich hier nicht noch einmal blicken.‹ Na, welch ein Glück, ich habe wieder eine Alarmeinheit, und was für eine. Auf die Burschen wird Verlass sein – Reisende lassen sich nur ungern aufhalten. Die Kerle haben nicht mehr viel bei sich, aber fast alle ihre Waffe.«

Eine knappe Stunde später traf Drossel mit seinem neuen Trupp genau dort ein, wo er gemeinsam mit dem Feldwebel Weber am frühen Morgen so listig geflohen war. Nach wie vor waren die Gassen voller Männer, kaum Landser, aber viele SS-Leute. Sie waren sehr geschäftig, Lkws wurden beladen, Kisten geschleppt, Karten studiert.

Ein SS-Mann sprach Drossel an. Er solle mit seinen Leuten auf den Hang ziehen und die Umgebung sichern. Drossel weigerte sich zunächst, zu gefährlich schien ihm die Aktion. Dann setzte er widerwillig seine Männer in Bewegung, befahl ihnen aber auf halber Höhe, in einem Graben Stellung zu beziehen. So hätten sie noch eine Chance zu fliehen, sollten die Russen von oben kommen, dachte er. Von unten ertönte die wütende Stimme des SS-Mannes; ganz hinauf solle Drossels Truppe, und zwar schnell. Als Drossel sich dem Geschrei zuwandte, sah er, dass Maschinengewehre in Stellung gebracht wurden. Die SS nahm ihn und seine Leute ins Visier. Seine Reaktion war spontan, ohne zu überlegen gab er den Befehl: »Beide MG kehrt, Feuer frei auf die SS!« Es dauerte nur ein paar Sekunden, dann rattern die Gewehrkugeln durch die Luft.

Gleich darauf ließ Drossel das Feuer wieder einstellen, einen Gegenangriff der SS fürchtete er nicht, denn seine Position am Hang war der unten im Dorf weit überlegen. Die Stunden verstrichen, am späten Nachmittag zogen die Lkws ab. Das Dorf leerte sich langsam, und Drossel zog mit der Truppe wieder hinunter. Dort erwartete ihn ein »aufgeregter und zappeliger Major«, der es »inzwischen tatsächlich geschafft hat, ein Standgericht zusammenzutrommeln. Das ist wohl das Vermächtnis des SS-Führers. Ich werde in Gewahrsam genommen, komme in ein einigermaßen intaktes Haus, muss warten; man lässt mir aber meine Pistole. Mir ist das alles so gleichgültig geworden, ich bin übermüdet und ziemlich fertig nach den Abenteuern dieser letzten beiden Tage. Man muss mich wecken, als das hohe Gericht zusammentritt.«[97]

Drossel gab zu, den Feuerbefehl erteilt zu haben, machte aber außergesetzlichen Notstand geltend und erklärte dem Gericht, dass die SS nach dem Tod des Führers sowieso kein Befehlsrecht mehr habe. Der Vorsitzende schien verwirrt. Auf Drossels Argumentation ging er nicht ein. Kurz darauf verkündete der Richter an jenem 4. Mai das Urteil: Tod durch Erschießen. Die Vollstreckung werde allerdings ausgesetzt, bis das Urteil vom zuständigen Gerichtsherrn bestätigt sei. Dieses nicht unwesentliche Detail hatte er wohl den Offizieren zu verdanken, die als Beisitzer fungierten, nahm Drossel an. Die ganze Situation ließ ihn seltsam kalt. Er war schlicht zu erschöpft, um Angst zu verspüren. Der Delinquent wurde in einen leeren Hasenstall gesperrt; er ließ sich aufs Stroh sinken und schlief sofort ein.

Ein Rumoren an der Stalltür weckte ihn wieder auf, sein Adjutant Weber hatte ihn ausfindig gemacht und befreite ihn aus seinem Gefängnis. Das Dorf war mittlerweile vollständig verlassen. Feldwebel Weber hatte die Flucht bestens vorbereitet: Zwei mit Lebensmitteln bepackte Fahrräder lehnten an einer Hauswand. Auch Drossel leistete seinen Beitrag: zwei Dienstreiseausweise, die er irgendwann gestohlen hatte. Weber und Drossel fabrizierten eine etwas stümperhafte Fälschung, fühlten sich damit aber sicherer als ohne jedes Papier. Noch vor Mitternacht verließen die beiden den Ort.

Bald kamen sie zu einem Gleisstrang. Sie trafen deutsche Soldaten, die auf einem Güterzug hockten und auf die Weiterfahrt warteten. Weber und Drossel schlossen sich ihnen an. Niemand fragte nach irgendwelchen Papieren, alle waren vereint in dem Bestreben, »dem Russen« nicht zu begegnen. Alle waren auf der Flucht. In der Ferne konnten Truppenbewegungen beobachtet werden, ob von Russen oder Deutschen blieb unklar. Zivilisten waren nirgendwo zu entdecken. In Böhmisch Trübau endete die Fahrt, aber es gab einen bereitstehenden Personenzug mit Offiziers- und Mannschaftsabteilen, der angeblich Richtung Reichsgebiet fahren sollte.

»Nachts passieren wir Pardubitz [heute Pardubice (tschechisch) an der Elbe]. Von einer Brücke aus sehen wir in den Straßen eine ganze Menge bewaffneter tschechischer Miliz. Auf dem Bahnhof Halt. Auch hier Miliz, sie nehmen keine Notiz von uns. Auf dem gegenüberliegenden Gleis stehen zwei Güterwagen, bewacht von zwei deutschen Soldaten, ebenfalls mit Gewehren. Auf Frage wird erklärt, die Waggons enthielten Nachschub an hochwertiger Verpflegung, dürften aber nicht geöffnet werden. Strenger Befehl, bei Gewalt ist Waffe anzuwenden. Oi, Gewalt – deutsche Verblendung. Ein Hauptmann geht auf den Posten zu, nimmt ihm das Gewehr weg – ein Wink, die Waggons sind schon aufgebrochen. Sie sind voller Schokolade, Schokakola und anderen hochwertigen Stärkungen, der deutsche Schwachsinn geht bis zum Exzess. Auf dem Bahnhof patrouillieren schon bewaffnete tschechische Milizen, da verteidigen zwei bewaffnete Hanseln noch beste Nahrungsmittel mit der Waffe in der Hand – gegen ihre eigenen Kameraden.«[98]

Mit Proviant versehen, ging es wieder los, doch die Fahrt fand bald ein Ende. In Neu Kolin erklärte ein tschechischer Major, der einen Miliztrupp von circa 200 Mann befehligte, der Zug könne nicht weiterfahren, es sei »nicht sicher«. Ratlosigkeit und Unsicherheit machten sich unter den Soldaten breit. Diskussionen; wilde Pläne, die Miliz zu überrennen, wurden geschmiedet und wieder verworfen. Drossel hatte irgendwann einfach genug. Er stieg aus, sein Feldwebel Weber folgte ihm, sie gaben ihre Waffen ab und erklärten dem tschechischen Major, sie würden sich unter seinen Schutz stellen. Nach und nach folgten die anderen dem Beispiel. Sie seien damit »frei«, wie der Tscheche ihnen erklärte, sie könnten gehen, wohin sie wollten.

Nach einigem Nachdenken und Beratschlagen fassten Drossel und sein Feldwebel Weber ihren Entschluss. Die Möglichkeiten hielten sich ohnehin in Grenzen: anrückende russische Truppen, vagabundierende SS-Gruppen, die in jedem Mann, der nicht mehr an den »Endsieg« glaubte, einen Deserteur erkannten und töteten – die Entscheidung fiel Drossel nicht besonders schwer: »Ich schenke den Mädchen [mit denen er zuvor geredet hatte] meine Orden, und dann gehen wir zurück zum Bahnhof. Hier ist es schon ziemlich leer geworden. Große Mengen Handfeuerwaffen liegen zusammengeworfen da. Ich gehe zum Major und erkläre ihm, dass ich mich als Kriegsgefangener betrachte. Er nickt und meint, das sei die klügere Lösung. Zwei Milizmänner kommen, wir müssen vorangehen, eine kleine Straße entlang … Wir müssen in diesen Weg einbiegen, die Hände hochheben, die beiden drücken uns ihre Gewehre in den Rücken: ›Vorwärts!‹ Die Stelle ist gut gewählt, Kompliment, Herr Major – nun kommt also doch unser Genickschuss.«[99]

Dazu kam es nicht. Nach einigen Minuten Fußweg erreichten die Kriegsgefangenen und ihre Bewacher einen Platz, ein Lager mit Feldküche, wo es von deutschen Soldaten aller Dienstgrade wimmelte: »Es herrschte eine fast heitere Gelassenheit – man ist froh: es ist überstanden. Nur wenige Schwachköpfe gibt es immer noch. Ein Oberleutnant spricht mich an: ›Haben Sie schon gesehen? Die hauen uns jetzt raus!‹«[100]

»Schwachköpfe« gab es tatsächlich bis zuletzt; manche hielten die Todesnachricht von Hitler für feindliche Propaganda, andere hofften stündlich auf den Einsatz der ominösen »Wunderwaffe«, die mit einem Schlag das Kriegsgeschehen der letzten drei Jahre umkehren und Deutschland zum »Endsieg« verhelfen werde. Die Panzer, auf die der verblendete Oberleutnant damals seine Hoffnung setzte, waren russische – sie befanden sich bereits auf dem Rücktransport.

»Wojna kaputt – Krieg ist Scheiße«

Ruhland, 6. August 1945
Am 6. Mai 1945 wurde das Kriegsgefangenenlager von russischen Truppen übernommen; ein langer Marsch begann. Die russischen Soldaten, die in schier unendlichen Kolonnen durchs Land zogen, verspotteten und bestohlen die deutschen Gefangenen – zumeist auf derb-gutmütige Art, wie Drossel berichtet: »Im Übrigen ist alles Glückssache. Viele der Vorbeikommenden kümmern sich nicht um uns. Manche hauen dem Außenmann in die Fresse, trösten ihn lachend mit den Worten ›du Sibirij!‹. Andere schlagen ihnen kameradschaftlich auf die Schulter ›Du nach 'aus!‹. Alle aber bestätigen ›Wojna kaputt!‹«[101]
Die Russen hatten es vor allem auf die Armbanduhren der Deutschen abgesehen, manchmal verlangten sie auch die Schuhe der Besiegten. Einer versuchte seine Uhr zu retten, steckte sie in den Stiefel, wurde erwischt und sofort erschossen. Drossel büßte sowohl seine Schweizer Uhr als auch seine Stiefel ein. Die allerdings nur kurzfristig. Als der neue Besitzer merkte, wie klein das Schuhwerk war, brachte er die Stiefel zurück. Die Wachsoldaten seines Gefangenenzuges beteiligten sich weder an Diebstählen, noch schlugen sie die Deutschen; stoisch und stumm begleiteten sie die Kolonne.
Während dieser ersten Etappe von Heinz Drossels Marsch als Kriegsgefangener unterzeichnete am 7. Mai Generaloberst

Alfred Jodl im amerikanischen Hauptquartier in Reims die bedingungslose Kapitulation der deutschen Streitkräfte. Der Akt wurde auf Wunsch der Russen in Gegenwart des sowjetischen Befehlshabers General Georgi K. Schukow in Berlin-Karlshorst wiederholt. Generalfeldmarschall Wilhelm Keitel unterzeichnete dort die Kapitulation. Zur Unterschrift kam es kurz nach Mitternacht am 9. Mai, die Urkunde ist auf den 8. Mai 1945 datiert. Der Zweite Weltkrieg war offiziell beendet.

Drossel wurde in diesen Tagen Zeuge schwerer Misshandlungen von deutschen Soldaten durch Tschechen. Die Deutschen waren mit Ketten an den Füßen gefesselt und mussten unter Peitschenhieben die Straßen in den Ortschaften kehren. In der Tschechei, einem der ersten Opfer von Hitlers Expansionsgelüsten, hatte es zwar auch Kollaborateure gegeben, doch die Gräuel, die Unterdrückung und Demütigung durch die deutschen Besatzer hatten in großen Teilen der Bevölkerung einen starken Deutschenhass geschürt, der sich nun entlud.

Irgendwann tippte jemand Drossel von hinten auf die Schulter. Ob der Herr Oberleutnant nicht seine Rangabzeichen verschwinden lasse wolle? Daran hatte Drossel bisher gar nicht gedacht, folgte aber dem Rat und war zwei Stunden später mehr als froh darüber: »Drei Offiziere gehen langsam die Front ab, prüfen jeden einzelnen, holen jeden Offizier in das Gasthaus – wir warten. Nach wenigen Minuten fallen im Keller eine Reihe von Schüssen ...«[102]

Am Abend des 9. Mai erreichte die Prozession den Stadtrand von Prag. Dass Deutschland am Tag zuvor seine vollständige Kapitulation erklärt hatte, war offenbar nicht bis zu den Gefangenen durchgedrungen – jedenfalls schrieb Drossel davon kein Wort in seinen Erinnerungen. Bei Prag übernahmen für kurze Zeit tschechische Milizen die Aufsicht, es ging weiter nach Norden, dann unter russischer Regie gen Westen. Der Marsch war beschwerlich, die Verpflegung unzureichend, das Hungergefühl konnte nur notdürftig mit Wasser unterdrückt werden. Drossel vermied es geflissentlich, auch nur ein Wort russisch zu sprechen. Zu groß war seine Angst, als Spion verdächtigt zu werden.

Unterwegs musste er eine weitere gespenstische Beobachtung machen: »Kurze Rast. Marschschritte nähern sich von rückwärts. Dann kommen sie – ein Trupp von 60 SS-Männern, … die Tornister mit Steinen beladen. Sie marschieren … im Parademarsch, Kilometer um Kilometer im Stechschritt – sie sehen niemand mehr. Wir trotten hinterher, erreichen eine Stunde später einen Ort. Hier treffen wir sie wieder: Auch sie haben Rast, sechs von ihnen für immer – sie hängen an den schönen Linden auf dem Dorfplatz. Wir hören, in jedem Ort, durch den sie kommen, werden sechs von ihnen gehenkt. Man nimmt wenig Anteil, hat viel mit sich zu tun.«[103]

Die deutschen Kriegsgefangenen standen unter dem Schutz der russischen Soldaten, aber gänzlich unbehelligt blieben sie nicht von der aufgebrachten und verbitterten Bevölkerung. Vor einem Dorf ließ der befehlshabende russische Offizier, der sehr gut deutsch sprach, anhalten und teilte die Gefangenen in Gruppen von je 80 Mann ein. Er befahl ihnen, im Abstand von 50 Metern loszumarschieren. »Da drüben ist der Ort Lidice – oder das, was von ihm übrig geblieben ist. Ihr wisst, was das bedeutet?«, fragte der Offizier und deutete unbestimmt in die Ferne.

Zu sehen war nichts von diesem Ort namens Lidice. Nazis hatten das Dorf im Juni 1942 bis auf die Grundmauern niedergebrannt. Das geschah kurz nach dem Attentat zweier tschechischer Widerstandskämpfer auf den SS-Gruppenführer, Leiter des Reichssicherheitshauptamts und stellvertretenden Reichsprotektor von Böhmen und Mähren, Reinhard Heydrich. Heydrich erlag seinen Verletzungen. Als Vergeltung liquidierten Gestapo- und SS-Leute alle männlichen Bewohner von Lidice, die älter als 15 Jahre waren: 172 Jungen und Männer. Fast 200 Frauen kamen ins KZ Ravensbrück, mehr als 50 wurden dort umgebracht, die Mehrzahl der über 90 Kinder in einem anderen KZ vergast. Heute steht am Ort des Verbrechens ein Gedenkstein. Einige Kilometer entfernt entstand nach dem Krieg ein neues Dorf mit gleichem Namen.

Die deutschen Gefangenen mussten Spießrutenlaufen als Sühne für das Massaker. Die Gasse, in der der Spießrutenlauf stattfinden sollte, war fast 100 Meter lang. Weder konnte noch wollte der russische Offizier etwas gegen die Rachegelüste der Tschechen tun. Die wenigen Überlebenden von Lidice standen, mit Stöcken, Keulen, Ketten bewaffnet, Spalier. Drossel kam ohne Blessuren davon, die außen liefen, waren am Schlimmsten betroffen. Es gab einige Verletzte. Drossel wunderte sich nicht über den geballten Hass: »Das sind die Früchte des Zorns. Jetzt ernten wir, was Hitler gesät hat. Ich bin betroffen – aber verurteilen kann ich sie nicht.«

Der Hunger wurde immer schlimmer. Bei einer nächtlichen Rast kniete sich Drossel an den Zaun des Lagers und bettelte Vorübergehende um Brot an. Viele hatten Mitleid und gaben ihm und den anderen armseligen Gestalten etwas. Weiter, immer weiter – Richtung Deutschland. Durch Sachsen und durchs Erzgebirge, die Nächte auf freiem Feld, umstellt von Maschinengewehren, aus denen ab und an Salven abgefeuert wurden. Die Kugeln hielten alle tief geduckt in den Ackerfurchen. Es begann zu regnen, der Treck der Zerlumpten schleppte sich müde und hungrig durchs Land. Vor Pirna bei Dresden gab es zum ersten Mal wieder Brot. Seit dem Aufbruch in Trübau hatten die Männer fast 400 Kilometer zurückgelegt. In einer alten Kaserne, die bereits mit Kriegsgefangenen überfüllt war, wurden Drossel und die anderen Männer vorerst untergebracht.

Die Soldaten lagen überall auf den Böden, auf Tischen, sogar auf Schränken. Die beengten Unterkünfte waren nicht das einzige Übel für die Gefangenen: »Als erstes lernen wir uns waschen. Jeder muss sich nackt vor einer Wasserstelle aufstellen, erhält eine kleine Ecke Rohseife und muss sich völlig waschen. Das wäre ganz erfrischend, wenn nicht eine russische Ärztin daneben stünde … auch mal hier und dort hingrapscht. Andere Landser, vor uns gekommen, sind schon bei der nächsten Beschäftigung – Latrinen säubern.«[104] Drossel und seine Weggefährten hatten aber vergleichsweise wenig auszustehen. Sie erlebten weder sadistische Quälereien, noch mussten sie ernstlich Hunger leiden. Viele Kriegsgefangene der Wehrmacht verhungerten oder wurden so schwer misshandelt, dass sie starben.

Was wenige Tagen zuvor noch den Tod hätte bedeuten können, war nun wieder von Vorteil: Die Offiziere erhielten eine Vorzugsbehandlung. Weder mussten sie Arbeitsdienst leisten noch sich eine Glatze schneiden lassen oder sich unter Aufsicht waschen. Außerdem waren sie komfortabler untergebracht und erhielten bessere Verpflegung. Drossel entschloss sich, wieder die Seiten zu wechseln, als das für den einfachen Soldaten obligatorische Haarescheren anstand. Ihm gelang es, sich Gehör zu verschaffen. Er trat ein bisschen arrogant auf, sagte aber die Wahrheit, als er erklärte, warum er seinen Dienstgrad kurzfristig verleugnet hatte, und erreichte sein Ziel: Er wurde zu dem für Offiziere abgetrennten Bereich des Lagers gebracht und erhielt dort eine neue Registrierung.

Das Offizierslager stand unter Selbstverwaltung. Drossel freundete sich mit einem ehemaligen Oberleutnant an, einem Förster aus dem Spessart mit Namen Joachim L.[105] Die Verpflegung war reichhaltig, es gab sogar fünf Zigaretten pro Tag, aber L. warnte den neuen Zimmergenossen: Die restliche Gesellschaft sei mit Vorsicht zu genießen. Nach zehn Tagen erging ein Aufruf, dass Freiwillige für einen Abtransport gesucht würden. Drossel hatte sich von den Strapazen des Marsches etwas erholen können, und gemeinsam mit Joachim meldete er sich, um von dort wegzukommen.

Wenige Tage später ging es los. Wieder zu Fuß: »Nach etwa 25 Kilometern unser erster erschütternder Eindruck von dem

Deutschland, das den totalen Krieg gewollt hat, oder besser, von dem, was übrig geblieben ist. Dresden – wir marschieren quer durch die Stadt. Leere, soweit das Auge reicht, nur unterbrochen durch Ruinen des Zwingers, einst eines der herrlichsten Bauwerke der deutschen Lande, und der Turmruine der Kirche. Sonst nur Schuttberge, meterhoch, mit Baggern und Bulldozern eine zwei bis drei Meter breite Schneise gebahnt, die sich quer durch die Stadt zieht, über allem der süßliche Geruch des Todes – eines hunderttausendfachen Todes! Hier scheiden sich die Geister – wer hier nicht lernt, wird nie lernen. Stumm quält sich die Kolonne durch den trümmerbedeckten Todesacker einer einst blühenden und lebenssprühenden Stadt.«[106]

Was Drossel damals sah, war das Resultat des Feuersturms vom 13. bis 15. Februar 1945: Tonnenweise hatten die Alliierten Brand- und Sprengbomben auf das »Florenz an der Elbe« geworfen; wie viele Menschen starben, ist nicht sicher, die Angaben schwanken zwischen 18 000 und 25 000 Opfern. Die Stadt war zerstört. Auch die Gestapo-Zentrale lag in Trümmern. Die geplante Deportation der letzten Juden von Dresden fand nicht mehr statt. Victor Klemperer gehörte zu denen, deren Name schon auf dieser Liste stand und die durch die Bomben gerettet wurden.

Drossels Kolonne blieb lange stumm, auch nachdem sie die Trümmerfelder hinter sich gelassen hatte. Sie zog weiter durchs Elbtal Richtung Senftenberg. Nach einem weiteren Tagesmarsch erreichten die Gefangenen das ehemalige Reichsarbeitsdienstlager Ruhland in der Oberlausitz: »Endstation – oder Übergang? Wir müssen einzeln durch das Tor, werden registriert. In dem Moment, in dem ich dran bin, passiert es – mein Darm entleert sich in die Hosen, die Nerven versagen. Ich schleppe mich weiter, meine erste Aufgabe in Ruhland wird sein, meine einzigen Unterhosen zu waschen. Es war das einzige Mal im ganzen Krieg, dass mir das widerfahren ist.«[107]

Wieder war Drossel zusammen mit dem Förster L. untergebracht. Das Lager wurde offenbar gut geführt. Drossel beschreibt den Kommandanten als »gerecht und menschlich«.
Insgesamt waren etwa 1000 Gefangene dort. Auch die Mann-
schaftsgrade wurden anständig behandelt, die Versorgung war
ausreichend, doch die hygienischen Zustände schlecht. Erste
Fälle von Ruhr traten auf, die Sterberate war nach Drossels Einschätzung aber gering. Ein Krankenrevier wurde eingerichtet,
der Lagerkommandant ließ sogar eine leer stehende Zahnarzt-
praxis im Ort beschlagnahmen. Ein Gefangener, der Zahnarzt
war, behandelte dort Mitgefangene. Einige Musiker bildeten
eine Kapelle, die für die russischen Offiziere aufspielte. Der
Ordnungsdienst bestand aus Deutschrussen, deren Brutalität
gefürchtet war.

Fürchten mussten sich Drossel und sein neuer Freund L. allerdings eher im eigenen Schlafraum. Es stellte sich heraus, dass
einer ihrer »Mitbewohner« kein Wehrmachtsoffizier, sondern
ein ehemaliger SS-Führer und KZ-Aufseher war. Gemeinsam
mit fünf weiteren überzeugten Nazis schmiedete er Fluchtpläne. Die meisten anderen schwiegen, versuchten die sechs zu
ignorieren. L. und Drossel jedoch verbargen ihre Abneigung
gegen die Unverbesserlichen nicht. Das kam sie teuer zu stehen; sie wurden schikaniert, richtiggehend terrorisiert, Hand-
greiflichkeiten waren an der Tagesordnung. Die anderen waren bald so verängstigt, dass sie sich weigerten, Drossel zu
helfen, als er einen Anfall von schwerem Gelenkrheumatismus
bekam und nicht mehr allein gehen konnte. Nur L. stand ihm
bei und half ihm zur Toilette.

Der 6. August war für die Kriegsgefangenen von Ruhland
ein Tag wie jeder andere. Es war sommerlich warm. Die zum
Arbeitsdienst eingeteilten einfachen Soldaten verrichteten ihre
Aufgaben, die Offiziere, die allesamt keinen Dienst tun mussten, versuchten die Zeit, so gut es ging, auszufüllen. Das Mit-
tagessen war der Höhepunkt des Tages. Einen Tag später ver-

breiteten sich Gerüchte im Lager, die Russen würden alles Mögliche demontieren, Lastwagen mit Maschinen und Baumaterial beladen, sie wollten aufbrechen, die Amerikaner kämen und so weiter. Die Gerüchte flauten wieder ab. Was die Kriegsgefangenen nicht wussten: Am 6. August hatten die US-Streitkräfte über Hiroshima eine Atombombe abgeworfen. Bis Ende Dezember fielen 140 000 Menschen der Bombe zum Opfer.[108] Am 9. August ging eine Atombombe auf Nagasaki nieder.

Drossel kam wieder etwas zu Kräften; ein russischer Arzt hatte ihn mit Vitaminpräparaten versorgt, die ihm halfen, das Rheuma zu überwinden. Die »alten Kämpfer« in Drossels Baracke steigerten sich so in ihren Hass hinein, dass sie den beiden »Abtrünnigen« nach dem Leben trachteten. Drossel bekam Hinweise, dass der SS-Mann sie umbringen wolle, bevor er und die anderen zu fliehen versuchen. L. und Drossel beschlossen, nur noch in Schichten zu schlafen. Die ganze Situation wurde unerträglich. Nach einer erneuten Warnung wandte sich Drossel endlich an einen russischen Offizier und erklärte, es bestehe der Verdacht, dass einer der Männer ein SS-Führer gewesen sei. Am übernächsten Tag wurde der genannte von einem Sowjetkommissar überführt, die Mitverschworenen ebenfalls als SS-Leute identifiziert. Drossel und L. mussten fortan nicht mehr um ihre Sicherheit fürchten.

Ein paar Tage später verbreiteten sich Neuigkeiten im Lager: Arbeitskolonnen hatten den ganzen Tag in einem langen Güterzug gearbeitet. Sie mussten kleine Latrinen in die Waggons einbauen und die Luken mit Stacheldraht sichern. Was das bedeutete, war allen klar: Die Russen bereiteten den Abtransport der Gefangenen nach Sibirien vor. Es dauerte nicht lange, bis die ehemaligen Wehrmachtssoldaten und -offiziere vor eine Ärztekommission treten mussten. Sie wurden auf Arbeitstauglichkeit untersucht: »Die Landser treten in langen Reihen an, nackt und innerlich zitternd. Vorn befindet sich ein langer

Tisch mit zahlreichen Zivilisten, weißbekittelten sowjetischen Offizieren und Schreibern. Die Ärzte sind fast alle Frauen. Die Leute werden untersucht. Die Entscheidung fällt nach kurzer Beratung: links oder rechts, links die Arbeitsfähigen, rechts die Arbeitsunfähigen. Rechts kommt extrem selten vor.«[109]

Drossel schätzte, dass von den etwa 1000 Kriegsgefangenen 50 bis 60 als arbeitsunfähig eingestuft und somit in die Freiheit entlassen wurden. Die 25 Offiziere wurden ein paar Tage später in Augenschein genommen: »Wir brauchen nur die Oberbekleidung abzulegen, stehen in einer Reihe, vorn der Chefarzt, dahinter der Lagerkommandant und ein Schreiber. Frauen gibt es hier nicht. Bei uns wird in drei Gruppen getrennt: links arbeitsunfähig, Mitte arbeitsfähig, rechts Sonderbehandlung [für] SS-Leute und solche, die im Verdacht stehen, es gewesen zu sein.« Die Innenseiten der linken Oberarme wurden sorgfältig untersucht: Dort befand sich die obligatorische SS-Blutgruppen-Tätowierung, die manche durch mehr oder weniger stümperhafte Operationen versucht hatten unkenntlich zu machen. Außer den bereits identifizierten Männern aus Drossels Baracke mussten weitere nach rechts abtreten. Nur vier Männer erhielten das Urteil »arbeitsunfähig«, darunter Heinz Drossel und sein Freund Joachim.

Wenige Tage darauf war es so weit: Drossel nahm seine offiziellen Entlassungspapiere entgegen, er war wieder ein freier Mann und durfte das Lager verlassen. Die Russen gaben sich freundlich und leutselig, sie organisierten einen Handkarren und bestanden darauf, dass der Rheumakranke (aber eigentlich fast Gesunde) sich in den Karren setzte und zum Bahnhof gezogen wurde. Der Abschied vom Lager, das mittlerweile so gut wie aufgelöst war – die meisten Gefangenen waren bereits Richtung Sibirien abtransportiert –, geriet für Heinz Drossel zur Jahrmarktsveranstaltung. Die Musiker, die noch da waren, griffen zu ihren Instrumenten und spielten »Muss i denn, muss i denn zum Städtele hinaus ...«, während Heinz im Karren von

Joachim zum Bahnhof gezogen wurde. Joachim L. wurde am selben Tag entlassen; am Bahnhof trennten sich ihre Wege für immer.

Der Zug nach Berlin war völlig überfüllt, Menschen hockten dicht gedrängt in den Waggons, überall in den Gängen, sie standen auf den Trittbrettern und klammerten sich an die Türen. Flüchtlinge, Kriegsheimkehrer, Leute, die aus ihren Heimatstädten geflohen waren und nun wieder nach Hause wollten. Drossel bekam einen besonderen Platz auf diesem letzten Stück Weg: Er wurde unter Gejohle durchs Fenster in den Toilettenraum gezogen, den teilte er sich dann mit mehreren anderen Männern. In Königs Wusterhausen stieg er aus. Er hatte es fast geschafft, nach Senzig war es nicht mehr weit, ein letzter Marsch. Aber er hatte gemischte Gefühle. Er wusste nicht, ob seine Eltern noch lebten, seit März hatten sie keinen Kontakt gehabt. Unterwegs nötigte ihn ein einzelner russischer Soldat anzuhalten. Doch statt des befürchteten Ärgers gab es eine freundschaftliche schweigsame Zigarette. Als sie aufgeraucht hatten, verabschiedete der Russe den Deutschen: »Kamerad, jetzt bist du zu Hause. Krieg ist Scheiße.«

Auf den letzten hundert Metern zum Häuschen seiner Eltern dachte Drossel nicht mehr viel. Er war nervös. Er klingelte am Gartentor. Die Tür ging schnell auf, seine Mutter blickte ihm entgegen. Und er erlebte, was so vielen jungen Deutschen in jenen Tagen widerfuhr: Seine eigene Mutter erkannte ihn nicht. Sie schaute ihn neugierig, auch ein bisschen mitleidig an und wandte sich dann nach hinten zu ihrem Mann und rief: »Komm doch mal, Paul, da steht ein ganz zerlumpter Soldat, vielleicht weiß der was von Heinz.«

VI. Nach dem Krieg (August 1945–1962)

»Wir haben nicht lange geredet«

Berlin-Tempelhof, im Herbst 1945
Nur eine Nacht verbrachte Heinz Drossel bei seinen Eltern in Senzig. Sein Vater Paul bestand darauf, dass er nach Berlin geht. In der Anonymität der Großstadt – oder dem, was von ihr noch übrig war – wäre Heinz vor etwaigen Willküraktionen der Russen sicher, so die Überlegung. Die sowjetischen Besatzer standen in dem Ruch, wahllos Leute »aufzusammeln« und in Gewahrsam zu nehmen. In Senzig und Umgebung patrouillierten und kontrollierten sie häufig. Die gerade gewonnene Freiheit sollte nicht leichtfertig aufs Spiel gesetzt werden.

In Tempelhof bezog Drossel sein Zimmer und konnte Kontakt zu seinem Freund Poldi aufnehmen. Ganz in der Nähe des ehemaligen Ladengeschäfts seines Vaters entdeckte er bald noch andere Freunde: Familie Hass und Günter Fontheim waren hier untergekommen. Die vier Überlebenden waren in eine große Jugendstilwohnung gezogen, in der zuvor ein Nazi mit seiner Familie residiert hatte. Schneidermeister Jack Hass hatte von den Alliierten die Erlaubnis erhalten, einen Bekleidungsladen zu betreiben. Lucy Hass, seine energische, tatkräftige Frau, bot bereits im Sommer 1945 den aus der Illegalität auftauchenden und den wenigen aus Lagern zurückkehrenden Juden, alle mittel- und obdachlos, eine erste Anlaufstelle. Sie handelte aus eigener Initiative, zunächst ohne jede Unterstützung. Sie knüpfte Kontakt zu den neuen Bezirksbehörden und bald auch zu den amerikanischen Befreiern. Ab Ende Juli zogen die westalliierten Truppen in Berlin ein, und die Stadt wurde in Sektoren unterteilt; Tempelhof kam unter amerikanische Verwaltung.

23 Aufenthaltsgenehmigung für Heinz Drossel in Berlin-Tempelhof

In den ersten Nachkriegsmonaten überwogen bei der Mehrheit der Bevölkerung Existenzsorgen, materielle Not, Hunger – und »moralischer Katzenjammer«. Deutschland hatte den Krieg verloren, die NS-Propaganda, die bis zuletzt vom Sieg gesprochen hatte, entpuppte sich als große Lüge. Nur wenige Deutsche fühlten sich »befreit«. Sie waren zwar erleichtert, dass der Krieg zu Ende war, doch zunächst ergriff sie eine Art kollektive Depression, die ein Gefühl von freudiger Erwartung auf die Zukunft verhinderte. Die Menschen fühlten sich betrogen, viele fürchteten, bestraft zu werden, die Zukunft schien düster. Trauer um den Verlust von Angehörigen und Besitz, die Jagd nach Nahrungsmitteln bestimmten den Alltag. Vor allem das Lebensgefühl der Millionen Obdachlosen war von Erschöpfung und Resignation geprägt.[110]

Im Hause Hass hingegen wurde viel gefeiert. Die Verbindungen zu den Amerikanern nahmen schnell freundschaftliche Züge an. Heinz Drossel war bald jeden Abend bei der Familie Hass, die ihn großzügig bewirtete. Zigaretten stangenweise, Alkoholika, Schokolade – es herrschte kein Mangel. Nach all

148

*24 Marianne
und Heinz*

der Angst, dem Chaos, der Gefahr tat es gut, gemeinsam ein paar unbeschwerte Stunden zu verbringen. Trotz all des Leids, der Ängste, die sie alle durchgestanden hatten, gab es nun auch wieder Anlass zur Freude: Sie waren tatsächlich befreit, sie mussten sich nicht länger verstecken – sie hatten überlebt, das Grauen war vorbei.

Drossel war optimistisch gestimmt, obwohl er keine Ahnung hatte, was die Zukunft bringen würde. Wieder einmal ging er zu seinen Freunden Er freute sich auf einen weiteren schönen Abend unter Gleichgesinnten, ein Gläschen Whiskey, ein paar Zigaretten, irgendwann würde einer der Amerikaner rufen: »Heinz – make a toast!«, und Heinz könnte auf Englisch und Deutsch einen Trinkspruch schmettern, woraufhin alle ihr Glas erheben und nach dem ersten Schluck in Gelächter ausbrechen, einfach weil es so schön ist zu lachen.

Er betrat das geräumige Wohnzimmer, das voller Menschen war. Direkt gegenüber der Tür stand ein großes Sofa. Darauf saßen fünf Personen. In der Mitte eine zierliche Frau. Sie blickte hoch, ihm in die Augen, er erkannte sie, sie erkannte

ihn, sie sprang auf – Marianne, die Frau von der Jungfernbrücke, die Frau, deren Überleben so ungewiss war, sie stand vor
ihm und schon lagen sie einander in den Armen. Es wurde ein
rauschendes Fest. »Wir haben nicht viel geredet«, sagte Heinz
Drossel Jahrzehnte später über diesen Augenblick. Einige Stunden später begleitete Marianne ihren zukünftigen Ehemann in
dessen Wohnung.

Die Vergangenheit sollte ruhen

Saarbrücken, Juni 1945

Sie verbrachten so viel Zeit wie möglich miteinander. Diese
dritte Begegnung war überwältigend. Sie mussten glauben, für-
einander bestimmt zu sein. Sie schenkten einander Wärme, und
ihre Intimität gab ihnen das Gefühl zurück, wirklich am Leben
zu sein, Mensch zu sein. Das Beisammensein im Hier und Jetzt
half, nicht an die Vergangenheit denken zu müssen. Heinz
stellte nicht viele Fragen. Das tat Marianne gut in jenen Tagen.
Sie wollte vergessen. Und auch Heinz wollte nicht mehr an die
schrecklichen Erlebnisse erinnert werden, denen er während des
Krieges ausgesetzt gewesen war. Die Vergangenheit sollte ruhen.

Wie hatte Marianne überlebt? Sie floh aus Berlin und ließ
ihre beiden Kinder zurück: das kleine Mädchen in der Obhut
des Krankenhauspersonals, den Jungen bei einer Bekannten.
Sie tat, was ihr in ihrer Notsituation am vernünftigsten erschien. Wie schwer diese Entscheidung war, kann niemand ermessen. Vielleicht schämte sie sich im Nachhinein dafür, obwohl beide Kinder überlebt hatten. Vielleicht empfand sie
Schuld; darüber sprach sie offenbar nie.

Ein Psychologe, der Jahre später Mariannes Tochter in Israel
untersuchte und die Geschichte des Kindes nur bruchstück-
haft aus Akten kannte, attestierte Marianne via Ferndiagnose
eine »schwere Psychose«, weil sie nicht bei ihrem Kind geblie-

25 Marianne Hirschfeld, Heinz Drossel in der Wohnung der Familie Hass, Winter 1945/46

ben war. Die Bedingungen, unter denen deutsche Juden in der ersten Hälfte der vierziger Jahre in Deutschland existierten, erwähnte er in seinem Gutachten nicht.

Viele Überlebende sahen sich unausgesprochenen Vermutungen und schlimmen Verdächtigungen ausgesetzt: Wenn der Mordapparat so perfekt war, wie es immer hieß, wie konnte dann überhaupt jemand überleben? Warum hast du überlebt? Viele, die der Mordmaschine entkommen konnten, stellten sich selbst diese Frage und litten zeit ihres Lebens unter Schuldgefühlen – unabhängig davon, ob sie sich in ihrer Not tatsächlich etwas zuschulden hatten kommen lassen.

Ende Januar 1945 war die Rote Armee bis Breslau vorgerückt, 350 Kilometer vor Berlin, Anfang Februar standen sowjetische Truppen bei Stettin, nur noch 150 Kilometer von der Reichshauptstadt entfernt. Kriegsmüde Deutsche, Nazigegner, aber auch Juden wie Victor Klemperer verfolgten die Heeresberichte voller Hoffnung auf ein baldiges Ende: »Gehobene und gespannteste Stimmung: Die Russen nach gestrigem deutschen Heeresbericht nordwestlich Küstrin, nach englischem: in Landsberg a. W. und Küstrin. ... Chaos in Berlin, in dem sich Flüchtlinge und Truppen stauen und das den grausamsten Bombenangriff während unseres letzten Alarms hatte ...; die Russen an der Oder zum Frontalangriff auf Berlin formiert ...«[111]

Im Februar 1945 verließ Marianne Berlin. Sie war ein paar Wochen zuvor im Lager der französischen Zwangsarbeiter untergetaucht, die sie aus den Märkischen Kabelwerken kannte. Es befand sich in der Belziger Straße. Ihr Französisch war so gut, dass sie auch unter den Nichteingeweihten keinen Argwohn erregte; sie gab sich als französische Zwangsarbeiterin aus. Entweder besaß sie gefälschte Papiere, oder sie behauptete, ihre Ausweisdokumente seien in einer der Bombennächte verloren gegangen, und erhielt so einen Passierschein.

Häufig verloren Menschen in jenen Tagen alles bis auf das, was sie am Leibe trugen. Niemand hatte die Zeit oder die Möglichkeit, solche Angaben zu prüfen. Einige jüdische Verfolgte waren verwegen genug, sich diesen Umstand zunutze zu machen. Sie meldeten sich bei einem Flüchtlingslager, erzählten von einem Tieffliegerangriff auf den Zug, mit dem sie zum Beispiel aus Ostpreußen gekommen seien, und wurden registriert. So erhielten sie Papiere, konnten wieder aus der Illegalität auftauchen und sich eventuell einem Flüchtlingstreck gen Westen anschließen. Denn nach Westen wollten in diesen Tagen fast alle; die Angst vor den Russen einte Juden und Christen, Nazis und Nichtnazis.

Marianne und ihre Freunde beschlossen, sich im allgemeinen Chaos der Bombennächte und -tage und des sich langsam, aber sicher auflösenden Staatsapparats aus dem Staub zu machen. Sie brachen auf, Richtung Westen, den alliierten Truppen entgegen. Trotz der wirren Lage bestand weiterhin die Gefahr, entdeckt zu werden, denn deutsche Patrouillen fahndeten unermüdlich nach Deserteuren. Die Durchhalteparolen, die von der Heeresleitung ausgegeben wurden, fruchteten immer weniger, die Zahl der Desertierenden ging in die Tausende. Aufgegriffene geflohene Soldaten wurden zur Abschreckung am Straßenrand gehängt und mit einem Schild versehen: »Ich bin ein Verräterschwein«.

Die Flüchtlinge liefen nachts und versteckten sich tagsüber.

152

Ihre Gruppe war recht klein, Marianne die einzige Frau. Nach einigen Tagen trafen sie auf alliierte Truppen, von denen sie nach Jeumont an der belgisch-französischen Grenze in ein Sammellager für Franzosen gebracht wurden. Marianne erklärte in einem Protokoll vom 6. Dezember 1951, das zu ihrem Entschädigungsverfahren gehört: »Nach einer genauen Prüfung der Personalien konnte ich mich zu bekannten Familien in Lille und Valenciennes begeben, wo ich bis zum Kriegsende blieb.«

Die Erinnerungen von Günter Fontheim, dem Freund der Familie Drossel, widersprechen dieser Darstellung. Er weiß zu berichten, dass es einen besonders engen Freund innerhalb der Gruppe gab, mit dem Marianne Berlin verlassen hatte. Ihm fühlte sie sich zugehörig. Vielleicht hat es sich um Luis, den Vater von Mariannes Tochter, gehandelt. Er wurde nach Kriegsende nach Frankreich repatriiert, sie wollte mit ihm gehen, doch kam sie nicht über die Grenze: Französische Beamte verweigerten ihr die Einreise.

Fest steht, dass sich Marianne im Juni 1945 in Saarbrücken aufhielt. Die Arbeitsvermittlung der Stadt stellte ihr am 23. Juni eine »Arbeitskarte« aus, Ausweis Nr. 2333, mit der Bemerkung: »vom Einsatz befreit vorerst (Jüdin)«. Von Saarbrücken aus kehrte sie nach Berlin zurück. Marianne war nun über Monate von ihrem Sohn und ihrer Tochter getrennt gewesen.

Sie begab sich nach Tempelhof, ihrem alten Heimatbezirk. Sie hörte von einer Zweigstelle der Jüdischen Gemeinde, wo Unterstützung angeboten wurde – und traf dort ihre Freundin Margot wieder. Bei der »Gemeinde-Zweigstelle« handelte es sich um die Wohnung der Familie Hass. Was für eine Freude und Erleichterung; die Hoffnung, noch mehr Bekannte und Freunde wieder zu treffen, wuchs.

Zu ihrer Tochter Judis nahm Marianne entweder keinen Kontakt auf, oder sie sprach später nicht darüber. Heinz konnte – oder wollte – dazu nichts sagen. Auf die Frage, ob Marianne gleich beim Jüdischen Krankenhaus angefragt habe, wo Judis

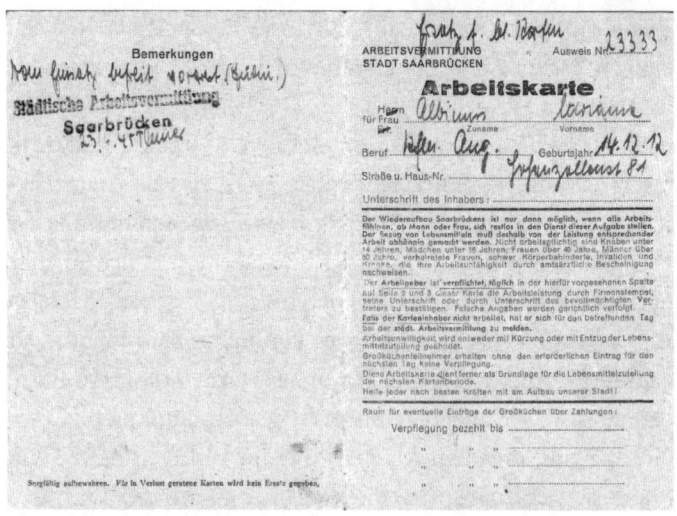

26 *Arbeitskarte von Marianne Albinus, Saarbrücken, 1945*

ihres Wissens zuletzt war, reagierte er ausweichend: »So wird es wohl gewesen sein.« Dass er verschwieg, was er wusste, scheint unwahrscheinlich. Er vermittelte den Eindruck, dass die Eheleute über dieses und andere Themen der Vergangenheit nie offen miteinander gesprochen haben.

Im August 1945, kurz vor ihrem dritten Geburtstag, war Judis in Berlin. Das Mädchen lebte im Kinderheim Niederschönhausen, Moltkestraße 8/11, und sein Name war in der Mitgliederliste der jüdischen Gemeinde erfasst: »Liste III: Verzeichnis der nach der Betreuung durch die Alliierten in Berlin registrierten Juden, welche als ›privilegiert‹ bezeichnet wurden, d.h. der Pflicht zum Tragen des Judensterns enthoben waren und deren Deportation […] zurückgestellt war«. Der Fragebogen für diese Liste wurde von Bernhard Baruch, dem Leiter des Kinderheims, ausgefüllt und am 6. August 1945 unterschrieben. Judis' Name war demzufolge in den der Öffentlichkeit zugänglichen Listen der Überlebenden enthalten.

Sohn Billy fand Marianne problemlos wieder. Eine Freundin oder Bekannte hatte ihn versteckt und versorgt. Aber es war wohl nicht Eva Fischer, die Marianne für einige Wochen Ende 1944 Unterschlupf gewährt hatte, als diese ihre Tage in Furcht vor der Gestapo verbrachte. Nachts arbeitete Marianne damals noch bei der BVG.

Eine namenlose Frau hatte sich monatelang um Billy gekümmert. »Diese Frau«, wie Heinz sie nannte – weil er ihren Namen nicht kannte und weil sie offenbar einen nicht ganz bürgerlichen Lebenswandel führte –, hatte nach dem Krieg »auch Kontakte zu Amerikanern«. Viel mehr ist über den Verbleib von Mariannes Sohn nicht in Erfahrung zu bringen. Er sei auch in einem evangelischen Kinderheim gewesen, sagte Heinz einige Male. Unterlagen dazu waren nicht aufzufinden. Wann und wo dies gewesen sein könnte – niemand kann es mehr sagen. Die Kindheit dieses Jungen war zum großen Teil ein Schattendasein.

Diese »Freundin oder was das war« war vielleicht schon während des Krieges eine Prostituierte. Vielleicht suchte und fand sie nach dem Krieg einen Beschützer, einen, der ihr zu essen brachte – und die Nähe, die sie ihm gewährte, tat auch ihr gut. Jedenfalls war sie dubios in Heinz' Augen. Die Familie hielt später keinen Kontakt zu »dieser Frau«. Etwas Abschätziges klang an, wenn Heinz über die Beschützerin seines Stiefsohnes sprach. Ein stiller Vorwurf schwang da mit, ein Vorwurf, den Marianne vielleicht selbst manchmal zu spüren bekam.

Doch die erste Zeit des Wiedersehens war unbeschwert und voller Hoffnung. Nur ein paar Wochen vergingen, bis Heinz und Marianne zusammenzogen. Am 4. Mai 1946, genau ein Jahr nachdem Heinz zum Tode verurteilt und in einem Hasenstall irgendwo in einem böhmischen Dorf eingesperrt worden war, gaben sie sich auf dem Standesamt Tempelhof das Jawort.

Sie bekamen eine Zweizimmerwohnung in Tempelhof zugeteilt, nahe der Wohnung von Tante Thea. Billy wohnte nun bei ihnen, sie waren eine richtige Familie. Marianne arbeitete für American Joint, eine Hilfsorganisation, die sich insbesondere den Überlebenden des Holocaust widmete, später auch

*27 Marianne und Heinz,
Hochzeitsfoto, 4. Mai 1946*

für eine Bäckerei, zu der ein kleines Café gehörte. Heinz hatte gleich nach seiner Ankunft einen Antrag auf Übernahme in den Referendardienst gestellt, um seine juristische Ausbildung abzuschließen.

Ende 1946 erhielt Heinz die Einladung, seine offizielle Ernennung zum Referendar entgegenzunehmen. Beim Kammergericht empfing ihn ein Beamter mit den befremdlichen Worten, er solle doch erst mal »Haltung annehmen«. Heinz konnte es nicht fassen, er machte auf dem Absatz kehrt: Vom Strammstehen und Befehle-Entgegennehmen hatte er für den Rest seines Lebens genug. Eine Woche später bekam er eine neue Einladung vom Kammergerichtspräsidenten. Diesmal ging die Ernennung ohne Zwischenfall über die Bühne. Als Kriegsteilnehmer wurde ihm die übliche Referendarzeit von 36 Monaten auf 18 Monate verkürzt.

Seine Stelle konnte er jedoch nicht antreten, denn er erkrankte schwer an Tuberkulose.

Die Sache mit Koschinski

Senzig, 13. Juni 1948

Heinz Drossels Vater Paul war derweil in Senzig politisch aktiv geworden, er wollte am Wiederaufbau eines demokratischen Staates mitwirken. Der bürgerlich-liberale Kaufmann konnte seine Mitbürger überzeugen: Im November 1946, bei den Landtagswahlen in der sowjetisch besetzten Zone (SBZ), den ersten Wahlen in Deutschland nach Kriegsende überhaupt, wählten sie ihn zum Bürgermeister. Er war Mitglied der Liberal-Demokratischen Partei (LDP bzw. LDPD). In der Gemeinde Senzig, heute ein Ortsteil der brandenburgischen Kleinstadt Königs Wusterhausen, dominierte wie in anderen SBZ-Orten die vom Kreml gesteuerte Sozialistische Einheitspartei Deutschlands (SED) die politischen Entscheidungen.

Paul Drossel, der die Nazidiktatur in der inneren Immigration überlebt hatte, verabscheute jedwede Form totalitärer Herrschaftsansprüche. Er scheint auch nach dem Krieg keinen Hehl aus seinen Ansichten gemacht zu haben. Auslöser für die persönliche Katastrophe, die er und seine Familie erleiden mussten, war jedoch kein offener politischer Konflikt, sondern eine perfide Intrige.

In den frühen Morgenstunden des 11. März 1948 verhafteten Polizisten Paul Drossel in seiner Wohnung in Senzig. Er kam ins Gefängnis von Königs Wusterhausen. Der Familie blieb zunächst völlig unklar, was ihm vorgeworfen wurde. Einige Zeit später stellte sich heraus: Gegen Drossel und seinen Sohn Heinz lag eine Anzeige wegen Verbrechen gegen die Menschlichkeit vor.

Heinz Drossel beschrieb die Hintergründe in einem Brief an seinen Freund Günter Fontheim, der inzwischen nach Amerika emigriert war, am 20. Juli 1948: »Kurz nach dem Zusammenbruch kam ›Herr‹ Koschinski auf die Idee, sich das Geschäft meines Vaters anzueignen. Bald danach tauchte jedoch

28 Haus der Familie Drossel in Senzig

mein Vater wieder in Tempelhof auf, und zum Ärger von K. erschien auch ich im September wieder in Tempelhof. Er beschloß, nun uns beide aus dem Wege zu räumen und reichte bei der damaligen KPD eine Anzeige ein, in der mein Vater des Verbrechens gegen die Menschlichkeit und ich selbst der Zugehörigkeit zur SA und ähnlicher Dinge beschuldigt wurden. Als Begründung gegen meinen Vater gab er an, daß dieser ihn, Koschinski, noch in den letzten Kriegstagen versucht habe, ins KZ zu bringen, daß mein Vater Frau Koschinski beauftragt hätte, Zettel für die NSDAP zu verteilen und ähnliches.«[112]

Besagter Koschinski war Hausmeister in der Wohnung Berliner Straße in Tempelhof gewesen. Es war der Mann, der Fontheim, in der Annahme, dass der ein Deserteur sei, gedeckt hatte. Seine Anzeige gegen die ehemaligen Hausgenossen landete zunächst bei der SED-Landesleitung Tempelhof, dort blieb sie vorerst unbeachtet. Doch als Paul Drossel als LDP-Bürgermeister in Senzig in Erscheinung trat, tauchte das Schriftstück bei der SED-Landesleitung Potsdam wieder auf. Es hatte sich wohl herumgesprochen, dass Drossel senior nicht gewillt war, sich bedingungslos der SED unterzuordnen.

158

Koschinski hatte als Zeugen einen Herrn Röder benannt, der in eidesstattlicher Erklärung die angeblichen faschistischen Umtriebe von Vater und Sohn Drossel beschrieben habe, wie Heinz seinem Freund schilderte. Röder habe bezeugt, »daß mein Vater noch zuletzt Leute ins KZ gebracht hätte und daß ich bis zum Schluß großer Nazi gewesen sei und mich ebenso verhalten hätte wie mein Vater«[113]. Als Drossel junior Röder mit diesen Aussagen konfrontierte, stellte sich heraus, dass dieser die Familie Drossel gar nicht kannte. Röder versicherte ohne Zögern amtlich an Eides statt, dass er diese eidesstattliche Versicherung nie verfasst habe.

Drossel schickte eine Kopie dieses Schriftstücks nach Potsdam und stellte gegen Koschinski Strafantrag wegen Verleumdung. Später, in der Voruntersuchung, war dann keine Rede mehr von »Verbrechen gegen die Menschlichkeit«. Der inzwischen abgesetzte Bürgermeister von Senzig wurde nun mit einem anderen Vorwurf konfrontiert: Fahrraddiebstahl. Marianne Drossel nannte die ganze Angelegenheit eine »groteske, lächerliche Sache«[114].

Paul Drossel wurde nach der Neuwahl eines Bürgermeisters für die Gemeinde Senzig aus der Haft entlassen. Kurz darauf stellte die SED Strafantrag gegen ihn wegen Erpressung, der Antrag wurde bald wieder zurückgezogen. Drossel weigerte sich im Frühsommer 1948, am »Volksbegehren für einen Volksentscheid über die deutsche Einheit« teilzunehmen. Diese Haltung verband ihn mit der Mehrheit seiner LDP-Freunde. Doch er wurde am 13. Juni von zu Hause abgeholt. Man zwang ihn, am letzten Tag des Entscheids seine Stimme abzugeben. Am 4. August verschwand Drossel für mindestens 11 Tage an einen unbekannten Ort; die Polizei hatte ihn erneut ohne Angabe von Gründen mitgenommen.

Zu dem Volksbegehren hatte die von der SED initiierte »Volkskongressbewegung für Einheit und gerechten Frieden« aufgerufen. Der SED-Parteivorstand lud für den 26. November 1947 zu einer gesamtdeutschen Kundgebung ein. Delegierte sollten theoretisch das gesamte deutsche Volk repräsentieren, aber mit Ausnahme der KPD lehnten alle Parteien und Gewerkschaften aus den Westzonen die Teilnahme ab. Am 6. und 7. Dezember tagte der Erste Deutsche Volkskongress. Die 2225 Abgeordneten, aus denen sich dann auch der Zweite Deutsche Volkskongress zusammensetzte, kamen aus Parteien, Gewerkschaften, kulturellen Vereinigungen. In der SBZ existierten die Gruppierungen schon mehr oder weniger gleichgeschaltet unter SED-Führung – und der Kontrolle der UdSSR. Aus den Westzonen waren 1664 »Delegierte« angereist, darunter SPD-Vertreter. Die ostzonale CDU verweigerte sich. Die LDP entschied sich gegen den Mehrheitswillen ihrer Mitglieder für die Teilnahme.

Am 3. Juni 1948 titelte die »Zeit«: »Volksbegehren –Volkserpressung« und widmete der Initiative einen langen Artikel. Darin wird beschrieben, wie Druck auf die Bevölkerung ausgeübt wurde: »Eine ›Kontrollkarte‹ wird die Unterzeichner von den Nichtunterzeichnern unterscheiden … Obendrein liegt nicht einmal der Schleier der geheimen Wahl über dem ›Begehren‹, sondern die amtlichen Wahllisten, geordnet nach Häusern, Wohnbezirken und Stadtteilen sind in Tausenden von Lokalen und Geschäften offen ausgelegt, und jede Lücke wird öffentlich als ›Sabotage‹ vermerkt, wenn nicht verfolgt.« Paul Drossels offene Weigerung, sich an dem Volksbegehren zu beteiligen, scheint jedenfalls Anlass genug gewesen zu sein, ihn über Jahre zur Persona non grata zu erklären.

Der Zweite Deutsche Volkskongress lehnte im März 1948 den von den Westalliierten propagierten Marshallplan und die Anerkennung der Oder-Neiße-Linie ab. Außerdem wurde das Volksbegehren beschlossen, welches die deutsche Einheit forderte.

Die Differenzen zwischen den Siegermächten West und Ost spielten natürlich auch bei der Beurteilung des Volkskongresses und seiner Initiative eine große Rolle. Die »Zeit« dazu: »Die

Besatzungsmächte selbst haben zu dem ›Volksbegehren‹ gesprochen. Auch dies zeigt eine politische Bewertung der deutschen Angelegenheiten durch die Mächte, durch die das ›Begehren‹ vollends in das taktische Feld der west-östlichen Spannung gerückt wird. In Berlin untersagten die amerikanische und die französische Militärregierung die Sammlung für das Volksbegehren öffentlich mit Erklärungen, die das Unternehmen als ein kommunistisches Zweckmanöver für nichtdeutsche Zwecke darstellen.«

Dass es in Wahrheit um ideologische und machtpolitische Ziele der Siegermächte ging, nicht um die freie Entscheidung der Deutschen über die Gestaltung ihrer Zukunft, war klar. Die Journalisten von der »Zeit« jedenfalls monierten deutlich: »Über die Inhalte und die Grenzen der geforderten Einheiten aber und über die Ausdehnung des deutschen Gebietes darf auf Geheiß der veranstaltenden Macht nicht gesprochen werden. Und die Werbungen für die Unterschriftensammlung gehen vor sich, während die Ostzone durch immer neue Kontrollmaßnahmen von den übrigen Zonen abgeschnürt wird.«

Die Alliierten drifteten unaufhaltsam auseinander. Ihre ursprünglich gemeinsamen Ziele – Dezentralisierung, Entnazifizierung, Demokratisierung, Dekartellisierung[115] – zur Etablierung eines neuen Deutschland konnten sie wegen der unterschiedlichen ideologischen und politischen Standpunkte nicht gemeinsam umsetzen. Ab 1948 strebte die UdSSR die Bildung eines deutschen Staates unter ihrem Einfluss in ihrem Besatzungsgebiet an; die Westalliierten bereiteten die Gründung der Bundesrepublik vor, die der NATO angehören sollte. Am 23. Mai 1949 wurde der westdeutsche Staat gegründet, am 7. Oktober die DDR.

Paul Drossel wurde Ende 1948 wegen »Wirtschaftsvergehens« zu drei Jahren Zuchthaus verurteilt. Er habe sich in seiner Zeit als Bürgermeister Produkte aus den Ernten der Bauern in Senzigs Umgebung angeeignet, lautete der Vorwurf. Brot,

**Der Ministerpräsident
des Landes Brandenburg**
Hauptabteilung Justiz
G.-Z.: 5155 Uns. 1272/50

② Potsdam, den **14. Februar** 195**1**

Heinrich-Mann-Allee 107, Haus 6, Zimmer Nr. **23**
Fernsprecher: Potsdam 43 51, Apparat **335**
Telegramm-Anschrift: »Regiejustiz«
Besuchstage: Montag, Mittwoch, Freitag

Bei Antwortschreiben bitte anzugeben

An Herrn
Paul D r o s s e l
durch den
Herrn Leiter der Vollzugsanstalt
in C o t t b u s

Auf das Gnadengesuch Ihres Sohnes für Sie vom 15.2.5o erhalten Sie namens des Herrn Ministerpräsidenten zur Nachricht, daß keine Veranlassung zur Erteilung eines Gnaden-
erweises besteht.

gez. Schwarz

b.w.

Zahlungen an Ministerpräsident des Landes Brandenburg, Hauptabteilung Justiz, auf Konto Nr. 1526 000 bei der Deutschen Notenbank in Potsdam
oder deren Postscheckkonto Berlin Nr. 34 94

Reg. 15 Landesdruckerei Brandenburg, Potsdam
(J 11238 3000 1 51 113

*29 Ablehnung des Gnadengesuchs, das Heinz Drossel für seinen Vater ge-
stellt hatte, 14. Februar 1951*

Mehl, Kartoffeln und Ähnliches soll er im großen Stil gestohlen haben. Gnadengesuche wurden ohne Begründung abgelehnt, er saß die gesamte Haftstrafe im Zuchthaus Luckau ab.

Schon im Frühjahr 1946 hatten die Behörden die Lebensmit-
telrationen erneut gesenkt: Mit 1100 Kalorien pro Tag sollte
ein »normaler« Bürger in der britischen Zone auskommen.[116]
Auch Heinz und Marianne Drossel, die in der amerikanischen
Zone wohnten, gehörten zu denen, die im ersten Nachkriegs-
jahr hungerten. Im Laufe des Jahres 1947 besserte sich die Versorgung für die junge Familie. Sie erhielten Unterstützung von
verschiedenen Seiten: Mariannes Schwester aus Israel schickte
Lebensmittel, ebenso eine Familie aus Amerika, mit der Heinz
als Schüler eine Brieffreundschaft gepflegt hatte; auch von der
jüdischen Hilfsorganisation American Joint erhielten sie Zu-
wendungen. So beschrieb Heinz Drossel seinem Anfang 1947
nach Amerika emigrierten Freund Günter Fontheim die Lage
in einem Brief vom Januar 1948 »fast wieder als luxuriös«.

Von Luxus konnte allerdings keine Rede sein. Sowohl Marianne als auch Heinz hatten große gesundheitliche Probleme, hinzu kamen immense berufliche Schwierigkeiten und damit eine desaströse finanzielle Situation für die Familie. Heinz Drossel besuchte im Dezember 1947 einen Dolmetscherkurs, den er als Bester abschloss. Die Aussicht auf einen Job bei einer US-Behörde zerschlug sich jedoch schnell: Allein der Wohnort von Vater Drossel in der sowjetischen Zone war ein Hinderungsgrund. Heinz glaubte, dass die Amerikaner befürchteten, er könne von den Sowjets erpresst werden – nach dem Motto, gibst du uns keine Informationen über deinen Arbeitgeber, ergeht es deinem Vater schlecht.

Abgesehen von der Angst um das Wohlergehen des Vaters und Ehemannes belastete die Angehörigen die seelische Qual, dass diesem Mann eine so unfassbare Ungerechtigkeit widerfuhr. Er hatte sich unter schwierigen Bedingungen stets anständig verhalten. Paul Drossels eigener Gemütszustand wird in einem Brief, geschrieben nach seiner ersten Verhaftung, deutlich:

»Mein lieber Herr Fontheim. Es war nicht meine Absicht, Sie ebenso lange auf einen Brief warten zu lassen, und daß der heutige Anlaß, Ihre Überraschungen in Form von Schokolade und der pikanten Fischbüchse sein sollen, bedrückt mich geradezu. Doch wissen sollen Sie, mein lieber Herr Fontheim, wie sehr wir uns gefreut haben und wie sehr wir Ihnen von Herzen danken. Vor allem bin ich darüber glücklich, daß Sie uns doch nicht ganz vergessen haben, wissen Sie, bester Herr Fontheim, man verliert so jeden Glauben an die Menschen, besonders nach den letzten Erfahrungen, die wir in den letzten Monaten gemacht haben, schließt man sich noch mehr als früher von den Menschen ab. Nun, Sie kennen ja meine Einstellung und ich muß sagen, ich bedaure doch, daß es hier so wenige Menschen gibt, mit denen [man] wirklich freundschaftlich zusammen sein kann. Trotz der schweren Zeit – wie nett war es doch, als Sie und Familie Hass in unserer Nähe waren, ja, auch das vermisse ich … Über unsere Erlebnisse in den letzten Monaten hat Sie wohl Heinz unterrichtet … Wir haben viel durchgemacht, mehr kann ich Ihnen nicht sagen. Ja, – so kann es einem fanatischen [?] Antifaschisten ergehen. Und unser Gegenüber? Reden wir nicht mehr davon, es ist doch alles sinnlos. Seien Sie froh, daß Sie drüben leben, denn hier werden die Schwierigkeiten mit jedem Tag größer. Wenn man an unsere Rationen denkt, – doch ich wollte nicht vom Essen reden, – das macht einen schlechten Eindruck.«[117]

Die Verfahren gegen Drossel waren erkennbar eine Farce gewesen, die Situation geriet für die gesamte Familie zum Albtraum. Paul Drossel bekam im Gefängnis nicht ausreichend zu essen, für seine Familie war es schwierig, ihn mit Lebensmitteln zu versorgen. Zum Teil ging es ihm gesundheitlich sehr schlecht, sodass er auf die Krankenstation verlegt wurde. Während dieser Zeit durfte er Kaffee geschenkt bekommen – sein Sohn und seine Schwiegertochter ließen ihn an ihren kostbaren Carepaketen aus Amerika teilhaben.

Bei seiner Entlassung 1951 war Paul Drossel ein kranker, gebrochener Mann. Er starb im November 1954 in Berlin-Tempelhof an Krebs. Elfriede Drossel geriet schon bald nach seiner Inhaftierung an die Grenze ihrer körperlichen und seelischen Kräfte. Bereits im August 1948, nach dem Verschwinden ihres Mannes, wollte sie zu ihrem Sohn in die Stadt ziehen. Sie hatte Angst und kam allein schlecht zurecht. Doch ihren Plan setzte sie nicht um. Als ihr Mann verurteilt und in Haft gekommen war, fürchtete sie, dass sie ihn nicht mehr besuchen könnte, wenn sie im Westteil der Stadt gemeldet wäre. Im Jahr der Haftentlassung verließ das Ehepaar Senzig und zog wieder nach Tempelhof.

»Plötzlich verarmt«

Helmstedt, 20. Juni 1948
Im Januar 1948 sprach Heinz Drossel bei der Berliner Firma
Büttner & Co. vor, die ein neues Geschäftsfeld entdeckt hatte.
Büttner & Co. schickte Vertreter in die Kasernen der amerika-
nisch besetzten Zone Deutschlands, um den Soldaten eine besondere Dienstleistung anzubieten: Nach Fotos der Liebsten in
der Heimat konnten sie sich Ölgemälde anfertigen lassen. Zu
diesem Zweck beschäftigte die Firma einige mehr oder weniger begabte Kunstmaler in Berlin und englischsprechende Mitarbeiter für die Akquisition. Ab dem 15. Februar 1948 gehörte
Drossel dazu, er wurde offizieller Vertreter in Oberbayern.

Die erste Reise fand schon einen Monat später statt und
führte ihn nach Traunstein. Sein alter Freund Poldi hatte ihm
einen Ansprechpartner genannt, der ihm bei der Unterkunfts-
suche behilflich sein sollte. Der Mittelsmann machte ihm zunächst wenig Hoffnung auf ein Dach über dem Kopf, denn
Drossel war zu später Stunde in der kleinen Stadt eingetroffen,
und »als Preußen« stünden für ihn die Chancen doppelt
schlecht, musste er erfahren. Dann fand Drossel aber doch
noch freundliche Aufnahme in einem Gasthof.

Seine Bemühungen als Verkäufer blieben weitgehend erfolg-
los. Der Start, gleich am ersten Morgen nach seiner Ankunft,
war noch vielversprechend. Die Mühelosigkeit, mit der er auf
das Kasernengelände gelangte, irritierte ihn sogar. Niemand
wollte seinen Ausweis sehen oder kümmerte sich sonst in ir-
gendeiner Weise um den Fremden in Zivil, der eine große
Pappmappe bei sich trug. Drossel erfragte den Weg zum Zimmer des Kommandanten, das er offen vorfand.

Nach einiger Zeit erschien der befehlshabende Offizier, hörte
sich wohlwollend das Anliegen des Deutschen an und empfahl
ihm, sein Glück in der Kantine zu versuchen. Zwar waren die
GIs ausgesprochen freundlich, aber besonders überzeugend

wirkte der schmale Zivilist mit seinen Ölbildern offenbar nicht. Er bekam kaum Aufträge. »Andere«, meinte Drossel im Rückblick, »waren da geschickter. Die sind unter zwei, drei Dutzend Aufträgen nicht nach Hause gekommen.« Er lachte über sich selbst: »Ich war zu blöd. Ich bin eben kein Verkäufer.« Doch immerhin zahlten Büttner & Co. eine Pauschale von 250 Reichsmark für drei Monate.

Wieder in Berlin, gab Drossel seine Bestellungen bei Büttner ab, wo sich die Maler daran machten, für die amerikanischen Soldaten echte europäische Kunstwerke zu schaffen. Nach zwei Wochen reiste der Bilderhändler wieder nach Traunstein, lieferte die Ölschinken ab – und genoss ansonsten den anbrechenden Frühling. »Ich ging viel spazieren, in den Kasernen ließ ich mich nicht mehr oft blicken«, erzählte Drossel. Auf einem dieser Spaziergänge kam ihm die Idee, seine Frau Marianne und Stiefsohn Billy beim nächsten Mal ins schöne Bayern mitzunehmen.

»Nach tausend und einer Formalität (Attest, Befürwortung, Antrag, Formular, Gutachten, Amtsarzt, Formular, Interzonenpaß, Anstellen, Fahrkarte) ging die Reise schließlich los. Nach anstrengender 32-stündiger Fahrt kamen wir schließlich in Traunstein an. Auch hier gab es genug Aufregung, man wollte uns nicht haben, da wir 1) Preußen und 2) Juden waren. Na, ich konnte sie dann soweit übers Ohr hauen, daß sie uns ›duldeten‹. Facit: herrliche Landschaft, wunderbare Luft, mangelnde Verpflegung, schlechte Behandlung.«[118] Marianne hatte gerade einen dreiwöchigen Krankenhausaufenthalt hinter sich, wegen einer Darmerkrankung, wie Drossel seinem Freund mitteilte, war sie operiert worden und hatte infolge der Krankheit stark abgenommen. Sie wog kaum 40 Kilo, war schwach und anfällig. Die Luftveränderung sollte ihr gut tun.

Für seine Frau und den 12-jährigen Billy war es die erste Gelegenheit, der Stadt den Rücken zu kehren, in der sie beide so traumatische Erlebnisse gehabt hatten, sie konnten durchatmen und etwas Kraft schöpfen. Für damalige Verhältnisse kam diese bescheidene Urlaubsreise einem kleinen Wunder gleich, denn der tägliche Kampf ums Dasein bestimmte noch immer den Alltag der meisten.

Am 17. Juni 1948 erfuhr Drossel, dass die Währungsreform bevorsteht. Das Wunder war vorbei. Mit dem Frühzug ging es am nächsten Tag von Traunstein über München nach Hannover. Dort mussten die Berliner den Morgen des 19. Juni abwarten, bis ein Zug Richtung Heimat ging. Drossel erinnerte sich: »Es war früh am Morgen. Viele Menschen waren unterwegs. Der Zug Richtung Helmstedt war voller Arbeiter. Wir drängelten uns mit ins Abteil, fanden auch einen Platz und dann sah ich in der Zeitung meines Gegenübers die Schlagzeile: ›Um Mitternacht Währungsreform!‹«

Die für viele überraschende und schnell durchgeführte Währungsreform in den Westsektoren des besiegten Deutschland wurde am Samstag, den 19. Juni 1948, angekündigt. Die Reichsmark verlor ihre Gültigkeit, und bereits am Sonntagvormittag begann die Ausgabe der D-Mark, 40 Deutsche Mark »Kopfgeld« für jeden Erwachsenen. Ab dem 21. Juni war die D-Mark alleingültiges Zahlungsmittel in den Besatzungszonen der Westalliierten.

Der »Tag X«, jener 20. Juni, an dem das neue Geld ausgegeben wurde, wird von den meisten Zeitzeugen mit Schlangestehen assoziiert. Schlangestehen für das neue Geld, das eine neue Ära einläuten sollte, eine Ära ohne Mangel, ohne Lebensmittelkarten, ohne Bezugsscheine. Die Vorbereitungen liefen weitgehend im Verborgenen. Wochen und Tage vorher schwirrten zwar Gerüchte umher, die sich aber verflüchtigten – um bald darauf wieder aufzuflackern. Die Vorstellung, dass ein so radikaler Schnitt tatsächlich bevorstand, machte die Leute unruhig, aber auch hoffungsvoll. Viele blieben skeptisch bis zuletzt.

Drossels hatten erst einmal ganz andere Sorgen. Als Berliner waren sie von der Währungsreform vorerst ausgenommen. Als Berliner fernab der Heimat galten sie offiziell als »plötzlich Ver-

armte« und fielen »unter die Fürsorge der öffentlichen Wohl-
fahrt«[119]; Anspruch auf Geld hatten sie nicht, lediglich eine
heiße Suppe und Unterkunft in einem Lager waren für Leute
wie sie vorgesehen. Das alles wussten sie aber noch nicht, als
sie in Helmstedt ankamen und es hieß, der Zug würde nicht
weiterfahren. Es würde erst einmal überhaupt kein Zug Richtung Osten fahren. Sie konnten nicht vor und nicht zurück,
die Lage schien aussichtslos.

Da lag es nahe, zu versuchen, Tante Thea in Tempelhof zu
erreichen. Dorothea Hirschfeld, die Schwester von Marianne
Drossels Vater, war eine resolute Dame, die glänzende Bezie-
hungen und einen gesunden Sinn fürs Praktische hatte. Heinz
Drossel ließ Frau und Stiefsohn auf einer Bank zurück, um vom
Postamt aus die Tante anzurufen.

Tante Thea hatte Theresienstadt überlebt. Am »8. Mai 1945
durch die russische Armee befreit«, heißt es in einem Dokument
des Roten Kreuzes. Am 12. August 1945 kam sie ins Jüdische
Krankenhaus Berlin. Ab dem 18. Mai 1946 war sie polizeilich
wieder in Berlin-Tempelhof gemeldet. Das von den Nazis ent-
eignete Haus erhielt sie nicht zurück, aber eine Entschädigung
durch die Bundesrepublik kam ihr noch zugute. Ihre Erzählun-
gen von Theresienstadt beschränkten sich stets auf kurze Bemerkungen über Theaterabende oder die Leihbibliothek.

Die Situation in Helmstedt war für Marianne Drossel zu viel.
Die beschwerliche Reise, die Ungewissheit, Übermüdung und
Anstrengung hatten ihren ohnehin schwachen Nerven zu-
gesetzt: Sie brach in heftiges Weinen aus. Sohn Billy stand un-
glücklich und hilflos daneben. Da kam eine Frau mittleren
Alters auf sie zu und erkundigte sich, was vorgefallen sei. Marianne schilderte ihr die missliche Lage, in die die Berliner Familie durch die angekündigte Währungsreform geraten war.
Die Frau bot spontan ihre Hilfe an.

Als Heinz Drossel unverrichteter Dinge vom Postamt zu
Frau und Stiefsohn zurückkehrte – Tante Thea war nicht er-

reichbar gewesen –, unterbreitete ihm seine Frau den Vorschlag der unbekannten Helmstedterin: Die Familie war eingeladen, die Nacht in ihrem Hause zu verbringen, eine Mahlzeit und Unterkunft könne sie ihnen bieten. Am nächsten Tag würde man weitersehen. Allerdings sollten sie eines wissen: Ihr Mann und auch sie selbst waren Parteigenossen gewesen, ihr Mann habe sogar eine Funktion in der NSDAP bekleidet.

»Das war ja menschlich nett«, sagte Drossel fast 60 Jahre später, »sie wusste nicht, ob sie uns das zumuten konnte, und stellte uns vor die Wahl.« Offenbar hatte die Ex-PG erraten, dass Marianne Jüdin war. Oder sie hatte in Billy das jüdische Erbe erkannt. Lange überlegten Drossels nicht, ob sie das Angebot annehmen sollten. »Wir stellten unsere Bedenken, falls wir welche hatten, zurück und gingen mit der Frau mit«, sagte Drossel.

So verbrachten die drei die Nacht relativ bequem. Sie bekamen am nächsten Morgen ein reichhaltiges Frühstück, mussten dann allerdings feststellen, dass die Situation nach wie vor sehr schwierig war. Drossel erinnerte sich, dass mehrere Berliner in gleicher Lage die Gemeinde um Hilfe baten. Um sich der Hilfesuchenden so schnell wie möglich zu entledigen, wurde ein offener Lastwagen zur Verfügung gestellt und erklärt, der würde sie alle zur Grenze bringen. Als Fußgänger hätten sie noch die Möglichkeit hinüberzugelangen, und am nächsten Bahnhof in der »Ostzone« könnten sie dann wieder einen Zug nach Berlin besteigen.

Die Fahrt mit dem per Holzgasgenerator betriebenen Lkw war für Billy ein Abenteuer, die Erwachsenen konnten der Fahrt wenig Positives abgewinnen. An der Grenze angekommen, verwehrten ihnen die sowjetischen Soldaten den Übertritt. Die Gruppe schickte sich an, zu Fuß nach Helmstedt zurückzukehren. Nach kurzer Zeit trafen sie auf ein paar junge Männer, die anboten, sie über die »grüne Grenze« zu bringen. Sie wollten sich in »Altgeld« bezahlen lassen, das in der sowjetisch besetzten Zone ja noch Gültigkeit hatte. Heinz Drossel und einige andere nahmen das Angebot an. Einer der Männer setzte sich an die Spitze der Gruppe. Ungefähr sieben Leute folgten ihm in einen Wald Richtung Grenze. Als ihr Schlepper stehen blieb und erklärte, dass sie die letzten 300 Meter allein weitergehen sollten, waren nur noch Drossels und eine ältere Dame dazu bereit. Der Führer beschrieb die Route, sammelte sein Geld ein und überließ die vier ihrem Schicksal.

Nach wenigen Minuten verkündete Billy, er müsse mal »für kleine Jungs«. Die Eltern schickten ihn hinter den nächsten Busch und warteten. Die alte Dame war zu aufgeregt, um stehen zu bleiben, sie ging allein weiter. Als Billy zurückkam, waren Gewehrsalven zu hören. »Die Kugeln pfiffen an uns vorbei«, erzählte Drossel, »ich habe mich gleich hingeschmissen und den anderen zugerufen: ›Hinlegen, hinlegen!‹ Die Schützen müssen ganz nah gewesen sein.« Nach dieser Attacke hatten Drossels genug von der grünen Grenze, sie kehrten fluchtartig um. Was aus der Dame geworden ist, vermochte Drossel später nicht zu sagen. Sie blieb verschwunden.

Eher aus Eingebung als aus weiser Voraussicht hatte Drossel am Vortag für Reichsmark Fahrkarten nach Hannover gekauft. Inzwischen war das alte Geld in den Westsektoren wertlos geworden, die Fahrkarten hatten aber ihre Gültigkeit behalten, und so konnten Drossels am Nachmittag nach Hannover reisen in der Hoffnung, dass in der großen Stadt mehr Hilfe zu bekommen wäre als im kleinen Helmstedt.

In Hannover überreichte ihnen ein Mitarbeiter des Sozialamts einige S-Bahn-Fahrscheine und wies ihnen einen Platz in einer Art Flüchtlingslager zu. Die Kleinfamilie wurde in einem Raum mit sieben Stockbetten untergebracht. Alle Betten waren belegt, die Luft war stickig, die Atmosphäre trostlos. Niemand wusste, wie es weitergehen sollte. Drossels verbrachten zwei oder drei Nächte in dem Lager. Am zweiten Tag erlebten sie, wie ein Kaplan durch die Reihen ging, um den Menschen Trost zu spenden. Eine Frau fiel vor ihm auf die Knie, betete und gab sich lauthals als Katholikin zu erkennen.

Der Einsatz machte Eindruck. Wenige Stunden später bekam die Frau ein Carepaket. Als Einzige im Raum. Das Gebaren der Frau und die Reaktion des Geistlichen widerten Drossels an. Die Eheleute beschlossen, ihr Schicksal selbst in die Hand zu nehmen. Marianne brachte in Erfahrung, wo die Jüdische Gemeinde Hannover ihren Sitz hatte, und die Familie machte sich am nächsten Tag auf den Weg dorthin.

Die Jüdische Gemeinde Hannover war durch die Nazis nahezu vollständig ausgelöscht worden. 1938 gab es circa 4 800 Juden in der Stadt an der Leine. Bei der Befreiung durch die amerikanischen Truppen Anfang April 1945 hielten sich nicht mehr als 100 Juden dort auf. Am 10. August 1945 erteilte die englische Besatzungsmacht die Genehmigung zur Gründung einer neuen Jüdischen Gemeinde.[120]

Drossels fanden die Räumlichkeiten in einem Hinterhof eines halb verfallenen ehemaligen Hotels. Die Fassade des Hauses war zerschossen. Ein Mitarbeiter der Gemeinde begrüßte die drei Obdachlosen, hörte sich ihre Geschichte an und fragte dann Marianne Drossel, ob sie beweisen könne, dass sie Jüdin sei. Sie war ratlos. Ein Schriftstück, das ihre Religionszugehörigkeit belegt hätte, hatte sie nicht bei sich. Da fragte der Hannoveraner den 12-jährigen Billy: »Bist du Jude?« Und als der bejahte: »Kannst du denn auch die Broche?« Billy schnurrte das traditionelle jüdische Gebet nur so herunter. Mit diesem Auftritt überzeugte er den Gemeindevertreter, und Drossels wurden herzlich aufgenommen.

Das viele Laufen hatte besonders Mutter und Sohn erschöpft. Die psychische Belastung war wohl für Marianne am schwersten auszuhalten. Die Ungewissheit und Hilflosigkeit, vor allem die Situation im Auffanglager in Hannover müssen schreckliche Erinnerungen geweckt haben. Sie war sehr bedrückt. Die Familie erhielt jetzt ein Zimmer für sich allein, was allen als größter Luxus erschien, ein Abendessen und die Aussicht auf weitere Hilfe. Zum ersten Mal seit vier Tagen konnten die drei wieder ruhig schlafen.

171

Billy war sehr stolz, dass er den entscheidenden Beitrag geleistet hatte, der der Familie Hilfe sicherte. Seine Rezitation war so perfekt, weil er zur Religionsschule ging. Dorthin hatte seine Mutter ihn geschickt, damit er als Gemeindemitglied in Berlin registriert würde – und so Ansprüche auf Unterstützung anmelden konnte. Die Carepakete, die Billy erhielt, waren unerlässlich, um die Familie ausreichend zu ernähren. Seine Bar-Mizwa feierte Billy, offenbar als einziger Junge an diesem Tag, am 12. Februar 1949. Das Fest konnte dank eines der zahlreichen Pakete von Günter Fontheim mit Schokolade und Kaffee begangen werden.

Für den Jungen muss das Leben verwirrend gewesen sein: Unter Hitler war es das »Nichtjüdische«, was Hilfe, wenn nicht Rettung versprach, nach 1945 das »Jüdische«, das Vorteile verhieß. Während der Nazidiktatur wurde betont, dass Billy kein »echter« Jude war. Er trug den Namen seines »arischen« Vaters, von dem wir nicht wissen, ob er ihn überhaupt kennengelernt hat; er wurde im Alter von vier Jahren evangelisch getauft, wahrscheinlich verbrachte er einige Zeit in einem christlichen Heim. Billy wusste mit Sicherheit, dass es gefährlich war, Jude zu sein. Dass Juden verachtet und verfolgt wurden, musste er am Beispiel seiner Mutter erleben.

Nach einer erholsamen Nacht in den Räumlichkeiten der Jüdischen Gemeinde Hannover machten sich Drossels am 24. Juni 1948 auf den Weg nach Hamburg, wo sie von der dortigen Gemeinde weiterbetreut werden sollten. An diesem Tag wurde in Westberlin die Währungsreform durchgeführt – und die Blockade Berlins begann.

Die Sowjetische Besatzungsmacht sperrte alle Land- und Wasserwege für Personen und Güter nach Westberlin. Diese Maßnahme, der schon öfter Behinderungen des Verkehrs durch die sowjetisch besetzte Zone vorangegangen waren, war drastischer Ausdruck der Gegensätze zwischen den Alliierten – und ein erster Höhepunkt im Kalten Krieg. Die Sowjetmacht versuchte, die Westalliierten unter Druck zu setzen, um eine Teilstaatbildung zu verhindern. Diese von Westseite favorisierte Option hatte die ehemalige Anti-Hitler-Koalition seit der gescheiterten Außenministerkonferenz in London vom Dezember 1947 noch tiefer gespalten.

Am Hauptbahnhof der Hansestadt Hamburg angekommen, erkundigte sich Heinz Drossel bei einem Polizisten nach dem Weg zur Jüdischen Gemeinde. Der Schutzmann war sehr hilfsbereit und bot an, Drossel im Beiwagen seines Motorrads dorthin zu fahren. Drossel verwies auf Frau und Kind und lehnte dankend ab. Diese menschliche Geste in jenen Tagen des Herumgestoßenwerdens behielt er in guter Erinnerung.

In der Rothenbaumchaussee 38 hatte die am 18. September 1945 wiedergegründete Hamburger Jüdische Gemeinde ein neues Zuhause gefunden. Wie in vielen anderen Orten Deutschlands war die Gemeinde 1942 ausgelöscht worden. Die Anzahl der Hamburger Jüdinnen und Juden betrug einstmals 19 904[121], am 30. April 1945 lebten dort noch 647 Menschen, die nach nationalsozialistischer Definition als »Juden« galten.[122] Im Oktober 1947 wurde die Zahl der »Glaubensjuden« in der Hansestadt auf 1400 geschätzt.[123]

Die Aufnahme erfolgte diesmal ohne mündliche Prüfung. Das Empfehlungsschreiben aus Hannover genügte der Gemeindemitarbeiterin, um den drei Heimatlosen Kost und Logis zu gewähren. Die Mahlzeiten nahmen Drossels im Jüdischen Altenheim in der Sedanstraße 23 ein, das am 31. Dezember 1945 wieder der Jüdischen Gemeinde Hamburg übertragen worden war. Dorthin bedurfte es eines Fußwegs von gut 15 Minuten, der nicht der Rede wert gewesen wäre, hätte es nicht ununterbrochen geregnet. Deshalb erinnerte sich Heinz Drossel genau, wofür ein großer Teil des ersten neuen Geldes investiert wurde: für einen Regenschirm.

Mit Unterstützung der Jüdischen Gemeinde Hamburg bekamen Drossels trotz ihres Sonderstatus als Berliner Anspruch auf »Kopfgeld« zugesprochen. Bei einer Dienststelle des Sozial-amts erhielten sie ihre »West-Mark«.

Am zweiten Tag ihres Aufenthalts wurde Drossels erklärt, ihr Junge solle in einem Jüdischen Kinderheim in Blankenese un-tergebracht werden. Das erschien allen am vernünftigsten und bequemsten. In der Unterkunft am Rothenbaum war es be-engt, in Blankenese würde er Gleichaltrige treffen, könnte spie-len und toben. Billy wurde von britischen Soldaten in einem Militärjeep zur Warburg-Villa am Kösterberg gebracht. Seine Ankunft muss großen Eindruck gemacht haben: Der Junge be-kam von den anderen Kindern sofort den Spitznamen »Jeep«.

Heinz Drossel erzählte: »Wir haben ihn eigentlich kaum zu Gesicht bekommen, wenn wir da waren. Dort gab es einen sehr schönen Garten, in dem die Kinder herumtobten. Billy wurde immer von den anderen gerufen: ›Jeep, Jeep, komm her!‹ Er sauste dann auch sofort los und ließ uns stehen.« Heinz und Marianne Drossel, die alle zwei oder drei Tage von einem bri-tischen Soldaten nach Blankenese gefahren wurden, um ihren Sohn zu besuchen, hatten den Eindruck, dass es Billy dort sehr gut gefiel und er sofort Anschluss gefunden hatte.

Das »Warburg Childrens Health Home« wurde 1946 bis 1948 von der jüdischen Hilfsorganisation American Joint Dis-tribution Committee (AJDC) geführt. Eric Warburg, der nach seiner Flucht aus Nazideutschland die amerikanische Staatsbür-gerschaft angenommen hatte, initiierte die Einrichtung. Als Offizier der US-Army hatte er im August 1945 das ehemalige Konzentrationslager Bergen-Belsen besucht. Es diente als Auf-fanglager für Holocaust-Überlebende und Flüchtlinge und wurde Displaced Persons Camp (DP-Camp) genannt. Die Zustände waren katastrophal. Warburg stellte das Familien-grundstück in Blankenese – das von den Nazis beschlagnahmt worden war – dem AJDC zur Verfügung. Im Laufe der Ver-handlungen, in die das Jüdische Komitee des DP von Bergen-Belsen eingebunden war, wurde beschlossen, dass hier ein Ort entstehen sollte, an dem jüdische Kinder Pflege und Zuwendung erfuhren. Das AJDC finanzierte den größten Teil der Umbauten und der Ausstattung. Weitere Gelder kamen vom britischen Roten Kreuz, von anderen jüdischen Hilfsorganisationen und vom Jüdischen Zentral-Komitee des ehemaligen Konzentrationslagers Bergen-Belsen.

Das Warburg Childrens Health Home hatte ein eigenes kleines Krankenhaus und eine Schule. Die Kinder erhielten Schul- und Religionsunterricht und sollten mit dem jüdischen Leben vertraut gemacht werden. Ziel war, die elternlosen Kinder so schnell wie möglich nach Erez Israel zu bringen. Es wurden jüdische Feste gefeiert, Filme und Theaterstücke gezeigt.[124] Die erste offiziell registrierte Gruppe von jüdischen Jungen und Mädchen aus Bergen-Belsen traf im Januar 1946 auf dem Warburg-Anwesen ein.[125]

Kinder, die im Versteck oder trotz Gefangenschaft der Vernichtung entgangen waren, fühlten sich untereinander besonders wohl. Nach Jahren der Isolation bot sich ihnen endlich die Möglichkeit, sich auszutauschen: mit jemandem, der wirklich wusste, worüber man sprach, mit jemandem, der einem nicht den Mund verbot, weil er nichts mehr hören wollte von dem Leid, der Angst, dem Unfassbaren. Dass diese Kinder es nach dem Krieg vorgezogen hätten, zu schweigen, bezeichnet eine Betroffene als »blanken Unsinn«: »Wir haben uns untereinander immer über all das unterhalten. Die Kinder hatten keine Angst davor, die Tatsachen beim rechten Namen zu nennen ... Wenn also irgendein Erwachsener ... behauptet, dass die Kinder nichts über diese Vergangenheit zu sagen hatten oder nicht darüber sprechen wollten, dann ist gerade diese Person der lebendige Beweis dafür, dass man entweder nicht in der Lage oder nicht gewillt ist, uns zuzuhören.«[126] Die Erwachsenen waren es, die nichts hören wollten – daher schweigen die Kinder, und viele litten unter dem Schweigen ein Leben lang.

Jahrelanges Verstecken, Verschweigen und Leugnen hinterlässt Spuren. Viele Kinder, die die Shoa im Versteck überlebt hatten, kämpften später mit schwerwiegenden Identitätsproblemen. Manche empfanden die traumatische Situation wie ein Strafe für etwas, was sie nicht begreifen konnten: »Ich verstand nicht, warum man sich schämen musste, Jüdin zu sein, aber ich zweifelte nicht daran, dass ich irgendwie abstoßend sein musste, weil ich Jüdin war. Weil ich nicht wusste, was es genau war, schien es mir das Beste zu sein, mein ganzes Selbst zu verbergen ... Wenn man mir zumindest gesagt hätte, dass ich dies oder das falsch gemacht hätte, dann hätte ich mich wenigstens schuldig fühlen können. Aber es lag nicht an etwas, was ich getan hatte, es lag in meinem ganzen Dasein begründet. Wie lebt man mit so etwas?«[127]

Die Situation des Verstecktseins war oft schlimm genug. Nicht alle Helfer waren liebevolle Menschen. Als das Schlimmste empfanden diese Kinder aber meist die Trennung von den Eltern. Das Gefühl der Verlassenheit quälte die versteckten Kinder, weil der Grund ihnen unbegreiflich blieb. Sie grübelten und versuchten sich selbst zu erklären, wofür die Erwachsenen keine Worte fanden: »Viele untergetauchte Kinder ... kamen zum gleichen Schluss: Ihr Leben war von geringem Wert, weil es nicht länger durch Aufmerksamkeit und Zuneigung belohnt wurde. Solche Kinder, die aus assimilierten Familien stammten, in denen ihr Judentum bestenfalls gelegentlich erwähnt wurde, sahen darin [im Jüdischsein] nichts anderes als den unmittelbaren Grund für ihre missliche Lage. Wenn sie erst einmal diesen Schluss gezogen hatten, wuchs in ihnen die Scham, Jude zu sein, wie ein giftiges Unkraut.«

Viele brauchten Jahrzehnte, ihre Wurzeln anzuerkennen und ihren Frieden zu finden. Manche kehrten dem Judentum ganz den Rücken: »Jude zu sein blieb für sie ein Grund, sich zu schämen. Sie änderten ihren Namen, sie heirateten Christen, sie gaben sogar antisemitische Parolen von sich, um in einer Welt, die sich nie um ihre ethnische Herkunft oder ihr religiöses Erbe geschert hatte, glaubwürdig zu wirken.«[128]

Als Billy im Juni 1948 im Kinderheim am Kösterberg aufgenommen wurde, hatte sich das AJDC bereits aus dem Projekt zurückgezogen. Im April war die letzte Gruppe von Kindern von dort nach Palästina ausgereist. Das Haus in Blankenese diente nunmehr als Erholungsheim hilfsbedürftiger jüdischer Kinder aus der britischen und amerikanischen Besatzungszone. 1949 wurde die jüdische Kinder- und Jugendarbeit am Kösterberg eingestellt.

Mitte Juli bekamen Drossels von der Gemeindemitarbeiterin die Nachricht, dass die Sowjets die Genehmigung erteilt hätten, einen Bus nach Berlin fahren zu lassen. Billy zeigte sich wenig begeistert von der Aussicht, wieder in die alte Heimat zurückzumüssen. Am 17. Juli trafen sie im blockierten Berlin ein.

Seine Mappe, die auf der Flucht vor den Grenzern bei Helmstedt im Wald liegen geblieben war, vermisste Drossel nicht. Das Arbeitsverhältnis mit der Firma Büttner & Co. wurde erwartungsgemäß nicht verlängert, sondern endete offiziell am 23. Juli 1948. Das Geschäft der Firma war unter den gegebenen Umständen nicht aufrechtzuerhalten: Kein Mensch konnte von Berlin aus auf Reisen gehen.

»Wir müssen hier raus«

Berlin, 20. Oktober 1949

Von Anfang an hatten Heinz und Marianne versucht, Deutschland zu verlassen. Schon in einem Brief vom Januar 1948 heißt es: »Auch in der zweiten Hälfte des vergangenen Jahres waren unsere Versuche, hier herauszukommen, von keinem Erfolg gekrönt. Und da sich weit und breit nichts zu ändern beginnt, werden wir wohl die ganze Angelegenheit langsam aufstecken müssen und unser Schicksal mit Würde tragen müssen. Daß

30 *Heinz und Marianne auf dem Flughafen Tempelhof während der Luftbrücke (Juni 1948–Mai 1949)*

wir hier nicht glücklich werden können, brauche ich wohl nicht zu betonen.«[129]

Ein zunächst vielversprechender Versuch, nach Südamerika zu emigrieren, war an der Finanzierung gescheitert. Die Hilfsorganisation Joint hätte zwar die Überfahrt für Marianne und ihren Sohn, jedoch nicht für Heinz gezahlt. Eine Trennung kam für die beiden nicht infrage.

Die allgemeine schlechte Ernährungslage wurde während der Berlin-Blockade natürlich nicht besser. Auf dem Papier blieben die (Kalorien-)Rationen zwar gleich, doch es gab überhaupt kein Gemüse oder Obst mehr, für Kartoffeln nur Ersatzpulver, und die Möglichkeit, im Umfeld von Berlin zu »hamstern«, fiel völlig weg: »Durch die äußerst rabiaten Absperrmaßnahmen an den Sektorengrenzen ist die ›schwarze Zufuhr‹ so gut wie abgeschnitten. So sind z. B. hinter Lichtenrade an den ›Grenzen‹ auf Sowjetseite Gräben aufgeworfen und die vorhandenen Straßen durch Barrikaden unpassierbar gemacht worden. Dazu sorgen sehr dicht gelegte Streifen für die Sperrung. Wird jemand gefasst, so wird ihm jegliche Art von Lebensmittel abgenommen und er (oder sie) auf ein bis drei Tage zur Zwangsarbeit mitgenommen.«[130] Die Carepakete von Günter Fontheim bekamen in jenen Tagen noch größere Bedeutung, denn sie enthielten nicht nur Nahrhaftes, sondern auch potentielle Tauschware.

Am Anfang der Blockade herrschte noch eine Art Euphorie unter der Bevölkerung in den Westsektoren. Ein lange nicht gekanntes Gemeinschaftsgefühl erfasste viele, die Unterstützung durch die Westalliierten war allgegenwärtig. In der bis zum 12. Mai 1949 dauernden Blockade wurden die Westsektoren Berlins ausschließlich über den Luftweg versorgt. Britische und amerikanische Flieger landeten in dieser Zeit über 250 000-mal und brachten mehr als 2 Millionen Tonnen Versorgungsgüter in die Stadt.

Als Drossels nach ihrer Odyssee wieder im luftbrücken-gestützten Berlin ankamen, beschrieb Heinz in einem Brief an Günter Fntheim das Lebensgefühl: »Mehr als erfreulich zunächst die Stimmung der Berliner, die durch ihre standhafte Haltung gegen jede Drohung der totalitären Mächte einen Teil der Schuld ihres Volkes abzutragen versuchen … Gigantisch die Luftbrücke. Tag und Nacht rollen die Maschinen über die Landefelder … und bringen wertvolle Ladung, mit minutiöser Pünktlichkeit läuft das Programm der alliierten Luftstreitkräfte ab – alle Achtung! … Die Berliner strahlen und sind stolz auf ›ihre‹ alliierte Luftwaffe.«[131]

Aber auch die negativen Aspekte verschwieg Drossel dem Freund in Amerika nicht. Der ständige Fluglärm und das Eingeschlossensein zerrten an den Nerven; die Zukunftsperspektive schien alles andere als rosig: »Es kommt mir alles so bekannt vor, wieder sitzen wir und warten auf das Donnern der Maschinen und wieder warten wir, daß der Schrecken ein Ende nimmt – und sei es ein Ende mit Schrecken! Es ist eigentlich alles auf Krieg eingestellt, diesmal allerdings aus Verzweiflung, so kann es nicht weitergehen!«[132]

Je länger die Blockade dauerte, desto angespannter wurde die Lage, sowohl materiell als auch psychisch standen Drossels – und mit ihnen Zigtausende Berliner – unter enormem Druck. Die totale Abhängigkeit von der Außenwelt zermürbte die Betroffenen, die ständige Angst vor einem neuen Krieg überschattete alles. Mitte August 1948 schrieb Heinz Drossel wieder nach Amerika, die Bitte nach weiterer Unterstützung taucht dringender denn je auf, die Einschätzung der eigenen Lage ist gleichwohl überraschend nüchtern, in einem leichten Plauderton gehalten.

Den Alltag zu bewältigen geriet jedoch immer mehr zur Herkulesaufgabe. Der Sonderstatus (West-)Berlins als Viersektorenstadt erschwerte die Umsetzung der Währungsreform. Die Alliierten konnten sich nicht auf eine gemeinsame Berlin-Währung einigen. Die Westmächte weigerten sich, die von der sowjetischen Besatzungsmacht vollzogene Währungsreform anzuerkennen. Am 23. Juni wurde im deutschen Machtbereich der Sowjetunion die Ostmark eingeführt. Einen Tag später wurde die D-Mark in den drei Westsektoren Berlins ausgehändigt; im Stadtgebiet galten nun zwei verschiedene Währungen.

Das allgegenwärtige Chaos beschrieb Drossel so: »Westmark im Osten verboten und unter Strafe gestellt. Ostmark überall gültiges Zahlungsmittel. Im Westen dürfen Mieten und bewirtschaftete Lebensmittel gegen Ostmark gekauft werden. Ebenso werden Verkehrsmittel, Gas und Strom gegen Ostmark geliefert. Das sieht praktisch so aus: Die S-Bahn nimmt nur Ostgeld, die Straßenbahn im Westsektor nach Wunsch des Gastes. Zeitungen östlicher Prägung <u>nur</u> in Ostgeld, Zeitungen westlicher Lesart vor dem Bahnhof (Tempelhof) in Westgeld (<u>nur</u>), <u>auf</u> dem Bhf. Tempelhof <u>nur</u> in Ostgeld (da Reichsbahn russisches Hoheitsgebiet), Brot in Ostgeld, Salz in Westgeld … Schwarzer Markt <u>ausschließlich</u> West … Da nun alle Löhne in den Westsektoren, so überhaupt noch welche gezahlt werden, zu ¼ in West und ¾ in Ost gezahlt werden, kannst Du Dir viel-

180

leicht den Run auf die Westmark vorstellen. Der Wirt schickt Dir (unberechtigterweise) die in Ostgeld gezahlte Miete zurück und verlangt – je nach Temperament – 5–50 % Westgeld … Fazit: Krach von morgens bis abends … Alte Leute kommen überhaupt nicht mehr mit. Das Irrenhaus ist komplett!!«[133]

An den Sektorengrenzen gab es Ausweiskontrollen. Am schärfsten gingen die sowjetischen Besatzer vor; aber auch die französischen, britischen und amerikanischen Militärkräfte ließen sich von den Passanten die Papiere zeigen. Die endgültige Teilung der Stadt bahnte sich bereits im Sommer 1948 an.

In Drossels Brief heißt es dazu: »Intersektorenverkehr. Jeder Ausweis (Personalausweis) der Westbewohner [Berlins] ist mit einem Großen ›B‹ gestempelt. Wer im russischen Sektor bei einer Razzia oder Ausweiskontrolle mit diesem B festgestellt wird, wird besonders liebevoll behandelt. Nicht selten wird Dir Dein Ausweis in Fetzen vor die Füße ›gelegt‹. Dann hast Du oft noch Schwein gehabt. Weiter draußen, z. B. Strecke Grünau – Königs Wusterhausen kannst Du dann zu Fuß zurück oder aber, was wahrscheinlicher ist, Du wirst auf 1–3 Tage zu ›nützlicher Arbeit angehalten‹. Hast Du D-Mark (West) bei Dir, so wird sie a) zerrissen oder b) kassiert und Du selbst manchmal (nicht immer) eingelocht.«

Drossel war zwar froh über die resolute Haltung der Berliner, die nicht daran dachten, sich von den Sowjets kleinkriegen zu lassen. Gleichzeitig hielt er die Situation schon Anfang August 1948 kaum mehr aus: »Die Berliner wollen an einer neuen Diktatur nicht schuldig werden. Hoffentlich vergißt uns die Welt nicht!!! Das Leben hier ist jedenfalls kein Leben mehr. Und doch ist es noch ein Erholungsheim gegen das ›Paradies‹ Sowjetzone.«

Ein gutes Wort, eine kleine Anekdote aus dem anderen, freien Teil der Welt wurde bald genauso wichtig wie die materielle Zuwendung in Form der Carepakete. Drossel schrieb seinem Freund, dass die Familie sich immer »maßlos« freue, wenn sie Post erhalte, ja, er ging einmal sogar so weit, »ein Lebenszeichen von draußen« zu fordern – nicht ohne gleich zu beschwichtigen, er wisse ja, dass der Freund sehr viel zu tun habe. Jedenfalls befand Drossel Ende August 1948: »Langsam wird es hier unerträglich.« Und: »Wir müssen hier raus.«[134]

Eine Immigrationserlaubnis für die USA zu erhalten war schwierig und zeitaufwendig. Zahllose Papiere, Polizei- und Gesundheitszeugnisse wurden verlangt. Das größte Problem – mindestens so schwierig zu lösen wie die Frage der Reisefinanzierung – war das Affidavit, jenes Papier, in dem ein US-Staatsbürger versicherte, dass er den Immigranten, sollte der nicht für sich selbst aufkommen können, finanziell unterstützen würde. Eine verbale Versicherung reichte natürlich nicht aus; die Vermögensverhältnisse des Bürgers wurden genau untersucht. Er musste schuldenfrei sein und einem Beruf nachgehen. Der gute Freund der Familie, Ernest Günter Fontheim, erfüllte keines der Kriterien. Dabei hätte er nichts lieber getan, als Drossels den Weg in die Freiheit, in die wahre Befreiung, zu ebnen. Er bemühte sich nach Kräften, Kontakte für die Berliner Freunde herzustellen; er korrespondierte mit anderen Emigranten, er schickte Carepakete – nur das ersehnte Papier konnte er nicht liefern.

Im Februar 1949 erlitten Drossels eine neuerliche Enttäuschung in Sachen Ausreise. Marianne hatte Verwandte in Kalifornien ausfindig gemacht. Nach langem Schweigen meldeten sie sich und teilten mit, dass sie kein Affidavit stellen könnten. Marianne dürfte sie aber als Verwandtschaft in ihrem Ausreiseantrag aufführen. Das war gut gemeint, half aber zunächst nichts. Drossels saßen fest.

Am 20. März erklärten die West-Alliierten die D-Mark zum alleingültigen Zahlungsmittel in ihren Berliner Sektoren. Ostgeld wurde ab sofort gar nicht mehr akzeptiert. Pro Kopf durften 15 Mark Ost 1:1 gegen Westmark umgetauscht werden; alles, was darüber hinausging, musste zu dem offiziellen Kurs von 5,60 : 1 getauscht werden. Heinz Drossel erhielt in dieser Zeit für eine Assistententätigkeit an der Freien Universität ein »Stipendium« in Höhe von 150 Mark, das nur zu einem Bruchteil in Westmark ausgezahlt wurde. Marianne hatte keine Einkünfte, Ersparnisse gab es nicht. Die finanzielle Lage war angespannt.

Als im Sommer 1949 Heinz' »Stipendium« auf 70 D-Mark gekürzt wurde mit der Mitteilung, die Zahlung würde im September ganz eingestellt, waren Drossels völlig zerstört. Die Ausreisebemühungen kosteten viel Kraft und brachten kein Ergebnis. Der Kampf ums Überleben ging einher mit dem Kampf um die Ausreise. Heinz und Marianne waren wild entschlossen. Ihre Kräfte waren schon arg strapaziert, doch ihre »Sehnsucht nach Freiheit«, »nach vernünftig gehandhabter Demokratie«, wie Heinz es in einem Brief formulierte, motivierte sie, nicht aufzugeben. Den »ganzen Spuk hinter uns zu lassen«, darin sah er ihre »einzige Chance«.[135]

Die Hoffnung, Marianne und Billy könnten über die jüdische Hilfsorganisation Joint nach Amerika gelangen und nur Heinz brauchte ein Affidavit, zerschlug sich im Juli. Sie benötigten definitiv drei Bürgen. Wie das zu schaffen sein sollte, wusste niemand. Die Familie war nun auf Sozialhilfe angewiesen, auf Arbeit gab es keine Hoffnung, der wirtschaftliche Kollaps Berlins schien unausweichlich, und dazu kamen »dann noch politische Unvernunft, Antisemitismus und ähnliche Dinge. Es ist tatsächlich zum Verzweifeln.«[136]

Der Kreis der Freunde war zusehends kleiner geworden. Wer konnte, war ausgewandert. Jeder kämpfte ums Überleben. Drossels lebten zurückgezogen, und obwohl Heinz auf »seine« Berliner nichts kommen ließ, beklagte er 60 Jahre später einen mehr oder weniger subtilen Antisemitismus, den die Familie weit über die erste Nachkriegszeit hinaus so deutlich zu spüren bekam, dass es zu keinen neuen, engeren Freundschaften kam. »Wir waren misstrauisch«, räumte Heinz ein. »Aber die Leute waren auch misstrauisch.«

Ein kleiner Lichtblick war ein Nachbar namens Karl Kmoth.

Kmoth hatte sich in der Nazizeit nicht als Widerständler hervorgetan; er war wohl einer jener zahllosen Mitläufer, die Böses ahnten und lieber nicht so genau hinsahen. Der Familie Drossel brachte er nach dem Krieg große Freundlichkeit entgegen, erinnerte sich Heinz später. Kmoth war nicht aufdringlich, aber er sprach die Vergangenheit an. Sein ganzes Auftreten, insbesondere Marianne gegenüber, zeugte von Feingefühl und Sympathie. Daraus entwickelte sich eine angenehme Nachbarschaft. So ein Verhalten, sagte Drossel im hohen Alter, hätte er sich von viel mehr Deutschen gewünscht: »Gleich zu Anfang hätten die sagen müssen, dass sie schlimm fanden, was passiert war. Irgendetwas in der Richtung.« Die Zeit des Schweigens dauerte viel zu lange, fand Drossel.

Wider Erwarten trafen im Oktober 1949 drei Affidavits aus Amerika ein. Nach den vielen Enttäuschungen in Sachen Auswanderung war das kaum zu fassen: »Es kommt uns erst ganz allmählich zum Bewußtsein, daß damit unserem großen Wunsch und Verlangen ein greifbares Ziel gesetzt ist. Wir waren erst mal zwei Tage lang restlos meschugge.«[137] Woher genau die sehnlich erwarteten Dokumente gekommen waren, ist heute nicht mehr zu rekonstruieren. Drossels konnten sämtliche Papiere einreichen und warteten jetzt auf eine Einladung vom amerikanischen Konsul. Der Joint hatte sich bereit erklärt, für Marianne und Billy die Kosten für die Überfahrt zu übernehmen, sodass nur Heinz' Reisegeld noch aufzutreiben war. So nah am Ziel ihrer Träume waren Heinz und Marianne noch nie gewesen.

Die Vorbereitungen – und die Versuche, Geld aufzutreiben – versetzten die Eheleute in fiebrige freudige Erwartung. Sie hatten für den 13. Dezember einen letzten Termin beim Konsulat. Bevor sie den wahrnehmen konnten, brach alles zusammen: Heinz erlitt einen erneuten Ausbruch seiner Tuberkulose. Er wäre fast gestorben.

Die Immigrationspläne waren damit de facto gescheitert – auch wenn Heinz sich nur langsam von diesem Traum verabschiedete. Im Januar 1950 teilte er seinem Freund Fontheim Details mit: »Ja, mein Lieber, es sieht etwa so aus: es handelt sich um ein kleines, ganz frisches Loch im Oberteil der rechten Lunge, das mit Hilfe eines Pneu (Zauberberg – Th. Mann) zusammengedrückt und zum Verschwinden gebracht wird … Man hat mir zugesichert, daß ich … in 3–4 Monaten wieder arbeitsfähig bin. Ärztlicherseits wird allerdings eine Luftveränderung zwecks Vertiefung des Erfolges dringend angeraten.« Eine Auswanderung komme nun, fuhr er fort, »nach Auskunft des US-Konsulats erst nach einem Aufenthalt von 2–3 Monaten Schweiz in Frage. Gesundheitlich würde auch Bayern genügen. Es ist also eine Geldfrage … So, lieber Günter – mir sind diese Zeilen verflucht sauer geworden, aber es handelt sich ja nun einmal um die Kardinalfrage der Gesundheit und damit der Fortsetzung dieses ohnehin kümmerlichen Daseins. Daß ihr selbst allesamt nicht in der Lage seid, uns geldlich zu unterstützen, ist klar, und ich bitte auch, keine Versuche in dieser Richtung zu unternehmen.«[138]

»Tabula rasa«

Bonn, 31. Dezember 1949
»Durch die Denazifizierung ist viel Unglück und Unheil angerichtet worden. … Der Krieg und auch die Wirren der Nachkriegszeit haben eine so harte Prüfung für viele gebracht und solche Versuchungen, daß man für manche Verfehlungen und Vergehen Verständnis aufbringen muß. Es wird daher die Frage einer Amnestie von der Bundesregierung geprüft werden«[139], so Kanzler Konrad Adenauer in seiner ersten Regierungserklärung am 20. September 1949 vor dem Bundestag in Bonn.

Über alle Parteiengrenzen hinweg sprach Adenauer den Menschen aus dem Herzen: »Wir haben so verwirrte Zeitverhältnisse hinter uns, daß es sich empfiehlt, generell tabula rasa zu machen.«[140] Der »reine Tisch« sollte aber nicht durch Eingeständnis der Schuld, durch Strafe, Buße und Reue entstehen, nein, ein »Schlussstrich« sollte gezogen werden. Geschwiegen werden sollte über die Gräuel und Verbrechen, die vier Jahre zuvor noch im Namen des deutschen Volkes unter Mithilfe unzähliger deutscher Männer und Frauen verübt worden waren. Das Schweigen sollte helfen, das »Vergessen über die Vergangenheit zu decken«, wie es ein Mitglied des Bundestages 1949 formulierte.[141] Die Verabschiedung des »Straffreiheitsgesetzes« erfolgte in Rekordtempo und großer Einmütigkeit; am 31. Dezember 1949 wurde das Gesetz verkündet.

Vordergründig ging es bei dem Gesetz um die Amnestie von Wirtschaftdelikten wie Schwarzhandel oder Eigentumsdelikten, die in der frühen Nachkriegszeit sehr häufig vorkamen: Kartoffeln wurden vom Acker aufgelesen, Kohlen von Bahngleisen aufgesammelt. Da aber Gefängnisstrafen bis zu einem Jahr unter das Gesetz fielen, profitierten auch Gewalttäter von der Amnestie – und von denen waren seit der »Reichskristallnacht« nicht eben wenige strafffrei davongekommen.

Darüber hinaus beschlossen die Abgeordneten aller Parteien eine Amnestie für Personen, die seit dem 10. Mai 1945 »zur Verschleierung des Personenstandes aus politischen Gründen« abgetaucht waren. »Lediglich Delikte, die das Strafgesetzbuch als ›Verbrechen‹ klassifizierte (jede mit ›Zuchthaus oder mit Einschließung von mehr als fünf Jahren bedrohte Handlung‹), sollten nicht unter diese Sondervorschrift fallen.«[142] Das bedeutete nichts anderes, als das die junge Demokratie einer großen Zahl von NS-Verbrechern, die sich bisher einer gerichtlichen Verfolgung durch die Alliierten entzogen hatten, die Hand reichte.

Auf der Grundlage des »Straffreiheitsgesetzes« von 1949 wurde bis zum Januar 1951 »nicht weniger als 792 176 Personen eine – so die Juristen – ›Vergünstigung‹ zuteil«[143]. Die meisten Strafbefreiungen bestanden im Erlass von Freiheitsstrafen bis zu sechs Monaten beziehungsweise von Geldstrafen bis zu

5000 DM: Fast eine halbe Million Verurteilter betraf diese allgemeine Amnestie, außerdem wurden fast 250 000 laufende Verfahren eingestellt.[144]

Statistisch genau erfasst ist die Amnestierung von 3000 Personen, »die wegen Verbrechen oder Vergehen ›wider die persönliche Freiheit‹ verurteilt oder angeklagt waren … Man wird annehmen können, dass es sich bei den Amnestierten nur selten um ›gewöhnliche‹ Kidnapper, vielfach aber um SA-, SS- und Parteifunktionäre handelte, die ihre Opfer in Konzentrationslager und ›Bunker‹ verschleppt hatten.« Straffrei gestellt wurden außerdem 20 000 Personen, die Taten »wider das Leben« begangen hatten und 30 000 wegen Körperverletzung Verurteilte; hinzu kamen 5200 Amnestierte, die sich wegen »Verbrechen und Vergehen im Amte« hatten verantworten müssen.

Das »Straffreiheitsgesetz« hatte eine schwerwiegende Dynamik, es bedeutete den »Einstieg in eine rasch fortschreitende Delegitimierung der Verfolgung von NS-Straftaten – und in ständig weiter ausgreifende Amnestieforderungen bis hin zum unverblümten Ruf nach einer selbst schwerste Kriegsverbrecher einschließenden ›Generalamnestie‹.«

Die meisten Deutschen sahen ihren Bedarf an Sühne, Aufklärung, Bestrafung durch die Kriegsverbrecherprozesse in Nürnberg gedeckt. Dort waren doch die Schuldigen benannt und hart bestraft worden oder etwa nicht? 24 Angeklagte, 20 Verurteilte, davon 12, die mit ihrem Leben büßen mussten, allein im ersten großen Prozess gegen die Hauptkriegsverbrecher von 1946.[145] Bis 1949 folgten 12 weitere Prozesse in Nürnberg, in denen 177 Angeklagte Rede und Antwort stehen mussten.

Dass sich Zehntausende der Verantwortung entzogen, indem sie sich zum Beispiel bei den Massenbefragungen durch die Alliierten zur Entnazifizierung gegenseitig »Persilscheine« ausstellten, schlicht logen und betrogen, wurde in der Öffentlichkeit nicht diskutiert. Wenig Beachtung fanden auch die zahlreichen untergetauchten Nazigrößen, die zum Teil jahrzehntelang mitten in der Bundesrepublik unbehelligt blieben und Pensionen, Renten, staatliche Hilfsgelder kassierten. »U-Boote« wurden sie genannt oder »Braun-Schweiger«. Die in Nürnberg zu »lebenslang« Verurteilten hingegen erfuhren bald eine große Welle der Solidarität. Der Intervention der evangelischen Kirche ist es letztlich zuzuschreiben, dass ein Massenmörder wie Martin Sandberger zehn Jahre nach seinem Prozess in die Freiheit entlassen wurde.[146]

Anfangs waren die Nürnberger Kriegsverbrecherprozesse noch auf Anteilnahme und Zustimmung in der Bevölkerung gestoßen. Doch bald war von »Siegerjustiz« die Rede; die Menschen wollten sich nicht länger mit dem Thema beschäftigen. Sie wollten weder sich selbst noch ihre Nächsten – Väter, Brüder, aber auch Mütter oder Großmütter, Freunde und Nachbarn – unter Generalverdacht gestellt sehen. Eine Mitverantwortung für die ungeheuerlichen Verbrechen wollte niemand eingestehen. Die Strategie lief immer auf das Gleiche hinaus: verleugnen, vergessen, verschweigen. Der Satz »Wir haben ja nichts gewusst« war dabei Rechtfertigung und Abwehr gleichermaßen; der Wahrheit hat er kaum entsprochen. »Gewusst« hatte jeder etwas; der eine mehr, der andere weniger. Adenauers Forderung: »Wir sollten mal Schluss machen mit der Nazi-Riecherei«[147] brachte Anfang der fünfziger Jahre die Stimmung auf den Punkt.

In dieser Atmosphäre lebten Heinz und Marianne Drossel, als sie ihre Pläne für die Auswanderung in die Vereinigten Staaten begraben mussten. Am Anfang der Bemühungen war es vielleicht vor allem darum gegangen, den Ort hinter sich zu lassen, an dem so viel Furchtbares geschehen war. Je weiter die Zeit fortschritt, je klarer wurde, wie die Deutschen mit der Vergangenheit und den Verbrechen umgingen, desto deutlicher wurde Heinz und Marianne, dass die Zukunft an diesem Ort nichts Gutes verhieß. Wie sollten sie zusammenleben mit Menschen, die so gar nichts gelernt zu haben schienen und die Verbrechen schlicht verleugneten? Diese Frage muss besonders Marianne bewegt haben.

188

Für die Opfer interessierte sich kaum jemand. Im Gegenteil, denn eine Auseinandersetzung mit den Überlebenden des Holocaust hätte die Menschen ja in ihrem größten Bestreben, dem Vergessen, behindert. Alexander und Margarete Mitscherlich formulierten es in ihrer scharfsinnigen und schonungslosen Analyse »Die Unfähigkeit zu trauern« so: »Was soll eigentlich ein Kollektiv tun, das schutzlos der Einsicht preisgegeben ist, daß in seinem Namen sechs Millionen Menschen aus keinem anderen Grund als aus dem eigenen aggressiven Bedürfnisse getötet wurden? Es bliebe ihm kaum ein anderer Weg als der einer weiteren Verleugnung seiner Motive oder der Rückzug in die Depression.«[148]

Doch dazu kam es laut Mitscherlichs selten, denn nicht jeder musste sich »direkt mitschuldig erleben; entsprechend wurden mit Verleugnung und Verharmlosung mannigfache Auswege aus der Kalamität gesucht. Depressive Reaktionen, Selbstvorwürfe, Verzweiflung über das Ausmaß der Schuld, die man auf sich geladen hatte, waren weit seltener.« Aus psychoanalytischer Sicht diente die Verdrängung also dem Selbstschutz, ein Anlass zur Reue durfte gar nicht erkannt werden.

Ein israelischer Psychoanalytiker soll zu dem Thema gesagt haben: »Die Deutschen werden den Juden Auschwitz nie verzeihen.« Es kam zu einer grotesken Verdrehung in der Wahrnehmung. Ob mit oder ohne Hitler: »Die Juden waren schuld.« Nachdem Marianne Drossel während des Dritten Reichs verfolgt und mit dem Tod bedroht gewesen war, wurde sie – wie so viele andere Holocaustüberlebende – nach dem Ende des Regimes nun gleichsam als Bedrohung empfunden.

Der über zwölf Jahre lang geförderte und geforderte Antisemitismus (der bei vielen Deutschen auf großes Einverständnis gestoßen war) verschwand nicht über Nacht. Im Alltag von Heinz und Marianne Drossel machte er sich in Kleinigkeiten bemerkbar. Heinz konnte es später schwer benennen. Es war manchmal weniger eine offene Ablehnung als vielmehr ein subtiles Ressentiment, das er verspürte. Ein Arbeitskollege habe gesagt: »Sie haben doch eine jüdische Frau. Die hat es ja auch nicht leicht gehabt.« Diese Äußerung empfand Heinz damals als takt- und gefühllos.

Er erzählte auch von einem Vorgesetzten, der das Ehepaar Drossel gemeinsam mit einem anderen Kollegenpaar regelmäßig zum Abendessen zu sich nach Hause einlud: »Er führte meine Frau immer formvollendet zu Tisch und ließ sich nichts anmerken«, sagte Heinz. Dass dieser Vorgesetzte sich »nichts anmerken ließ«, fiel aber doch auf; es war offenbar eine angespannte, unangenehme Situation für alle Beteiligten. Gleichwohl meinte Heinz im Rückblick, die immer wiederkehrende Geste des Hausherrn sollte Respekt gegenüber seiner Ehefrau ausdrücken.

Wie mag Marianne das empfunden haben? Der Chef ihres Mannes führte sie zu Tisch und verbarg seine Gefühle. Was genau ließ er sich nicht anmerken? Wusste er, dass sie Jüdin war und ihre Anwesenheit in seinem Berliner Esszimmer keine zehn Jahre nach Hitler demzufolge ein kleines Wunder? War es Ablehnung oder doch Scheu, gar Scham, die dieser Mann verspürte und unterdrückte? Hatte er sich während der Nazidiktatur etwas zuschulden kommen lassen? Wenn ja, was? Wenn nein, wie hatte er die Zeit erlebt, überlebt? Marianne wusste es nicht. Über die Vergangenheit wurde nicht gesprochen.

Auf der einen Seite gab es unterschwelligen Antisemitismus und das eifrige Bemühen um eilige Rehabilitierung vieler NS-Täter. Zugleich suchte die Bundesrepublik – auch aus außenpolitischen Gründen – die Annäherung an Israel. Gegen Widerstände im eigenen Kabinett hatte Kanzler Adenauer mit Unterstützung der SPD 1952 Wiedergutmachungszahlungen an den jüdischen Staat durchgesetzt. Versöhnung und Verständigung waren das Ziel, das wenig Anklang in der Bevölkerung fand: Eine repräsentative Umfrage ergab damals, dass die Mehrheit der befragten Westdeutschen gegen diese Zahlungen war.

Weitere Umfragen zeigten »regelmäßig … ein bedrückendes Bild fortwirkender antisemitischer Stereotype, die darin zusammengefasst werden können, dass eine relative Mehrheit es für besser hielt, ›keine Juden im Land zu haben‹. Als ›Antisemitismus ohne Juden‹ ist dies später bezeichnet worden, denn in der Bundesrepublik lebten in der 50er Jahren nur noch wenige zehntausend jüdische Bürger.«[149]

Das öffentliche Interesse an der Aufarbeitung der NS-Vergangenheit, der konkreten Benennung und Bestrafung der Täter ging gegen null. Schon 1951 hatte die Wiedereinstellung von vielen der im NS-Staat an maßgeblichen Stellen engagierten Personen begonnen – Wissenschaftlern, Ärzten, Juristen und anderen Beamten, die 1945 ihre Stellung verloren hatten. 1952 gab Adenauer zu Protokoll, von den höheren Beamten im Auswärtigen Amt seien ungefähr zwei Drittel und von den Referatsleitern schätzungsweise vier Fünftel ehemalige NSDAP-Mitglieder. Diese Quote war nicht einmal unter NS-Außenminister Joachim von Rippentrop erreicht worden.[150]

Dieser Skandal – und die geräuschlosere Wiedereinsetzung von NS-belasteten Funktionsträgern an zahlreichen anderen Stellen – war durch das 131er-Gesetz möglich gemacht worden. Das Gesetz wurde von der Regierung Adenauer 1952 mit breiter Zustimmung der anderen Parteien beschlossen. Beamte des öffentlichen Dienstes, die im Zuge der Entnazifizierung 1945 ihre Stellung verloren hatten, mussten wieder eingestellt werden: »Der gesamte öffentliche Dienst wurde verpflichtet, offene Stellen bevorzugt mit Angehörigen des privilegierten Personenkreises zu besetzen, bis eine Quote von 20 Prozent der Beschäftigten erreicht war.«[151] Darunter waren nicht nur ehemalige passive NSDAP-Mitglieder, sondern auch -Funktionäre.

Die Frage, welche Motive die Deutschen zu »Anhängern eines Führers werden ließen, der uns zur größten materiellen und moralischen Katastrophe unserer Geschichte führte«, hat nur wenige beschäftigt: »Alle unsere Energie haben wir vielmehr mit einem Bewunderung und Neid erweckenden Unternehmergeist auf die Wiederherstellung des zerstörten, auf Ausbau und Modernisierung unseres industriellen Potentials bis zur Kücheneinrichtung konzentriert.«[152]

Das politische Interesse war unterentwickelt. Die Arbeitsweise des Bundestages war zu Beginn des Jahrzehnts nur einem Zehntel aller Bürger geläufig.[153] Dem neuen, demokratischen System begegnete eine Vielzahl der Westdeutschen mit Skepsis. Die speiste sich zum einen aus den negativen Erfahrungen mit der Weimarer Republik, zum anderen aus der Tatsache, dass die Abhängigkeit von und die Kontrolle durch die Westalliierten auf absehbare Zeit nicht auszuräumen waren.

Die Bevölkerung in der jungen Bundesrepublik strebte vor allem nach Verbesserung der persönlichen Lebensumstände. Und dabei entwickelten die Menschen wahrlich Herkuleskräfte. Das »Wirtschaftswunder« nahm unaufhaltsam seinen Lauf. Schon Anfang der 1950er Jahre überflügelte die Bundesrepublik mit ihrem Bruttosozialprodukt Großbritannien, eine Siegermacht.

Die Deutschen legten nach dem Zweiten Weltkrieg eine geradezu manische Aktivität an den Tag. Die großen Anstrengungen halfen beim Vergessen; wer viel arbeitet, hat wenig Zeit zum Nachdenken: »Statt einer politischen Durcharbeitung der Vergangenheit als dem geringsten Versuch der Wiedergutmachung vollzog sich die explosive Entwicklung der deutschen Industrie. Werktätigkeit und ihr Erfolg verdeckten bald die offenen Wunden, die aus der Vergangenheit geblieben waren.«[154]

»Ich habe es nicht mehr ertragen«

Berlin, Anfang 1954

Die Tuberkulose-Erkrankung kostete Heinz Drossel fast zwei Jahre. Als er endlich so weit wieder hergestellt war, dass er als Referendar anfangen konnte, wurde der Beschluss, die Zeit auf 18 Monate zu begrenzen, für hinfällig erklärt. Er musste volle drei Jahre ableisten. Im März 1954 legte Drossel sein 2. Staatsexamen ab. Er meldete sich beim Kammergerichtspräsidenten mit der festen Erwartung, nun zum Richter ernannt zu werden. Doch er hatte sich getäuscht. Im Moment sei keine Richterstelle frei, hieß es.

Aus Drossels Personalakte ging hervor, dass er eine jüdische Frau hatte. War das der Grund seiner Benachteiligung? Andere, die mit ihm das 2. Staatsexamen abgelegt hatten, waren sofort als »beauftragte Richter« in Amt und Würden gesetzt worden. Nachdem Drossel den ersten Schock überwunden hatte, ging er wieder zum Kammergericht. Er musste schließlich eine Familie ernähren. Dieses Mal wurde ihm ein Angebot unterbreitet, das er annahm: Er solle zunächst als Rechtspfleger im gehobenen Justizdienst tätig werden, die nächste Richterstelle würde er bekommen.

Wenige Tage später traf Drossel einen alten Kommilitonen auf dem Ku'damm. Sie plauderten über dies und das, und dabei kam heraus, dass der ehemalige Mitstudent, der kurze Zeit nach Drossel das Staatsexamen bestanden hatte, als Richter am Amtsgericht arbeitete. Drossel war außer sich. Wütend sprach er erneut beim Kammergericht vor. Diesmal ließ er sich nicht vertrösten. Es dauerte nicht lange, bis er als Beisitzender Richter einer Landgerichtskammer anfangen konnte.

Drossels Erster Vorsitzender hatte keinen einzigen Tag als Referendar gearbeitet. Als Parteimitglied der NSDAP war er während des Krieges zum »Assessor K« ernannt worden. Assessor K wurde ein Referendar, der seinen Vorbereitungsdienst in der Justiz – die Referendariatszeit – nicht antreten oder beenden konnte, weil er als Soldat eingezogen worden war. Er wurde zum außerplanmäßigen Beamten ernannt, ohne die große Staatsprüfung ablegen zu müssen. Die Ernennung erfolgte automatisch, drei Jahre nachdem das Referendariat begonnen hatte oder hätte beginnen sollen.[155] So erübrigte sich ein Ausbildungsschritt, denn der von den Nazis verliehene Titel wurde von der Nachkriegsjustiz umstandslos anerkannt.

Drossel, dem das Referendariat verweigert worden war, weil er keiner Parteigliederung angehörte, konnte von dieser Sonderregelung nicht profitieren. Sein neuer Vorgesetzter hingegen war direkt nach der Heimkehr aus dem Krieg zum Richter ernannt worden. Die Konstellation war unerträglich für Heinz. Es gab »erhebliche Schwierigkeiten«, wie er im Rückblick sagte, und er wurde an eine andere Kammer versetzt.

Doch wohlfühlen konnte er sich auch an seinem neuen Arbeitsplatz nicht: Zu viele Juristen, die auf dem Papier für »entnazifiziert« erklärt worden waren, ließen ihn spüren, dass sie ihre Gesinnung keineswegs geändert hatten. Einer der Vorsitzenden Richter trug unter seiner Robe tatsächlich eine Uniform (ohne Abzeichen) und Stiefel. Drossel konnte es nicht fassen. Die anderen akzeptierten es stillschweigend. Die alten Seilschaften funktionierten weiter. Während der Verhandlungen herrschte oft eine für die Kläger oder Beklagten einschüchternde Atmosphäre, wie Drossel fand. Fragesteller wurden zum Beispiel im Kasernenton zurechtgewiesen. Drossel mischte sich oft ein und sagte, dass »wir jetzt in einem Rechtsstaat leben und jeder gehört werden« müsse. Die ganze Situation deprimierte ihn; er eckte immer wieder an, wurde zurechtgewiesen und musste erkennen, dass seine Karriereperspektiven schlecht waren.

Im Jahr 1954, er erinnerte sich später nicht mehr genau an das Datum, wurde die bedrückende berufliche Situation noch überschattet durch einen Konflikt mit seinen Eltern. Heinz Drossel machte nur Andeutungen. Er sprach von einer Krise, die zwischen ihm und seiner Frau einerseits und seinen Eltern andererseits eskalierte. Die Eltern waren sehr enttäuscht, dass ihnen bis zu diesem Zeitpunkt die Existenz von Mariannes 1942 geborener Tochter verheimlicht worden war. Heinz hatte aus Loyalität zu seiner Frau geschwiegen.

Er war müde. Unendlich müde. Nach all der Plackerei, den Entbehrungen, den Enttäuschungen, den Hoffnungen, dem Durchhalten und Weiterdurchhalten. Er hatte überlebt, ja –

aber wofür?! Die Vertreter jener Kaste, der anzugehören er sich über Jahre so sehr angestrengt hatte, wollten ihn nicht. Er würde nie dazugehören. Er hatte den Stallgeruch nicht. Viele der »lieben« Kollegen mussten vielmehr fürchten, dass Heinz Drossel ihnen den Spiegel vorhielt. Er erinnerte sie täglich daran, dass sie vom Unrecht profitierten, das anderen widerfahren war. Als Parteigenossen, die den Assessor-K-Titel bekommen hatten, als Freunde des alten Richters, der unterm Talar noch die Soldatenstiefel trug.

»Ich habe es nicht mehr ertragen«, sagte Drossel Jahrzehnte später über diese schwere Zeit in seinem Leben. Er wollte nicht mehr leben. Es war keine Affekthandlung. Er sammelte Tabletten des starken Schlafmittels Veronal. An einem Nachmittag, Marianne hatte sich für ein paar Stunden verabschiedet, um Besorgungen zu machen, nahm er, so viel er schlucken konnte. Das Mittel wirkte schnell. Ihm wurde ein bisschen übel, aber vor allem schwummrig. Er war nahe daran, bewusstlos zu werden. Da ging die Tür auf.

Marianne erzählte ihm hinterher, sie hätte lange auf die Straßenbahn warten müssen und auf einmal sei ihr so seltsam zumute gewesen. Da habe sie schnell den Rückweg angetreten, um nach ihm zu schauen. Sie erfasste die Situation offenbar mit einem Blick. Sie rief über das Telefon des Nachbarn einen Krankenwagen; Heinz wurde der Magen ausgepumpt. Die beiden sprachen später nie wieder über seinen Selbstmordversuch.

… und immer wieder die Tortur

Berlin, April 1961

Bereits in den ersten Nachkriegsjahren hatte sich Mariannes Gesundheitszustand so stark verschlechtert, dass sie nicht mehr berufstätig sein konnte. Extremes Untergewicht, Herz- und

Kreislaufprobleme, schreckliche Migräneanfälle quälten sie. In den Jahren 1946 bis 1948 erlitt sie drei Fehlgeburten. Der Wunsch nach einem Kind muss sehr stark gewesen sein. Denn trotz schwerer gesundheitlicher Einschränkungen, trotz der wirtschaftlich äußerst schwierigen Bedingungen brachte sie am 27. August 1951 im Alter von 38 Jahren eine gesunde Tochter zur Welt, ihr drittes Kind.

Am 22. Mai 1951 war beim Entschädigungsamt Berlin der Antrag auf Entschädigung wegen »Schadens an Freiheit« und »Schadens an Vermögen« der Marianne Drossel, geborene Hirschfeld, eingegangen. Die Registrierungsnummer 2040 sollte sie über zwei Jahrzehnte begleiten. Das Opfer musste nachweisen, dass es tatsächlich Opfer war. Ein Auszug aus der Sippenkartei, Beleg der Zugehörigkeit zur Jüdischen Gemeinde, Beweise, dass das verlorene Eigentum tatsächlich von den Nazis gestohlen worden war, viele Zeugenaussagen an Eides statt der wenigen noch lebenden Bekannten – der Papierkrieg nahm kein Ende.

Ein Jahr später, im Mai 1952, erhielt Marianne einen Bescheid über ihren Entschädigungsantrag. Für 54 Tage Haft wurden ihr insgesamt 270 D-Mark zugesprochen. Aber: »Der weitergehende Antrag auf Entschädigung der Illegalitätszeit vom 12. Juni 1944 bis 8. Mai 1945 … kann nicht anerkannt werden, da die Antragstellerin lt. Bescheinigung der BVG vom 13. März 1952 … in der Zeit vom 16. April 1943 bis 30. April 1945 in diesem Betrieb als Wagenwäscherin beschäftigt war und somit nicht illegal gelebt haben konnte.« Immerhin: »Die Entscheidung ergeht gebührenfrei.«

Mariannes Anwalt erhob Einspruch, die Ansprüche wurden bekräftigt, neue Zeugenaussagen nachgereicht. Das Amt forderte weitere Unterlagen, manchmal solche, die bereits vorlagen wie die »Kennkarte J«. Dann wieder solche, deren Bezeichnung absurd anmutet: zum Beispiel »eine Bescheinigung des Beherbergers über die Illegalität«. Damit war die Erklärung

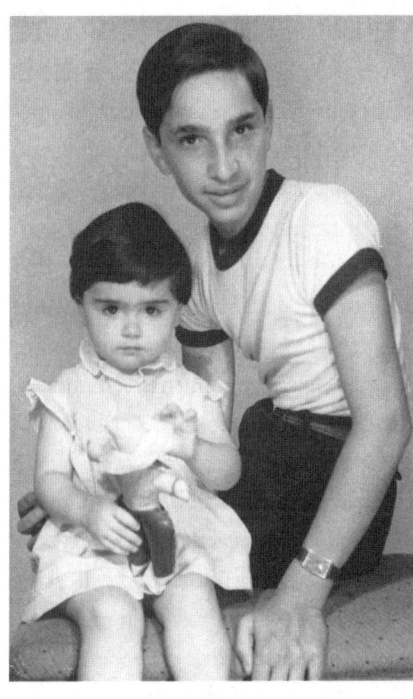

31 Ruth Drossel mit ih-rem Halbbruder Billy, um 1954

eines Helfers gemeint, der der Verfolgten ein oder mehrere Male Unterschlupf gewährt hatte. In Mariannes Fall ging es um Oskar Drossel, Heinz' Onkel, dessen Wohnung sie als eines ihrer Verstecke im Jahr 1943 angegeben hatte. Oskar Drossel war jedoch Ende 1944 bei einem Bombenangriff ums Leben gekommen.

Am 27. April 1954 schrieb Marianne Drossel »An den Senator für Sozialwesen« in Berlin-Wilmersdorf eine wütende und bittere Anklageschrift. Ihr Antrag auf Entschädigung für die Zeit in der Illegalität war bereits mehrfach abgelehnt worden:

»Wenn ich angegeben habe, seit 1944 illegal gelebt zu haben, so ist dies darauf zurückzuführen, daß ich das von mir in der fraglichen Zeit an den Tag gelegte Verhalten als illegales Leben aufgefaßt habe und noch heute auffasse. ... Der Begriff der Illegalität während der Nazizeit bezieht sich nun allerdings im wesentlichen auf das Verhalten hinsichtlich der Meldebestimmungen und des Aufenthaltortes. … In dem ich dadurch, daß ich mich seit der angegebenen Zeit an anderen Orten aufgehalten habe als dort, wo ich gemeldet war, habe ich gegen diese Bestimmungen fortgesetzt verstoßen. Ich habe dies zwar damals zu meiner größeren Sicherheit getan. Daß dieses Verhalten durch meine Zugehörigkeit zum Judentum zur damaligen Zeit wesentlich schärfer beurteilt worden wäre als bei anderen Personen und unweigerlich meine Deportation zur Folge gehabt hätte, sei nur am Rande erwähnt. … Dies Vergehen wurde nicht dadurch ungeschehen gemacht, daß es Zeitpunkte gab, in denen ich mich an einem bekannten Aufenthaltsort aufhielt. Logisch betrachtet muß ich somit mein damaliges Verhalten als illegal betrachten. Wenn man heute die Dinge umdrehen will, könnte ich nur wünschen, man hätte diese Auffassungen bereits vor 10–15 Jahren vertreten. Ich nehme mir jedenfalls die Freiheit, grundsätzliche Begriffe gleichmäßig auszulegen, statt die Auslegung so zu handhaben, daß sie den Bedürfnissen der Zeit entspricht. … Nebenbei bemerkt sind mir auch meine Nerven zu schade, um mich fortgesetzt durch Aufrührung von diesen unerfreulichen Erinnerungen an meiner Gesundheit zu schädigen. Ich habe die Hoffnung auf eine aufrichtige Entschädigung in der Praxis auch aufgegeben und bin überzeugt, daß die wenigen Gelder, die dabei herausspringen, dem deutschen Volk keinen Segen bringen werden.«[156]

Im April 1961, fast genau zehn Jahre nach der ersten Antragstellung, erhielt Marianne 6000 D-Mark »für Sterntragen und illegales Leben vom 19. 9. 1941 bis 31. 1. 1945«; die Ansprüche an Vermögensschaden und Schaden im beruflichen Fortkommen wurden 1962 durch Vergleiche abgegolten: Knapp 10 000 D-Mark gestand das Entschädigungsamt der Antragstellerin mit der Registrierungsnummer 2040 zu.

Drossels Anwalt Dr. Karl Heinz Simon wies im August 1963 darauf hin, dass seine Mandantin bisher keine Ansprüche auf Wiedergutmachung für »verfolgungsbedingte Gesundheitsschäden« gestellt habe. Dass der schlechte Zustand ihrer Gesundheit unmittelbar mit der Zeit der Verfolgung zusammenhing – daran konnte wohl niemand mit gesundem Menschenverstand zweifeln. Doch wie ist der ursächliche Zusammenhang zwischen der Verfolgung, den Strapazen und Entbehrungen und einer zerrütteten Gesundheit zwanzig Jahre später gerichtssicher zu beweisen? Marianne musste wieder eidesstattliche Erklärungen zuhauf abgeben. Ein Zahn war während der Verhöre nach einer Misshandlung herausgebrochen – das war noch das Einfachste. Was aber war mit der Migräne, der ständigen Erschöpfung, dem Untergewicht (sie wog nur 40 Kilo), dem Händezittern?

Oft wollte sie aufgeben; ihr Mann Heinz bat sie durchzuhalten, er bedrängte sie manchmal geradezu, sie habe ein Recht auf das Geld und die Familie könne das Geld auch gut brauchen, es sei eine Art Gerechtigkeit, die eingefordert werden müsse. Doch der Preis war hoch. Immer wieder musste sie sich mit den Geschehnissen auseinandersetzen, die sie lieber verdrängt hätte. Die Tortur begann von Neuem: Neue Amtsärzte und ehemalige Ärzte mussten konsultiert, Zeugen genannt werden. Sie musste sich vor Wildfremden buchstäblich entblößen; ihr Zahnstatus ging ebenso in die Akte ein wie ihre gynäkologischen Befunde. Sie musste beweisen, dass die anderen Schuld hatten; es war, als würde sie von vornherein der Lüge bezichtigt, und nun sollte sie versuchen, die Wahrheit aufzudecken.

Noch Anfang der siebziger Jahre korrespondierte Heinz Drossel mit einem Berliner Rechtsanwalt in der Erbschaftsangelegenheit Kurt Sigismund Hirschfeld, die mit einem Vergleich abgeschlossen wurde. Am Ende sind alle Ansprüche von Marianne Drossel anerkannt worden; auch ihre Zeit in der Illegalität wurde schließlich bei den Entschädigungszahlungen berücksichtigt. Es blieb wohl ein schaler Sieg. Die Kraft, die das Verfahren über die Jahre gekostet hat, die Demütigungen, die damit einhergingen, waren immens. Das Geld war praktisch, Trost wird es kaum gespendet haben.

VII. Am Ende ein Traum

Sehnsucht nach Normalität

Berlin, Oktober 1962

Heinz Drossel wollte seinen Ohren nicht trauen, als die Nachricht ihn erreichte: Ein Richter, der schon vor 1933 Mitglied der NSDAP geworden war, sollte zum Gerichtspräsidenten am Landessozialgericht Berlin ernannt werden. Gegen diese Entscheidung legte Drossel im Oktober 1962 Beschwerde ein. Nach einigem Schriftverkehr und persönlichen Gesprächen bot der Senator für Arbeit und Soziales ihm ebendiese Präsidentenstelle an – anzutreten in zwei Jahren, wenn der betreffende Kollege pensioniert wäre. Drossel brach das Gespräch ab: »Herr Senator, Sie verstehen gar nicht, worum es geht!«

Nun reichte es Drossel endgültig. Unter diesen Umständen konnte und wollte er nicht weiterarbeiten. Inzwischen hatte er das Amt eines Landessozialgerichtsrates inne. Er entschloss sich, Berlin zu verlassen. In seinem Veränderungsgesuch schrieb er unter anderem, er sei mit einer »rassisch verfolgten jüdischen Frau, deren Familie fast vollständig durch die Nazis ermordet« worden war, verheiratet und unter Einsatz seines Lebens »für eine Reihe jüdischer Verfolgter eingetreten«. Dass alte Nazis in der Nachkriegsrepublik Karriere machen dürften, sei ihm unerträglich: »Ich sehe mich heute einem ständigen Zwang zur Behauptung in einer Umgebung ausgesetzt, die weitgehend Politik des NS-Regimes unterstützt hat.«[157]

Eine konkrete Reaktion auf diese Zeilen hat Drossel nie erhalten. Der Senator ließ ihn lediglich wissen, er »trage keine Bedenken« gegenüber seiner Bewerbung als Richter im Bundesgebiet. Allerdings sei das Ausscheiden aus dem Berliner Geschäftsbereich »nur durch Entlassung oder Versetzung« möglich, eine »Abordnung« nicht denkbar. Mit anderen Worten: Drossel sollte sich auf eine Empfehlung des Senators nicht die geringste Hoffnung machen.

Im Gegenteil, der zuständige Oberregierungsrat gab ihm zu verstehen, dass die Vorgeschichte seiner Versetzung sich nachteilig auf seine berufliche Zukunft auswirken könne. Ob er damit einverstanden sei, wenn man seine Personalakte »bereinige«? Drossel, dem zu diesem Zeitpunkt »schon alles ziemlich egal« war, der »nur noch weg« wollte, stimmte zu. »Außerdem«, erklärte er als 87-Jähriger augenzwinkernd, »hatte ich ja von allem Kopien.«

Der Oberregierungsrat rief mit einer Klingel einen Gerichtsdiener. Der erschien auch prompt und brachte – eine Bratpfanne. Darin wurde der Schriftverkehr, der Drossels Beschwerden über Altnazis im Justizbetrieb dokumentierte, fein säuberlich verbrannt. Man verabschiedete sich preußisch korrekt voneinander. Die Berliner Justiz war Ende 1962 um einen unbequemen und aufrechten Richter ärmer.

Die Episode mit dem nationalsozialistisch belasteten Richter war nur der Auslöser für Heinz Drossels Entschluss, Berlin den Rücken zu kehren. Die Stadt, im Herbst 1962 seit einem guten Jahr durch die Mauer geteilt, hatte es ihren Bewohnern ohnehin nicht leicht gemacht, sich wohl und sicher zu fühlen. US-amerikanische und sowjetische Panzer standen sich mehr als einmal drohend an den Sektorengrenzen gegenüber. »Da war uns auch schon mal mulmig«, sagte Heinz Drossel im Rückblick auf die heikle politische Lage, die sich in der Stadt an der Spree vor aller Augen manifestierte. Die Angst vor einem neuen Krieg breitete sich wieder aus.

Es gab also gute Gründe für Familie Drossel, aus Berlin wegzuziehen: das Eingeschlossensein innerhalb der DDR, die latente Bedrohung durch die militärische Präsenz von Sowjetarmee und alliierten Kräften und nicht zuletzt das bedrückende berufliche Umfeld in der Justiz für Heinz. Wie beurteilte Marianne die Lage? Was hielt sie noch in Berlin? Sie wäre gern schon zehn Jahre zuvor für immer aus Deutschland verschwunden. Wenigstens der Stadt, in der sie so viel Grausamkeit erlebt hatte, jetzt zu entkommen mag verlockend gewesen sein. Zwar lebte ihre Tante Thea damals noch (sie starb 1966), doch die Verbindung scheint nicht so eng gewesen zu sein, dass Marianne Skrupel hätte haben müssen wegzuziehen. Im Grunde sprach nichts gegen einen »Tapetenwechsel«. Die guten Freunde waren längst alle emigriert; einen Arbeitsplatz, eine Karriere gar, hatte sie nicht zu verlieren.

Abgesehen davon, dass Marianne immer wieder mit schweren gesundheitlichen Einschränkungen zu kämpfen hatte und deswegen eine Berufstätigkeit außerhalb ihrer Möglichkeiten lag: Für die Gattin eines Richters und Mutter eines kleinen Kindes war es in den fünfziger Jahren und darüber hinaus geradezu undenkbar, berufstätig zu sein. Die damaligen gesellschaftlichen Konventionen schlossen einen solchen Lebensentwurf aus.

Die Frau, so die noch in den sechziger Jahren verbreitete Vorstellung in Westdeutschland, hatte eine durch die Natur bestimmte Lebensaufgabe: die Mutterschaft. Das Bild der Frau in der Gesellschaft, die Vorstellung von, aber auch die Erwartungen an Frauen spiegelt sich in der Werbung wider. Putzend, kochend oder mit einer Näharbeit beschäftigt, strahlte die Ehefrau und Mutter von den Bildern dem Betrachter entgegen, während ihr Mann Zeitung liest oder sich wohlgefällig über das von seiner Frau gekochte Essen beugt. Der Wirkungskreis der Frauen beschränkte sich auf die eigenen vier Wände, sie hatten für das häusliche Wohl zu sorgen. Wer diese Vorstellung erfüllte – so suggerierte die Reklame –, wurde mit Aufmerksamkeit und Zufriedenheit belohnt. Alleinerziehende Mütter wurden gesellschaftlich geächtet, es sei denn, sie waren verwitwet, berufstätige Mütter bestenfalls bedauert.

Die Sehnsucht nach »Normalität« war groß in jenen Jahren

32 Marianne und Heinz, Anfang der 60er Jahre

der Instabilität, und Normalität boten die vertrauten Rollenbilder. Nicht von ungefähr gelten die 50er Jahre als Ära der Restauration. Als nach und nach die fast 11 Millionen Kriegsgefangenen heimkehrten, zogen sich die Frauen aus dem Arbeitsleben zurück. Mit der Gründung der Bundesrepublik 1949 sanken die kurzfristig angestiegenen Scheidungsquoten, die Hausfrauenehe erhielt wieder allgemeine Anerkennung und Akzeptanz.

Die Entwicklungsmöglichkeiten für den weiblichen Teil der Bevölkerung waren nicht nur durch das gesellschaftliche Klima und entsprechende soziale Kontrolle eingeschränkt, sondern durch Gesetze reglementiert. Die Aufnahme des Gleichberechtigungsparagrafen in das Bonner Grundgesetz bedeutete für die Lebensrealität der Frauen zunächst nur eine schöne, aber wirkungslose Geste. 61 Männer und 4 Frauen hatten über die Ausgestaltung des Grundgesetzes beraten. Der Formulierung und Einbeziehung des Paragrafen 3, Absatz 2, ins Grundgesetz war ein zäher Kampf vorausgegangen.

Nur der Hartnäckigkeit der Sozialdemokratin Elisabeth Selbert ist es zu verdanken, dass die Gleichheit von Mann und

Frau als Grundrecht im Grundgesetz verankert wurde. Zweimal wurde ihr Antrag mit den Stimmen von CDU und FDP abgelehnt. Erst beim dritten Mal erreichte Selbert ihr Ziel.

Doch das Ehe- und Familienrecht blieb vorerst auf Vorkriegsniveau stehen; es zementierte die althergebrachte Arbeitsteilung zwischen Mann und Frau: er der Alleinverdiener, sie die Hausfrau. Der von 1953 bis 1961 amtierende Familienminister Franz-Josef Wuermeling (CDU) bescheinigte der Frauenarbeit einen »gemeinschaftszerstörenden Charakter«, denn sie betone den Individualismus zu sehr.[158] Wuermeling, Jahrgang 1900, verfocht das Konzept von der Familie als »Urzelle« und »Ordnungszelle« für Staat und Gesellschaft. Er rief die Bundestagsabgeordneten leidenschaftlich dazu auf, sich »der einzigartigen sittlichen und völkischen Aufgabe und Bedeutung unserer Familien«[159] bewusst zu werden.

Die Realität entsprach diesen Ideen nicht: Der Anteil von weiblichen verheirateten Arbeitskräften stieg zwischen 1950 und 1960 überdurchschnittlich.[160] Als »Hinzuverdienerinnen« waren die Ehefrauen willkommen; oft konnten nur so die steigenden Konsumbedürfnisse der Familien erfüllt werden. Sie leisteten einen nicht unerheblichen Anteil zum Bruttosozialprodukt, aber gesellschaftliche Anerkennung fand ihr Tun nicht – es war eher eine Privatangelegenheit, von der nicht viel Aufhebens gemacht wurde.

Erst nach und nach verschwand die staatlich verbriefte Verfügungsgewalt des Ehemannes über seine Frau aus dem Bürgerlichen Gesetzbuch. In der Einleitung des neuen Gleichberechtigungsgesetzes von 1957 hieß es jedoch immer noch: »Es gehört zu den Funktionen des Mannes, daß er grundsätzlich der Erhalter und Ernährer der Familie ist, während die Frau es als ihre vornehmste Aufgabe ansehen muß, das Herz der Familie zu sein.«[161]

Immerhin verlor bei Inkrafttreten des Gesetzes am 1. Juli 1958 das »Letztentscheidungsrecht« des Mannes in allen Eheangelegenheiten seine Gültigkeit: Bis dahin hatte der Ehemann zum Beispiel über die Wahl des Wohnorts allein bestimmen können. Außerdem ging das Vermögen der Frau fortan bei der Eheschließung nicht mehr automatisch in die Verfügungsgewalt des Mannes über. Falls sie trotz aller Ressentiments berufstätig war, hatte ihr Mann jetzt auf ihren Lohn keinen rechtlichen Anspruch mehr. Sie durfte nun ohne Genehmigung des Mannes ein eigenes Bankkonto führen. Aufgehoben wurde auch das Recht des Mannes, den Arbeitsvertrag seiner Frau fristlos zu kündigen, wenn er zum Beispiel fand, dass sie durch die Berufstätigkeit ihre ehelichen Pflichten vernachlässige. Allerdings: Erst seit 1977 dürfen verheiratete Frauen in der Bundesrepublik Deutschland ohne ausdrückliches Einverständnis ihres Gatten erwerbstätig sein.

Dem Verweis der Frauen an den Herd war eine Phase bewundernswerten Einsatzes vorausgegangen. Es waren die Frauen, die in den ersten Nachkriegsjahren das Überleben organisierten; sie räumten die Trümmer weg, sie steuerten Lkws und Straßenbahnen; sie versorgten die Kinder und Alten. Die weibliche Bevölkerung verhielt sich pragmatisch, es wurde getan, was getan werden musste – es war niemand da, der die Arbeit sonst hätte machen können: Viele Männer waren tot oder in Gefangenschaft. Nach dem Ende des Zweiten Weltkrieges lebten über sieben Millionen mehr Frauen in Deutschland als Männer.[162]

Zynische Laune des Schicksals

Stuttgart, 23. Mai 1978
Gewiss hatte Heinz sich mit seiner Frau beraten, als der Wegzug aus Berlin zur Debatte stand. Wohin sollte es gehen? Heinz hätte sowohl in Frankfurt am Main als auch in Stuttgart eine Stelle bekommen können, erzählt Tochter Ruth Drossel. Marianne wäre gern nach Frankfurt gezogen, doch Heinz lehnte

das »kategorisch« ab, erinnert sich die damals 11-Jährige lebhaft. Er habe lieber in einem CDU-regierten Land tätig werden wollen, als unter Sozialdemokraten zu arbeiten, wie es in Berlin der Fall gewesen war, berichtet Ruth. Es kam zum Streit zwischen den Eltern.

In der Stadt am Main arbeitete als Generalstaatsanwalt Fritz Bauer. Ihm ist es zu verdanken, dass dort im Dezember 1963 der erste der sogenannten Auschwitzprozesse eröffnet wurde. Der jüdische Sozialdemokrat war vor den Nazis nach Dänemark und Schweden geflohen. Jahrelang hatte er nach dem Krieg darauf hingearbeitet, gegen die im Vernichtungslager Auschwitz tätigen SS-Leute ein Verfahren einzuleiten.

Der von der Tochter bezeugten Aversion Heinz Drossels gegen die Sozialdemokraten wohnt etwas Irrationales inne. Heinz' schlechte persönliche Erfahrungen mit dem kommunistischen Regime in der SBZ und der DDR, das seinen Vater inhaftiert hatte, dürften seine Ansicht begünstigt haben. Der SPD haftete in den Augen vieler Westdeutschen ein Makel an: Trotz aller Versuche, sich von der Politik der SED abzugrenzen, trotz des Einsatzes der SPD für den aktiven Widerstand in der DDR galt die Partei als dem Kommunismus verbunden.

Das war für viele ein absolutes Tabu: Der Antikommunismus war in den fünfziger Jahren eine »Rahmenbedingung der politischen Kultur« und »die Anschuldigung, dem ›Bolschewismus‹ in die Hände zu arbeiten«, diente »vor allem als moralische Keule gegen die Sozialdemokratie, der es wenig nutzte, dass sie sich in der Gegnerschaft zur SED nicht übertreffen lassen wollte«.[163]

In Westdeutschland wurde die Angst vor dem Kommunismus fast zwei Jahrzehnte lang mit Verve geschürt. Das ganze politische Geschehen, Schlussstrich-Strategie, Reintegration nationalsozialistisch belasteter gesellschaftlicher Funktionsträger, Annäherung an Israel, Anbindung an die Westmächte, vollzog sich »unter der Glocke eines allgegenwärtigen Antikommunismus, der ein schlichtes Freund-Feind-Denken mit strengen Sprachregelungen und einer bizarren Abendlandstrategie gegen den ›Bolschewismus‹ förderte«[164].

Während die Strafverfolgung von NS-Tätern zum Erliegen kam und 1954 eine noch weiter gehende Amnestie als die von 1949 in Kraft trat,[165] wurden Zehntausende Verfahren gegen (vermeintliche) Kommunisten eröffnet. Von 1951 bis 1968 kam es zu 138 000 Ermittlungsverfahren und ungefähr 7000 Verurteilungen; davon betroffen waren auch einige jüdische Verfolgte.[166] Vergleichsweise banale Aktivitäten wie die Organisation von Kinderreisen in die DDR konnten Haftstrafen nach sich ziehen. Am 17. August 1956 wurde die KPD verboten.

Der KPD-Verbotsantrag, bereits 1951 beim Bundesverfassungsgericht eingereicht, fand die Zustimmung der Mehrheit der Bundesbürger. Kommunistische Widerstandskämpfer wurden von Wiedergutmachungszahlungen im Jahr 1953 ausgeschlossen, obwohl die Kommunisten »im Kampf gegen den Nationalsozialismus den größten Blutzoll entrichtet hatten«[167]. Sich auf »den Bolschewismus« als Feind einzustellen fiel der Bevölkerung offenbar nicht schwer; schon unter Hitler waren die »bolschewistischen Massen« der Hauptfeind gewesen, gegen den es sich zu wehren galt.

In der Auseinandersetzung zwischen den Eheleuten Drossel über die Frage Frankfurt oder Stuttgart setzte Heinz sich durch. Im Januar 1963 trat er in den Dienst des Arbeitsministeriums von Baden-Württemberg,[168] er wurde zum Sozialgerichtsrat in Stuttgart ernannt. Das bedeutete für ihn eine Zurückstufung um einen Dienstgrad und eine Gehaltseinbuße.

Kurz nach dem Umzug, im Juni 1963, ließ sich Marianne Drossel katholisch taufen. »Weil wir zur Gemeinschaft dazugehören wollten«, erklärte Heinz Drossel den Schritt. Die Tochter vermutet heute ein pragmatischeres Motiv: Die Mutter habe der Karriere ihres Mannes nie wieder wegen ihres Judentums schaden wollen.

Ruth war bereits 1957, vor ihrer Einschulung, getauft worden.

Dieser Entschluss resultierte aus Mariannes Wunsch, ihr eine Perspektive zu eröffnen: Nur wer eine Religion kennenlernt, kann sich später entscheiden, ob er sich überhaupt eine Glaubensrichtung zu eigen macht. So habe ihre Mutter argumentiert, erklärt Ruth heute. Aus Heinz' Sicht wollte Marianne vor allem verhindern, dass ihr Kind als Außenseiter angesehen wird. Auch für sich selbst habe sie sich ein Stück Dazugehörigkeitsgefühl gewünscht.

Vergeblich. Die ganze Familie empfand sich bis in die siebziger Jahre hinein als Außenseiter, letztlich nicht integriert in die Gesellschaft, erzählte Heinz Jahrzehnte später. Bei Marianne hielt dieses Gefühl wahrscheinlich bis zu ihrem Tod an. »In Deutschland bin ich die verdammte Jüdin«, sagte sie, »und im Ausland bin ich die verdammte Deutsche.«

In der neuen Heimat war Kurt Georg Kiesinger bereits in der zweiten Legislaturperiode Ministerpräsident. Drei Jahre nachdem die Familie nach Baden-Württemberg gezogen war, wurde Kiesinger Bundeskanzler der ersten Großen Koalition der Bundesrepublik. Seine NSDAP-Mitgliedschaft, die bisher kaum beachtet worden war, sorgte für zum Teil lautstarke Proteste. Ohne Konsequenzen – nach seiner Kanzlerschaft (bis 1969) blieb Kiesinger zwei weitere Jahre CDU-Parteivorsitzender.

Hans Karl Filbinger, sein Nachfolger als Ministerpräsident von Baden-Württemberg, wurde ebenfalls von seiner Vergangenheit in Nazideutschland eingeholt. Die »Affäre Filbinger« ging in die Geschichtsbücher ein.

Durch eine Veröffentlichung des Dramatikers Rolf Hochhuth in der Wochenzeitung »Die Zeit« vom 17. Februar 1978 wurde deutlich, in welchem Ausmaß der ehemalige Marinerichter Filbinger dem Hitlerregime verbunden war. Hochhuth nannte Filbinger im Schlussabsatz der Leseprobe aus der Erzählung »Eine Liebe in Deutschland« einen »furchtbaren Juristen«, von dem man vermuten müsse, »er ist auf freiem Fuß nur dank des Schweigens derer, die ihn kannten«. Außerdem schrieb Hochhuth, dass der Marinerichter »sogar noch in britischer Gefangenschaft nach Hitlers Tod einen deutschen Matrosen mit Nazi-Gesetzen verfolgt hat«.[169]

Filbinger hatte am 29. Mai 1945 den Obergefreiten Kurt Olaf Petzold zu sechs Monaten Gefängnis wegen »Erregung von Missvergnügen, Gehorsamsverweigerung und Widersetzung« verurteilt, der Angeklagte habe zudem »ein hohes Maß von Gesinnungsverfall gezeigt«.[170] Laut Anklage hatte Petzold am 10. Mai 1945 einen Befehl mit den Worten verweigert: »Die Zeiten sind jetzt vorbei. Ich bin ein freier Mann. Ihr habt jetzt ausgeschissen. Ihr Nazihunde. Ihr seid schuld an diesem Krieg. Ich werde bei den Engländern schon sagen, was Ihr für Nazihunde seid, dann kommt meine Zeit.«[171] Das »Feldgericht« tagte in einem britischen Kriegsgefangenenlager; alle Beteiligten dieses grotesken Prozesses knapp drei Wochen nach der bedingungslosen Kapitulation waren Insassen dieses Lagers.

Filbinger verklagte sowohl Hochhuth als auch die »Zeit« auf Unterlassung. Im Laufe des Gerichtsverfahrens stellte sich heraus, dass Filbinger nachweislich an vier Todesurteilen mitgewirkt hatte, zwei davon fällte er persönlich. Weitere Recherchen von Hochhuth hatten Akten zutage gefördert, die dies belegten. Die Öffentlichkeit erhielt dabei auch Kenntnis vom Schicksal des ehemaligen Marinesoldaten Walter Gröger.

Gröger war nach einer durchzechten Nacht nicht auf sein Schiff zurückgegangen und hatte sich bei der norwegischen Krankenschwester Marie Severinsen Lindgren versteckt. Er wurde von der Gestapo aufgegriffen. Auch Lindgren wurde verhaftet und später zu einer Gefängnisstrafe verurteilt.

Fahnenflucht oder der Versuch zur Fahnenflucht wurde im Hitlerregime oft mit der Todesstrafe geahndet. Bei einer ersten Verhandlung gegen Gröger unterschied das Gericht »›Versuch‹ und ›Vorbereitung‹ fein säuberlich« und erklärte, »›versuchte Flucht ins Ausland liegt demnach nicht vor‹«.[172] Gröger erhielt am 14. März 1944 eine achtjährige Festungshaftstrafe. Im Juni wurde das Urteil wieder aufgehoben. Bei der zweiten Verhandlung am 16. Januar 1945 forderte der Anklagevertreter Dr. Hans Filbinger die Todesstrafe. Das Kriegsgericht verurteilte Walter Gröger zum Tod durch Erschießen.

Filbinger drängte zur Eile, als Leitender Offizier des Vollstreckungsverfahrens, zu dem er sich selbst ernannt hatte, beaufsichtigte er persönlich die Erschießung des 24-jährigen Matrosen am 16. März 1945.

Als immer mehr Einzelheiten über Filbingers Verhalten im Fall Gröger ans Licht kamen und der baden-württembergische Ministerpräsident nicht auch nur ansatzweise Bedauern, Schuldbewusstsein oder gar Reue zeigte, wandte sich seine Partei langsam aber sicher von ihm ab. Hans Kurt Filbinger trat am 7. August 1978 von seinem Amt als Ministerpräsident zurück.

Die Affäre Filbinger versetzte die Republik monatelang in Aufruhr: Für die Nachkriegsgeneration war er die »politische Symbolfigur für die nicht hinreichend aufgearbeitete Nazivergangenheit«, und noch heute »gilt er als Repräsentant des Juristenstandes, dessen Wortführer auch noch nach dem Ende des Zweiten Weltkriegs ihre im NS-Staat praktizierte Terrorjustiz rechtfertigen oder beschönigen«.[173]

Mit seiner Aussage »Was damals Rechtens war, das kann heute nicht Unrecht sein«[174] entlarvte Filbinger sich selbst. Er hatte keinerlei Unrechtsbewusstsein, und das war es letztlich, was sein politisches Schicksal besiegelte. Denn Filbinger scheiterte nicht wegen seines Verhaltens während der Nazizeit, sondern »an seinem Umgang mit den historischen Fakten in einer politisch sensibilisierten Öffentlichkeit«[175]. Filbingers Satz offenbarte, dass für diesen CDU-Politiker, der ein hohes Amt innehatte, »Rechtskontinuität im Sinne eines unkritischen und unreflektierten Festhaltens an NS-Gesetzen und ›Führer‹-Weisungen« galt. »Damit ebnete er den Unterschied zwischen dem nationalsozialistischen Unrechtsstaat und dem demokratischen Rechtsstaat umstandslos ein.«[176]

Die Frage der persönlichen Schuld und Verstrickung wurde nicht nur im Fall Filbinger vernachlässigt. Mit der Argumentation, die Hitlerdiktatur sei wie eine Naturkatastrophe über das deutsche Volk hereingebrochen und niemand hätte dagegen etwas unternehmen können, wurde der Einzelne seiner Verantwortung enthoben. Diese Strategie passte perfekt zu dem Hang, zu vergessen und zu verdrängen. Denn wer sich der Realität gestellt hätte, hätte erkennen müssen, »daß sich der Mord an Millionen schutzlos Verfolgter aus sehr vielen schuldhaften Entscheidungen und Handlungen einzelner zusammensetzt und daß er keineswegs mit jener Selbstverständlichkeit, die wir uns zu eigen gemacht haben, auf Vorgesetzte, schließlich auf den Führer selbst verschoben werden kann. Daß alles das, was geschah, geschehen konnte, ist nicht allein das Ergebnis mirakulöser Führerqualitäten, sondern ebenso eines ›unglaublichen Gehorsams‹.«[177]

Das Gericht in Stuttgart untersagte am 23. Mai 1978 die Verbreitung der Behauptung, Filbinger sei »auf freiem Fuß nur dank des Schweigens derer, die ihn kannten«, seine Freiheit verdanke er also einem Fall von Strafvereitelung. Das reichte Filbinger nicht; doch im Juni erklärte das Landgericht Stuttgart, dass alle anderen Formulierungen (»furchtbarer Jurist«, »Hitlers Marinerichter« und »Filbinger verfolgte sogar noch in britischer Gefangenschaft nach Hitlers Tod einen deutschen Matrosen mit Nazi-Gesetzen«) freie Meinungsäußerungen seien.

Filbinger beharrte bis zu seinem Lebensende darauf, sich völlig korrekt verhalten zu haben. Er habe als Anklagevertreter weisungs- und befehlsmäßig gehandelt, seine Entscheidung habe im Einklang mit den nationalsozialistischen Gesetzen gestanden, einen Handlungsspielraum habe er nicht gehabt. Diesen Handlungsspielraum gab es aber doch. Er hätte im Fall Gröger der Forderung des Gerichtsherrn nach der Todesstrafe widersprechen können, ohne persönliche Konsequenzen befürchten zu müssen.[178] Filbinger tat alles in der Hoffnung, sich zu rehabilitieren. Er behauptete sogar, antinazistisch gewesen zu sein – wie dies zu einem NSDAP-Mitglied (seit 1937) passen sollte, das Wochen nach der Kapitulation einen Mann wegen »Gesinnungsverfall« zu einer Haftstrafe verurteilte, sagte er nicht.

Auf die Frage, wie er die Affäre damals erlebt habe, reagierte Heinz Drossel zurückhaltend, schweigsam. Heinz Drossel verlässt Berlin wegen der Nazis in seinem beruflichen Umfeld und landet in Baden-Württemberg bei Hans Karl Filbinger als oberstem Dienstherrn – eine ironische, wenn nicht zynische Wendung des Schicksals, oder? Erst schaute Drossel ein wenig überrascht ob dieser Bemerkung, dann sagte er: »Ja, das war es wohl.«

Wie hat Marianne die Ereignisse erlebt? Hat der Skandal um Filbinger sie aufgewühlt und seelisch belastet? War sie zornig, wütend, traurig? Oder hat sie versucht, die Berichterstattung, so gut es ging, zu ignorieren, weil sie so starke Emotionen vermeiden wollte? Weil sie sich der Auseinandersetzung mit dem Thema nicht gewachsen fühlte?

Liest man das Vorwort zur 2. Auflage von Heinz Drossels Lebenserinnerungen, bekommt man eine Ahnung, wie Marianne mit den Schatten der Vergangenheit umging: »Diese schwersten Minuten in ihrem Leben [gemeint ist die Situation auf der Jungfernbrücke, als sie sich umbringen wollte und Heinz sie davon abhalten konnte] hatten bei ihr einen so schweren Schock ausgelöst, dass jede spätere Erwähnung sie an die Grenze eines Zusammenbruchs brachte.«[179]

Vielleicht hätte es ihr geholfen, wenn das gesellschaftliche Klima anders gewesen, wenn die Öffentlichkeit ehrlicher mit der Nazivergangenheit umgegangen wäre. Zuspruch, Mitgefühl und ernsthafte Versuche, die Schuldigen zu benennen und zu bestrafen, hätten sie vielleicht gestärkt. Doch die deutsche Gesellschaft brauchte lange, um sich einigermaßen glaubhaft von den Tätern von einst zu distanzieren: Erst am 8. Mai 1985 ist zum ersten Mal öffentlich von der »nationalsozialistischen Gewaltherrschaft« die Rede. Der damalige Bundespräsident Richard von Weizsäcker verwendete diesen Begriff bei seiner Ansprache zum 40. Jahrestag des Kriegsendes und stellte so »den fundamentalen Unterschied zum demokratischen Rechtsstaat des Grundgesetzes mit seinem klaren Bekenntnis zu den unverletzlichen und unveräußerlichen Menschenrechten«[180] deutlich dar.

Marianne Drossel erlebte dies nicht mehr. Sie starb 1981 mit 68 Jahren in Freiburg.

Heinz Drossel stürzte sich in Baden-Württemberg von Anfang an in die Arbeit. Nun endlich wollte er Karriere machen. Zeigen, was er kann. Er ging in seinem Beruf auf, seine Tätigkeit verschaffte ihm große Befriedigung. Er wurde zum Landessozialgerichtsrat berufen, später war er Aufsichtsführender Richter, schließlich Präsident des Sozialgerichts I Freiburg. Heinz genoss seine Stellung als Autoritätsperson. Er übernahm gern Verantwortung, und er war gern Chef. Offenbar auch zu Hause: Ruth empfand ihn zuweilen sogar als »despotisch«. So habe zum Beispiel die Urlaubsziele immer der Vater bestimmt. Ihre Mutter wäre gern einmal ans Mittelmeer gereist. In den Ferien ging es jedoch immer ins Gebirge, Heinz wanderte gern.

Die Fürsorge für die gemeinsame Tochter Ruth schweißte das Paar zusammen. Da Marianne nach dem Umzug nie mehr berufstätig war, verbrachte sie mehr Zeit mit dem Kind als Heinz. In die Erziehung und Betreuung ihrer Tochter steckte sie viel Energie und Liebe. Sie gab ihr einen Satz mit auf den Lebensweg, den Ruth nie vergessen hat: »Mach' dich wirtschaftlich nie von einem Mann abhängig.«

Heinz und Marianne hatten sich unter dramatischen Umständen lieben gelernt. Als sie den Bund fürs Leben schlossen, kannten sie sich kaum. Sie blieben 35 Jahre verheiratet. Die Vergangenheit lastete auf beiden; gesprochen haben sie darüber offenbar nicht. Sie versuchten, sich ein neues Leben zu schaffen, nach vorn zu schauen. Manchmal mögen sie einander dabei aus den Augen verloren haben.

»Eine gewisse innere Ruhe«

Nach dem Tod seiner Frau fühlte sich Heinz Drossel zunächst sehr einsam. Wenige Monate nachdem Marianne gestorben war, ging er in den Ruhestand. Die meiste Zeit verbrachte er mit seinem Dackel Petra. Dann begann er, seine Memoiren zu verfassen. Ursprünglich wollte er gemeinsam mit seiner Frau ein Erinnerungsbuch schreiben. Der erste Satz sollte lauten: »Marianne, die nun Sarah hieß, stand vor dem Rathaus.« Doch daraus wurde nichts. Marianne fand auch im Alter keine Kraft, sich mit ihrem Leben während der Nazidikatur auseinanderzusetzen.

Einen Verlag konnte Heinz Drossel für »Die Zeit der Füchse« nicht finden; er brachte das Buch deshalb auf eigene Kosten heraus. Etwa zum gleichen Zeitpunkt entschloss er sich, noch einmal den Wohnort zu wechseln. Er zog nach Simonswald in den Schwarzwald, wo er bei Renate Silabetschki und ihren Kindern eine »Wahlfamilie« fand.

Renate Silabetschki war eine Freundin des 1988 verstorbenen Stiefsohns Billy gewesen. Nun wurde sie Heinz' Vermieterin und Haushälterin, und er fand als Ersatzopa für die Kleinen Familienanschluss. Heinz Drossel ging im Nikolauskostüm in den Kindergarten, später betreute er die Kinder bei den Hausaufgaben. Das alles bereitete ihm große Freude. Er führte ein beschauliches, ruhiges Leben, dessen Höhepunkte in Stunden mit den Kindern oder langen Spaziergängen in der Natur bestanden.

Dann kam Post aus Jerusalem. Sein Freund Ernest Günter Fontheim – zu ihm und seiner Familie hielt Heinz in all den Jahren Kontakt – hatte sich bereits 1991 bemüht, Heinz Drossel und postum dessen Eltern von Yad Vashem als »Gerechte unter den Völkern« ehren zu lassen.

Eine erste Anfrage aus Jerusalem hatte Heinz ignoriert. 1999 kam eine weitere Bitte um Stellungnahme, auf die er reagierte. Dann ging alles sehr schnell. Die Zeremonie fand am 4. Mai

33 Heinz Drossel und Ernest Günter Fontheim in Berlin, 2000

2000 in Berlin statt. Der 4. Mai – Heinz Drossels Schicksals-
tag, wie er manchmal sagte: der Tag, an dem er 1945 hatte hin-
gerichtet werden sollen und an dem er 1946 Marianne gehei-
ratet hatte.

Einerseits freute er sich natürlich über die Anerkennung. Andererseits hatte er ein mulmiges Gefühl. Er empfand sich nie
als Held und wollte auch nicht als solcher gesehen werden:
»Dass ich geehrt werde, weil andere nichts getan haben – ich
weiß nicht,« so lautete noch 2004 sein Kommentar.

Er sah sich auch nicht als »Retter«. Er habe gehandelt, wie
sein Gewissen, sein Gefühl es ihm aufgetragen habe. »Ich kann
nicht sagen, dass ich meine Frau ›gerettet‹ habe. Aber dass sie
und die anderen überlebt haben und sie dann eines natürlichen
Todes gestorben ist, das gibt mir eine gewisse innere Ruhe.«
Sein Verhalten sei ohnehin nur ein Tropfen auf dem heißen
Stein gewesen, fand er: »Mehr konnte ich nicht tun, ich hatte

einfach nicht die Kontakte. Man musste Verfolgte kennen, um ihnen helfen zu können.« Dass sie aber Hilfe brauchten, das habe jeder gewusst: »Wer sagt, er wusste von den ganzen Schweinereien nichts, der lügt.«

Drossels Ehrung als »Gerechter unter den Völkern« erregte zunächst kaum Aufmerksamkeit. Die überregionale Presse zeigte wenig Interesse, nur ein paar Berliner Zeitungen berichteten ausführlicher; später war es vor allem der Freiburger Historiker Wolfram Wette, der über Heinz Drossel schrieb und so dessen Taten im Gedächtnis der Öffentlichkeit wachhielt.

Wette erkannte, dass Drossel als Zeitzeuge einen wertvollen Beitrag zur Aufklärung junger Menschen leisten könnte. Er bat ihn, am Ausschwitzgedenktag im Januar 2001 am Geschwister-Scholl-Gymnasium in Waldkirch aufzutreten. Drossel zögerte zunächst, doch Wette konnte ihn überzeugen. Drossel erschien in der Schule und erzählte fast zwei Stunden lang aus seinem Leben. Der Geschichtslehrer Uli Weißberger und seine Schülerinnen und Schüler waren von der Begegnung tief beeindruckt. Der Lehrer wandte sich kurz darauf in einem Brief an Drossel. Er fragte ihn, ob er Interesse habe, an einem Geschichtsprojekt mitzuwirken. Drossel sagte sofort zu.

Im November 2001 reiste Heinz Drossel mit einer Gruppe Jugendlicher und Uli Weißberger nach Berlin. Die Schüler drehten einen Dokumentarfilm über Drossel. Die Zusammenarbeit war sehr produktiv – und fruchtbar für beide Seiten. Die Jugendlichen schätzten Drossels Offenheit, und dieser fühlte sich in der Gegenwart der jungen Leute sehr wohl. Die Sympathien, die ihm entgegengebracht wurden, gaben ihm viel Kraft.

Nach Weißberger kam Reinhard Egge, ein ehemaliger Bundeswehroffizier, der noch heute ehrenamtliche Jugendarbeit leistet, auf Drossel zu. Und der ließ sich gern einspannen. Noch ein Jahr vor seinem Tod trat Drossel als Zeitzeuge in Schulen auf.

Die Arbeit mit den jungen Menschen wurde sein Lebenselixir. Eine besondere Freude war ihm, dass die damalige Zivildienstschule Seelbach, wo er viele Stunden mit den Zivildienstleistenden verbrachte, 2006 in »Heinz-Drossel-Bildungszentrum« umbenannt wurde. Umso trauriger stimmte ihn zwei Jahre später die Nachricht, dass die Schule aus Kostengründen geschlossen werden soll.

Nach seiner Ehrung als Gerechter kam also wieder Bewegung in Heinz Drossels Leben. Das Gefühl, mit seinen Zeitzeugenauftritten etwas Sinnvolles zu tun, gebraucht zu werden, beflügelte den alten Herrn. In dem Dorf Simonswald war anfangs allerdings niemand auf Drossel zugekommen, um ihm zu gratulieren. Erst nachdem Drossel Anfang September 2001 vom damaligen Bundespräsidenten Johannes Rau das Bundesverdienstkreuz verliehen bekommen hatte, änderte sich das allmählich.

Kurze Zeit nach dieser Ehrung feierte Heinz Drossel seinen 85. Geburtstag. Als der Bürgermeister von Simonswald erfuhr, dass Bundespräsident Rau persönlich zu Heinz Drossels Ehrentag erscheinen wolle, bestand er darauf, ebenfalls Glückwünsche zu überbringen.

Heinz empfand die Situation als herrlich ironisch: Der Mann, der bisher wenig Interesse für das Gemeindemitglied Drossel aufgebracht hatte, obwohl ihm die höchste Auszeichnung des Staates Israel an Ausländer verliehen worden war, kam nun in seine Wohnung. Nach Drossels Meinung rührte der Sinneswandel daher, dass der Bürgermeister am Glanz des hohen Besuches teilhaben wollte.

Wette und ein SPD-Bundestagsabgeordneter hatten Raus Visite arrangiert. Der Bundespräsident und Drossel verstanden sich offenkundig prächtig. Sie tranken gemeinsam Kaffeee und saßen gemütlich in Drossels Wohnzimmer. Der Sozialdemokrat ließ keinen Zweifel an der Bedeutung, die er Drossels Tun während des Krieges beimaß: »Es gibt mehr stille Helden, als wir wissen, und viel weniger, als wir gebraucht hätten«[181],

34 Bundespräsident Johannes Rau zu Besuch bei Heinz Drossel, September 2001

sagte er. Das Staatsoberhaupt sorgte für einen bleibenden Eindruck in der Gemeinde, denn nach seinem Plauderstündchen mit Heinz, der die Aufmerksamkeit sichtlich genoss, wurde Rau zum Sportplatz chauffiert, wo ein riesiger Hubschrauber auf ihn wartete. Der Abflug des hohen Besuchers dürfte niemanden in Simonswald entgangen sein.

Seither wurde Heinz im Ort hin und wieder angesprochen. Manche gratulierten einfach nur. Einige bedankten sich sogar für seine mutigen Taten. Es waren wenige, aber auf positive Reaktion hatte Heinz schon gar nicht mehr gehofft. Er freute sich. Weniger positiv empfand er die Kontaktversuche von ein paar älteren Männern, die auch am Krieg teilgenommen hatten. Mit Sätzen wie: »Das waren ja wilde Zeiten damals. War ja auch nicht alles schlecht«, errangen sie wenig Sympathie bei ihm. Heinz Drossel hatte nach wie vor keinen Hang zu Landserromantik. »Auf solche Gespräche ließ ich mich nie ein. Die hatten gar nichts verstanden«, sagte Drossel.

Drossel war nun über die Grenzen des Schwarzwalds hinaus

35 *Heinz Drossel in Yad Vashem, 2005*

eine kleine Berühmtheit. Im Oktober 2004 erhielt er die
Raoul-Wallenberg-Medaille der University of Michigan. Es kamen Anfragen von TV-Talkshows, die er abschlägig beschied,
Interviews gab er einige. 2005, mit fast 89 Jahren, stellte er sich
für eine TV-Dokumentation über die Gedankstätte Yad Vashem in Jerusalem zur Verfügung. Eine knappe Woche verbrachte er mit einem RTL-Team um Peter Kloeppel in Israel.

Heinz Drossel sah die Namen seiner Eltern und den eigenen
eingraviert in Stein in der Allee der Gerechten. Die Reise bewegte ihn tief. Die wiederholten Einladungen seines israelischen Schwagers, nach Tel Aviv zu kommen, hatte er in den
siebziger und achtziger Jahren stets ausgeschlagen. Nun stellte
er fest, dass er sich in den Straßen der Jerusalemer Altstadt »irgendwie zu Hause« fühlte. Dem jüdischen Glauben nach kommen die Seelen der Menschen, die einmal in der Heiligen Stadt
waren, nach ihrem Tod schneller zu Gott als andere.

Drossel war katholisch erzogen und geprägt, aber er war kein
Dogmatiker. Er sprach von der »unvorstellbaren Macht, der

ich vertraue«, statt von Gott zu reden. Er hatte schon als Kind seinen Glauben entdeckt, als junger Mann Halt und Trost im Spirituellen gefunden, gerade in den schwersten Stunden während des Krieges. In seinen mittleren Lebensjahren zog er sich immer wieder für einige Tage in ein buddhistisches Kloster zurück, um meditierend Ruhe und Seelenfrieden zu suchen.

Heinz Drossel starb am 28. April 2008 in Waldkirch im Schwarzwald. Ob sein großer Wunsch in Erfüllung ging, »mal in Ruhe und Frieden hinübergehen« zu können, wie er es im Alter von 87 Jahren formulierte, bleibt zu hoffen. Er machte sich in seinen letzten Jahren viele Gedanken um das Leben und den Tod. Er war dabei nicht wehleidig, er akzeptierte den Gang der Dinge. Angst habe er nicht, sagte er einmal. Der Tod gehöre zum Leben.

Dass er am Ende doch noch öffentliche Anerkennung erfahren hat, muss ihm eine gewisse Genugtuung gegeben haben. Er selbst hätte das wahrscheinlich nicht so formuliert. Aber nach all den Ungerechtigkeiten, die er erlebt hatte, war der Respekt, der ihm im Alter entgegengebracht wurde, von großem Wert für seinen inneren Frieden, das sagte er selbst. Die Entwicklung, die sein Leben nach der Ehrung durch Yad Vashem nahm, hatte etwas Versöhnliches. Er war weniger verschlossen, er konnte besser auf Menschen zugehen, er verspürte mehr Lebensfreude.

Er wusste, dass er sich glücklich schätzen konnte, vergleichsweise gesund so ein hohes Alter erreicht zu haben. Aber hatte er alles richtig gemacht? Was hätte er besser machen können? Diese Fragen bewegten ihn. Er kämpfte um Gelassenheit. Das gelang ihm nicht immer. Die schrecklichen Bilder aus dem Krieg verfolgten ihn. Dass er dennoch diese »gewisse innere Ruhe« erlangt habe, stimme ihn sehr dankbar, erklärte er. Gleichzeitig quälten ihn in seinen letzten Jahren manchmal grausame Albträume, in denen er sich im russischen Schützengraben wähnte und Momente voller Angst durchlebte.

36 Marianne, um 1946

In der Nacht vor seinem 90. Geburtstag träumte er auch. Aber diesmal war es ein schöner Traum: Ihm träumte, er sei mit seiner Frau Marianne auf dem Wiener Opernball. Er im Frack, sie in einem bezaubernden Kleid. Sie tanzten voller Harmonie. In Wahrheit, sagte er, sei er zeit seines Lebens ein lausiger Tänzer gewesen.

Nachtrag

William Albinus, Mariannes Sohn, machte eine Ausbildung als Verwaltungsfachangestellter; er arbeitete im Militärarchiv in Freiburg i. B. Billy heiratete, wurde Vater eines Sohnes und bald darauf wieder geschieden. Er zog sich immer mehr von seiner Familie zurück; die Verbindung zu Heinz Drossel riss zeitweise ganz ab. Er starb 1988 im Alter von 53 Jahren in einem Freiburger Krankenhaus, kurz nachdem ihn eine Bekannte hilflos in seiner Wohnung gefunden hatte.

Judis, Mariannes älteste Tochter, verbrachte ihre Kindheit bis zum 15. Lebensjahr in Israel. 1956 wurde sie von Marianne und Heinz nach Deutschland zurückgeholt. Sie lernte Konditorin, heiratete 1972 und bekam zwei Söhne; Kinder hatte sie sich immer gewünscht. Heute lebt sie unter anderem Namen in Hessen; sie ist Großmutter zweier Enkel.

Ruth Drossel ist ihrer Mutter nicht nur äußerlich sehr ähnlich. Das tänzerische Talent und auch eine mathematisch-naturwissenschaftliche Begabung sind wohl ein Erbe der mütterlichen Familie. Sie studierte Mathematik und wurde Lehrerin, heute arbeitet sie als selbständige Finanzberaterin. Für die Familiengeschichte interessierte sie sich schon als Mädchen. Als junge Frau reiste Ruth nach Israel und lernte ihren Onkel und ihre Cousinen kennen. Sie fragte viel nach und erfuhr einiges von ihrer Mutter, was sonst niemand wusste. Vieles blieb jedoch auch ihr verborgen. Als Erwachsene rief sie immer wieder dazu auf, die politische Entwicklung in Deutschland wachsam zu verfolgen; rechte Tendenzen bereiten ihr Sorge.

Der Blick auf Heinz Drossel geriet ihr zu eindimensional. Ihr Vater war für sie »ein ganz normaler Mensch, mit Betonung auf normal«, wie sie in einer Rede anlässlich einer Gedenkfeier für ihn am 27. Juni 2008 im Geschwister-Scholl-Gymnasium von Waldkirch sagte. Sie wollte der »Entwicklung zum Heldenhaften ein wenig Einhalt gebieten«, die sie in der Wahrnehmung ihres Vaters durch die Öffentlichkeit in den vergangenen Jahren beobachtet zu haben meinte. Ruth Drossel wollte den jungen Leuten klarmachen, dass anständiges Verhalten im Prinzip jedem Menschen möglich sei:

»›Helden‹ im menschlichen ebenso wie im militärischen Sinn erleben gerne eine Art Verherrlichung ihrer Taten, die sie in den Augen anderer im wahrsten Sinne des Wortes ›unnachahmlich‹ machen. Beides halte ich, wenn auch aus unterschiedlichen Gründen, für fatal … Die Werte, die wir in unserem Leben als solche respektieren, werden für gewöhnlich durch das Elternhaus, die Schule und durch das soziale ebenso wie das politische Umfeld geprägt. Bei Heinz Drossel war die entscheidende Person <u>sein</u> Vater, der in authentischer Weise seine Werte formulierte <u>und</u> lebte. … Nichts Ungewöhnliches also, daß der Sohn die Erwartungshaltung seines Elternhauses adaptierte und ihr entsprechen wollte. Es ist also nur folgerichtig und ›normal‹, daß Heinz Drossel während der Nazi-Zeit in entsprechenden Situationen im Sinne seiner väterlichen Prägung handelte. (›*Bleib immer ein Mensch, mein Junge, auch dann, wenn es Opfer kostet.*‹[182]) Das erforderte während der Nazi-Zeit ohne Frage Mut, Intelligenz und ein Gespür für das Machbare ebenso wie das Wissen um Strukturen, deren Mechanismen es zu durchschauen galt. Ansonsten hätte er sein menschliches Handeln leicht mit dem Tod bezahlen können.«[183]

Dokumente

Eidesstattliche Erklärung.

Zur Begründung über den Grund des entstandenen Vermögensschadens erkläre ich das Folgende an Eidesstatt:

Ich bewohnte im Jahre 1938 eine Wohnung in der Bambergerstr.4. Infolge der Unmöglichkeit, als Jüdin geregelte Arbeit zu bekommen, und der wachsenden Schwierigkeiten durch die nationalsozialistischen Maßnahmen befand ich mich in starken finanziellen Schwierigkeiten und war 3–4 Monate die Mieten rückständig. Als Folgen der sog. Kristallnacht und des gewaltsamen Todes meines Vaters mußte ich im Dezember 1938 die Wohnung räumen und war dabei gezwungen, die Reste meiner Einrichtung den Leuten zu verkaufen, die die Wohnung übernahmen. Sie zahlten dafür die rückständigen Mieten in Höhe von 240.– und außerdem 70.– bar, sodaß mir bei einem Wert der Einrichtung von etwa 1300.– ein Schaden von 990.– entstand. Nach der Geburt eines Kindes im Jahre 1942, für das ich wegen der drohenden Gefahr eines sog. Rassenschandeprozesses einen jüdischen Vater angeben mußte, wurde ich Ende Dezember 1942 abgeholt und mehrere Wochen in der Großen Hamburgerstr. in Haft gehalten. Bei dieser Gelegenheit wurde mein Pelzmantel sowie mein Schmuck beschlagnahmt. Ich wurde dann nach ca 6 Wochen mit meinem Sohn (Mischling) aus erster Ehe, geschieden 1936, mit der Auflage durch den SS-Führer Duberkel entlassen, in Zukunft den Stern zu tragen. Der Pelz und der Schmuck wurden einbehalten.

Tempelhof, den 24. August 1949
Marianne Droße1 geb. Hirschfeld
Tempelhof, Friedrich-Franz-Str. 38

Eidesstattliche Erklärung

Nach Aufgabe der Wohnung Bamberger Straße 4 lebte ich bei jüdischen Familien in Untermiete; zuletzt im Jahre 1942 bei dem Ehepaar F l e i s c h e r , Knesebeckstraße 76. Dort hatte ich ein Zimmer, in dem sich die im Antragsformular D aufgeführten Gegenstände und der im Soforthilfe-Antrag vorab bezeichnete Schmuck befand.

Das Ehepaar Fleischer, von dem ich wußte, daß es »untertauchen« wollte, verließ Ende 1942 bei Nacht und Nebel die Wohnung. Sie hatten mich vorher gebeten, ihr Verschwinden erst nach einigen Tagen zu melden, damit sie einen Vorsprung hätten. Ich meldete das Verschwinden etwa eine Woche, nachdem Fleischers die Wohnung verlassen hatten auf dem zuständigen Polizei-Revier. Darauf erfolgte nichts.

Am 27. 12. 1942 wurde ich zusammen mit meinem Sohn abgeholt und in das Lager Große Hamburgerstr. gebracht. Die Abholer verließen mit mir zusammen die Wohnung, ohne diese zu versiegeln. Mir wurde gesagt, ich könnte alles stehen lassen, auch die in Koffern verpackten Wertsachen; die gepackten Sachen würden nachgeholt. Ich nahm nur ein Köfferchen mit notwendigstem mit. Bei meiner Rückkehr am. 17. 2. 1943 war die Wohnung dann versiegelt. Wie ich aus Bemerkungen auf dem Polizei-Revier entnahm, war die Versiegelung wegen des Verschwindens des Ehepaares Fleischer erst kurz vor meiner Rückkehr erfolgt.

Ich konnte dann meine restlichen Sachen aus der Wohnung holen; es handelte sich um meine restliche Kleidung und Wäsche. Die Koffer mit den Wertsachen waren verschwunden. Ich habe aus naheliegenden Gründen damals keine Nachforschungen angestellt.

Daß diese Sachen beschlagnahmt worden sind, war lediglich eine Vermutung; wo die Sachen geblieben sind, weiß ich nicht. Ich kann nur sagen, daß sie nach meiner Rückkehr verschwunden waren. Ich habe dann sofort ein anderes Zimmer bezogen (Lietzenburgerstr. 8 bei Bäcker). Zehn Tage später wurde ich erneut verhaftet.

225

Abschrift

Marianne D r o ß e l geb. Hirschfeld gesch. A l b i n u s
Berlin-Tempelhof, Friedrich-Franzstr. 38

Tempelhof, den 14.1.1952

    An die
        Jüdische Gemeinde
             Berlin
             Oranienburgerstr. 28

Zum Zwecke meiner Entschädigungsansprüche benötige ich von Ihnen eine Bescheinigung darüber, daß ich in der Sippenkartei geführt worden bin und der Jüdischen Gemeinde angehöre. Ich bitte dabei zu berücksichtigen, daß ich in zweiter Ehe verheiratet bin und seinerzeit entweder unter meinem Mädchennamen Hirschfeld oder dem Namen meines ersten Mannes A l b i n u s geführt wurde.

Für baldige Erledigung wäre ich dankbar.

             Mit vorzüglicher Hochachtung

Abschrift

Marianne Droßel geb. Hirschfeld
Berlin-Tempelhof,
Friedrich-Franz-Str. 38

Anlage zu Einlageformular E
=======================

Nach dem Besuch des Dr. Richter'schen Lyceums in Berlin, Großbeerenstr., das ich mit der Obersekundareife verließ, absolvierte ich eine zweijährige höhere Handelsschule am Lettehaus in Berlin mit Erfolg. Gelehrt wurde u.a. kaufmännisches Rechnen, Buchführung, Stenografie und Schreibmaschine in Deutsch, Englisch und Französisch. Nach dem Abschluß dieser Handelsschule im Jahre 1931 nahm ich eine Stellung als Korrespondentin bei der Süddeutschen Webstoffgesellschaft m. b. H., Berlin Poststr., an. Mein Gehalt betrug 2oo.– M. Nach etwa einem Jahr wurde ich bei der neu gegründeten Firma Hirschfeld & Co als Bürovorsteherin eingestellt mit dem Ziel, später als Geschäftsführerin übernommen zu werden. Meine Aufgaben nach Antritt der Stellung bestanden in der Führung der Registratur und Buchführung sowie der Erledigung der schwierigen insbesondere fremdsprachlichen Korrespondenz. Mein Anfangsgehalt betrug bei der Firma Hirschfeld & Co 25o.– M. Eine vorgesehene baldige Erhöhung dieses Gehalts war infolge der Auswirkungen des Judenboykotts vom 1. 4. 1933 nicht möglich. Da das Geschäft sich von den Folgen dieses und der folgenden antisemitischen Aktionen nicht erholen konnte, erfolgte mit dem Zusammenbruch des Unternehmens 1935 mein Ausscheiden. Bis zu meiner Ehescheidung im Jahre 1936 war ich dann ohne Beruf, da ich als Jüdin keine Anstellung mehr auf Grund der Gesetzgebung des Hitlerregimes bekam. Auch nach meiner Ehescheidung gelang es mir infolge der antisemitischen Maßnahmen nicht mehr, eine Stellung zu erhalten. Obwohl theoretisch noch einige Möglichkeiten bestanden hätten, war es praktisch nicht mehr möglich, Stellung in meinem Beruf zu finden, da dies nur in einem jüdischen Unternehmen möglich gewesen wäre, diese Firmen aber nach der Nürnberger »Gesetzgebung« gezwungen waren, mehr oder weniger schnell zu liquidieren oder sich einem Zwangsverkauf zu unterwerfen. Ich führte deshalb bis zum Jahre 1938 bei meinem Vater den Haushalt. Nach der Ermordung meines Vaters führte ich meiner Tante, Frau Dorothea Hirschfeld, den Haushalt, bis ich Ende 1939 zur Zwangsarbeit verpflichtet wurde und diese Tätigkeit bis zum Jahre 1945 ausüben mußte. Von Ende 1939 bis zu meiner Verhaftung am 27. Februar 1943 war ich bei den Märkischen Kabelwerken, Keplerstraße bei einem Bruttolohn von monatlich etwa 14o.– M tätig. Nach meiner Entlassung aus der Polizeihaft Levetzowstr. war ich vom 16. 4. 1943 bis zum 21. 4. 1945 (nach Angabe der BVG) bei der BVG unter besonders erschwerten Verhältnissen als Wagenwäscherin bei Nachtarbeit tätig. Mein Lohn betrug hier ca 175.– M brutto pro Monat. Für die Zeit vom 1. 1. 45 bis zum 21. 4. 1945 habe ich keinerlei Lohn oder Gehalt bekommen.

Auch nach dem Krieg habe ich dann sofort ein Gehalt von 25o.– M bzw. 225.– M bei dem American Joint bzw. der Bäckerei Weintraub erhalten, wobei zu berücksichtigen wäre, daß auch diese letztere Stellung nur eine Gelegenheitslösung war und mir nach meiner Ausbildung ein Gehalt von mindestens 25o.– M zugestanden hat. Ich setze bei der Geltendmachung meines Schadens ein mir zukommendes Gehalt von 25o.– an, obwohl bei einer normalen Entwicklung ich nach wenigen Jahren ein wesentlich höheres Einkommen bezogen haben würde. Bei meiner Schadensberechnung lege ich daher eine Stellung nach Gruppe VII der TOA zugrunde.

Mithin ergibt sich folgende Berechnungsgrundlage:

Nach § 32 Entscheidungsgesetz ist pro Monat ein Ausgleich von 1oo.– DM West anzusetzen, von dem der erhaltene Lohn abzuziehen ist, und zwar für je 1o.– M nach dem Gesetz 2.– DMW.

1.) Januar 1940 bis März 1943 = 39 Monate =   3.9oo.– DMW Ausgleich
Abzüglich 39 Monate je 28.– DMW (140.– M) 1.o92.– DMW
Zu meinen Gunsten   2.8o8.– DMW
April 1943 bis Dezember 1944 = 21 Monate = 2.1oo.– DMW
2.) Abzüglich 21 Monate je 35.– DMW (175.– M) 735.– DMW
Zu meinen Gunsten   1.365.– DMW
3.) Januar 1945 bis April 1945 = 4 Monate   4oo.– DMW
kein Abzug   ....
3.) Zu meinen Gunsten   4oo.– DMW

Also: 2.8o8.– DMW
         1.365.– DMW
           4oo.– DMW
         4.573.– DMW
         ===========

Ich mache daher gem. § 32 Entschädigungsgesetz einen Schaden von
         4.573 DM d.B.d.L.

geltend.

Berlin-Tempelhof, den 25.1o.1952

Marianne Droßel, geb. Hirschfeld

Abschrift

Marianne Droßel   Tempelhof, den 27. 4. 1954
Berlin–Tempelhof, Alarichstr. 6
PRV-6ache Soz.II H ??

         An den
               Senator für Sozialwesen
                  Berlin–Wilmersdorf
                  ================
                  Fehrbelliner Platz 4

   Zu den Angaben über meine Illegalität bemerke ich folgendes:
Wenn ich angegeben habe, seit 1944 illegal gelebt zu haben, so ist dies
darauf zurückzuführen, daß ich das von mir in der fraglichen Zeit an
den Tag gelegte Verhalten als illegales Leben aufgefaßt habe und auch
heute noch auffasse. Angesichts einer bis heute auch noch nicht vorliegenden eindeutigen Definition dieses Begriffs sind zwar verschiedene
Auffassungen darüber nicht ausgeschlossen. Ich muß allerdings auch bei
der heutigen Anwendung dieses Begriffs von meinen tatsächlichen Verhältnissen in der Nazizeit ausgehen. Wenn ich damals eine Gefahr getragen habe, so kann ich nicht heute feststellen, es wäre gar keine gewesen, weil ein Denkbegriff heute eine andere Auffassung findet als damals.
   M. E. muß man bei der Anwendung dieses Begriffes von der Bedeutung des Wortes ausgehen. Illegal ist abzuleiten von lex, leges = das Gesetz und bedeutet unter Voransetzung der Silbe il etwa das Gegenteil,
nämlich ungesetzlich (so z. B. illicitus = unerlaubt, illiteratus = ungelehrt,
illoyal = unbillig, illegitim = ebf. ungesetzlich, auch unehelich). Ein illegales Verhalten ist demnach ein ungesetzliches. Ungesetzlich ist aber ein
Verhalten dann, wenn gegen eine gesetzliche Bestimmung verstoßen wird.
   Der Begriff der Illegalität während der Nazizeit bezieht sich nun
allerdings im wesentlichen auf das Verhalten hinsichtlich der Meldebestimmungen und des Aufenthaltsortes. Unter Berücksichtigung dieser Einschränkung ist aber mein Verhalten illegal gewesen.
   Nach der Verordnung über das Meldewesen (Reichsmeldeordnung)
vom 6. Januar 1938 RGes.Bl. I Seite 13, Berichtigte Fassung Seite 2o4
von 1938 war jeder, der sich im Gebiet des deutschen Reiches aufhielt,
nach den Vorschriften dieses Gesetzes meldepflichtig. Nach dem § 3
dieser Rechtsverordnung war jeder verpflichtet, beim Auszug aus der

gemeldeten Wohnung binnen 1 Woche sich unter Angabe seines Verbleibs abzumelden. Zuwiderhandlungen hiergegen waren gemäß § 26 der VO unter Strafe gestellt.

Indem ich dadurch, daß ich mich seit der angegebenen Zeit an anderen Orten aufgehalten habe als dort, wo ich gemeldet war, habe ich gegen diese Bestimmungen fortgesetzt verstoßen. Ich habe dies zwar damals zu meiner größeren Sicherheit getan. Daß dieses Verhalten durch meine Zugehörigkeit zum Judentum zur damaligen Zeit wesentlich schärfer beurteilt worden wäre als bei anderen Personen und unweigerlich meine Deportation zur Folge gehabt hätte, sei nur am Rande vermerkt.

An der Tatsache dieses Verstoßes gegen damals geltende Bestimmungen ändert nichts, daß ich vorübergehend Orte aufgesucht habe, an denen ich bekannt war. Zu diesem Verhalten, nämlich der Fortsetzung meiner Zwangsarbeit, war ich gezwungen, weil ich keinerlei andere Möglichkeiten mehr hatte, um meinen allernotwendigsten Lebensbedarf in anderer Form zu sichern. Ich war also unbedingt auf die Almosen angewiesen, die mir von Seiten des stolzen deutschen Reiches für schwerste Sklavenarbeit zugebilligt wurde. Ich mußte auch aus diesem Grunde während der Arbeitszeit die Gefahr einer Festnahme an der Arbeitsstelle im Rahmen einer sogenannten »Judenaktion« auf mich nehmen. Allein mein unangemeldetes Verhalten außerhalb der Arbeitszeit stellt jedoch somit das Vergehen gegen gesetzliche Bestimmungen dar. Dies Vergehen wurde nicht dadurch ungeschehen gemacht, daß es Zeitpunkte gab, in denen ich mich an einem bekannten Aufenthaltsort aufhielt.

Logisch betrachtet muß ich somit mein damaliges Verhalten als illegal betrachten. Wenn man heute die Dinge umdrehen will, könnte ich nur wünschen, man hätte diese Auffassungen bereits vor lo–15 Jahren vertreten. Ich nehme mir jedenfalls die Freiheit, grundsätzliche Begriffe gleichmäßig auszulegen, statt die Auslegung so zu handhaben, daß sie den Bedürfnissen der Zeit entspricht.

Wenn ich bei der Festsetzung des Freiheitsschadens im Verfahren vor dem Entschädigungsamt gegen die Festsetzung von nur 54 Tagen Haftentschädigung keine Rechtsmittel eingelegt habe, dann nur aus dem Grunde, weil meinem Ehemann bei der Verhandlung erklärt wurde, daß bei Einlegung eines Einspruches die Bearbeitung der anderen Schadensgruppen verzögert werden würde. Andernfalls versprach der Vertreter des Entschädigungsamtes, die Bearbeitung des anderen Schadens sofort zu veranlassen. Hätte ich gewußt, daß dieses »sofort«

nicht einen Zeitraum von Tagen, sondern von Jahrzehnten umfaßt, hätte ich mich bereits damals entsprechend verhalten. Nebenbei bemerkt waren und sind mir auch meine Nerven zu schade, um mich fortgesetzt durch Aufrührung von diesen unerfreulichen Erinnerungen an meiner Gesundheit zu schädigen. Ich habe die Hoffnung auf eine aufrichtige Entschädigung in der Praxis auch bereits aufgegeben und bin überzeugt, daß die wenigen Gelder, die dabei herausspringen, dem deutschen Volke keinen Segen bringen werden.

Zur Frage des Sterntragens bemerke ich folgendes:
Ich war bis zum August 1942 privilegiert. Durch die Geburt meiner Tochter J███ für die ich einen jüdischen Vater angeben mußte, um nicht Gefahr zu laufen wegen »Rassenschande« verurteilt zu werden, entfiel die Privilegation. Schon auf Grund damals geltender gesetzlicher Bestimmungen entfiel die Begünstigung des Privilegs in dem Augenblick, in dem ich ein volljüdisches Kind zur Welt brachte.
Im meinem Fall wurde ich darüber hinaus aus der Inhaftierung in der großen Hamburger Str. seitens des SS-Führers Duberkel (oder Doberkel) nur unter der Auflage entlassen, in Zukunft den Stern zu tragen. Ich war mithin seit der Geburt des Kindes im August 1942 Sternträgerin.

JÜDISCHE GEMEINDE VON GROSS-BERLIN
BERLIN N 4, ORANIENBURGER STRASSE 28 / FERNSPRECHER 42 33 27 u. 42 33 28

Postscheckkonto: Berlin Nr. 215 02
Bank: Berliner Stadtkontor, Filiale 14
Berlin C 2, Rosenthaler Straße 40/41
Konto Nr. 1/8335

BERLIN N 4, den 6.Februar 1961

Frau
Marianne Drossel,
Berlin-Tempelhof
Alarichstrasse 6

Wir nehmen Bezug auf Ihr Schreiben vom 29.v.Mts.und bitten Sie höfl., für die durch Bearbeitung Ihrer Anfrage entstehenden Kosten um Einzahlung von DM 3.-(West) auf das Konto Bekomark 1loo der Deutschen Notenbank, Berlin, bei der Berliner Bank AG Berlin-Charlottenburg.

Hochachtungsvoll!
Jüdische Gemeinde von Gross-Berlin
i.A. ⟨Unterschrift⟩ Sekretär

Abschrift

Heinz Droßel
Landessozialgerichtsrat
Berlin–Tempelhof
Tempelhofer Damm 6
Tel. 66 21 81   13. 6. 1962

VERTRAULICH!

An den
Herrn Senator für Arbeit
über den
Herrn Präsidenten des Landessozialgerichts Berlin

Sehr geehrter Herr Senator!

Ich bitte um Verständnis für das Anliegen, mit dem ich mich heute an
Sie wende.

Zur Erklärung zunächst einige Worts zu meiner persönlichen Lage. Wie
ich Ihnen bereits im Jahre 1960 unter Überreichung entsprechender
Unterlagen mitgeteilt habe, bin ich in der nationalsozialistischen Zeit
unter Einsatz meines Lebens für eine Reihe jüdischer Verfolgter eingetreten. Fast die ganze Familie meiner als rassisch verfolgten anerkann-
ten jüdischen Frau ist in der Hitlerzeit ermordet worden. Die einzige in
Deutschland noch lebende Verwandte ist ihre 85-jährige Tante, die seit
der Gründung der Arbeiter-Wohlfahrt dort führend tätig gewesene Ministerialrätin i. R. im ehemaligen preußischen Arbeitsministerium Frau
Dorothea H i r s c h f e l d , Trägerin der goldenen Ehrennadel der SPD.

Bald nach dem Ende des zweiten Weltkrieges haben wir vom amerikanischen General-Konsulat in Berlin ein Einwanderungsvisum für die
USA erhalten. Nach langer Überlegung haben wir davon keinen Gebrauch gemacht, weil wir glaubten, in Deutschland würden demokratisch denkende, politisch unbelastete Menschen gebraucht werden.

Diese Annahme hat sich als falsch erwiesen.

Ich sehe mich heute einem ständigen Zwang zur Selbstbehauptung in
einer Umgebung ausgesetzt, die weitgehend die Politik des NS-Regimes

232

unterstützt hat. Sie können mir glauben, Herr Senator, daß es für mich nicht ganz leicht war, mich durchzusetzen. Ich spüre immer wieder gewisse Widerstände, ich bin es, der sieh seiner Haut wehren muß. Ich werde – zugegebenermaßen – strenger beurteilt, als es sonst im Hause Gepflogenheit ist und muß immer wieder Versuchen entgegentreten, mich in den Hintergrund zu spielen. Niemals bisher ist von der Senatsverwaltung dafür Interesse gezeigt worden, ob irgendwelche Schwierigkeiten für mich aufgetreten sind.

In diesem Zusammenhang haben mich auch die Ernennungen zu Senatspräsidenten am Landessozialgericht Berlin zunehmend befremdet. Es ist mir leider nicht gelungen, anhand der letzten Ernennungen bestimmte Grundsätze, nach denen diese Ernennungen erfolgten, herauszufinden. Gemeinsam war im allgemeinen – soweit ich dies beurteilen kann – nur eine frühere politische Betätigung im Sinne des Nationalsozialismus.

In leistungsmäßiger Hinsicht und in Bezug auf die Fähigkeit dürften an mich unbedenklich höhere Ansprüche gestellt werden, als offensichtlich in letzter Zeit bei Ernennungen verlangt worden ist. Altersmäßige Gründe können ebenfalls keine ausschlaggebende Rolle gespielt haben, da bereits jüngere Herren als ich zu Senatspräsidenten ernannt worden sind.

In charakterlicher Hinsicht schließlich dürften – wenn hierbei das Verhalten während dar Zeit der NS-Herrschaft berücksichtigt wird – nur sehr wenige Kollegen beim LSG einem Vergleich mit mir standhalten.

Angesichts der gegenwärtigen Lage ist mit einer wesentlichen strukturellen Änderung in der Besetzung der Senatsvorsitzenden auf längere Sicht nicht mehr zu rechnen. Das bedeutet für mich die Fortsetzung meiner Tätigkeit in einem ständig zunehmenden Spannungsverhältnis, das schon jetzt meine Kräfte zu überfordern droht. Ich muß befürchten, daß meine Kräfte meine jetzige Tätigkeit nur noch eine begrenzte Zeit zulassen. Sie werden Verständnis dafür haben, daß ich nach so vielen Opfern nicht noch meine Gesundheit und damit die Existenz meiner Familie aufs Spiel setzen kann.

Nach reiflicher Überlegung bin ich daher zu der Auffassung gelangt, daß eine Tätigkeit als Einzelrichter für mich nur noch die geringsten

Spannungsmomente enthalten dürfte. Auf eine Arbeit an verantwortlicherer Stelle muß ich im Interesse der Erhaltung meiner Gesundheit verzichten; den durch Verwendung als Einzelrichter entstehenden wirtschaftlichen Verlust muß ich – aus den gleichen Gründen – tragen.

Da mir die Arbeit in der Sozialgerichtsbarkeit ans Herz gewachsen ist, würde ich gerne den Vorsitz einer Kammer des Sozialgerichts übernehmen. Ich habe nicht den geringsten Zweifel daran, daß Sie, sehr geehrter Herr Senator, volles Verständnis dafür haben werden, daß ein Wechsel zum Sozialgericht Berlin für mich nicht in Betracht kommen kann.

Ich bitte Sie daher, schriftlich Ihr Einverständnis zu geben, daß ich mich um Veränderung an ein anderes Sozialgericht oder ein Gericht einer anderen Gerichtsbarkeit bemühen kann unter Hinweis darauf, daß Sie mit einer derartigen Veränderung einverstanden sind und ihr zustimmen werden.

Ich verbleibe in der festen Erwartung, von Ihnen, sehr geehrter Herr Senator, persönlich eine zustimmende Antwort zu erhalten.

Abschrift

Liebe Katharina Stegelmann,

anlässlich dieses Buches, deiner Bitte und in Anlehnung an meine kurze Rede zur Gedenkfeier am 27.06.2008 für Heinz Droßel[*] hier noch mal meine Grundgedanken zu dieser Rede – ein wenig dezidierter und ausführlicher.

»Normen« im Sinne von Werten,
  der Dreh-und Angelpunkt charaktervollen Handelns?

»Helden« im menschlichen ebenso wie im militärischen Sinn erleben gerne eine Art Verherrlichung ihrer Taten, die sie in den Augen anderer im wahrsten Sinne des Wortes »unnachahmlich« machen. Beides halte ich, wenn auch aus unterschiedlichen Gründen für fatal.

[*] Die Schreibweise des Namens wurde auf Wunsch von Ruth Drossel nicht vereinheitlicht.

234

Dieser Entwicklung zum Heldenhaften wollte ich in meiner kleinen Gedenkrede am 27.06.2008 ein wenig Einhalt gebieten, als ich sagte: »Heinz Drossel war ein ganz normaler Mensch mit Betonung auf normal.«

Jeder von uns ist meines Erachtens in der Lage, Vergleichbares zu tun, was von seinen persönlichen Prägungen sicherlich stark beeinflusst wird. Die Werte, die wir in unserem Leben als solche respektieren, werden für gewöhnlich durch das Elternhaus, die Schule und durch das soziale ebenso wie das politische Umfeld geprägt.

Bei Heinz Drossel war die entscheidende Person sein Vater, der in authentischer Weise seine Werte formulierte und lebte. Der Wertekodex meines Großvaters, Paul Drossel, entsprach sehr stark demjenigen, in dem meine Mutter Marianne groß geworden war. Daher mochten und respektierten beide einander sehr.

Nichts Ungewöhnliches also, daß der Sohn die Erwartungshaltung seines Elternhauses adaptierte und ihr entsprechen wollte. Es ist also nur folgerichtig und »normal«, daß Heinz Drossel während der Nazi-Zeit in entsprechenden Situationen im Sinne seiner väterlichen Prägung handelte. (*»Bleib immer ein Mensch, mein Junge, auch dann, wenn es Opfer kostet.«*) Das erforderte während der Nazi-Zeit ohne Frage Mut, Intelligenz und ein Gespür für das Machbare ebenso wie das Wissen um Strukturen, deren Mechanismen es zu durchschauen galt. Ansonsten hätte er sein menschliches Handeln leicht mit dem Tod bezahlen können.

Genau dies und deren heutige Analoga wollte ich den Gymnasiasten des Geschwister-Scholl in Waldkirch bei der Gedenkfeier zu verstehen geben.

Den anwesenden Erwachsenen wollte ich ein wenig mehr auf den Weg geben, indem ich von meiner Mutter sprach. Ich fürchte, es ist mir in der Kürze der Zeit nicht gelungen, und so versuche ich es an dieser Stelle hier und jetzt erneut.

Meine Mutter, Marianne, blieb 1945 in Deutschland und heiratete am 04. Mai 1946 den Mann, der auch sie zu einem bestimmten Zeitpunkt während der Nazi-Zeit vor dem Tod bewahrt hatte. Es war ihr bewusst, daß mit Kriegsende die Nazis in Deutschland nicht von einem Tag auf den anderen zu Demokraten mutiert waren. Entsprechendes haben wir mit dem Zusammenbruch des Sowjetreiches und der DDR erlebt. Man kann heute noch und aktuell vermehrt an etlichen Stellen unserer zusammenwachsenden Gesellschaft Strukturen und Verhaltensweisen erkennen, die mit Sicherheit nicht aus der ehemaligen Bundesrepublik erwachsen sind.

Es galt damals, Mitte der 40iger Jahre, zwischen meinen Eltern als ausgemachte Sache, Günter und Margot Fontheim in die Vereinigten Staaten von Amerika zu folgen. Dies scheiterte das 1. Mal an einer Hepatitis und das 2. Mal an einer offenen TBC meines späteren Vaters Heinz Drossel endgültig. Man mag mir meine heutige Verwunderung nicht nur über die zwei massiven Erkrankungen, sondern auch über das wiederholte Auftreten der Hepatitis in späteren Jahren verzeihen. Meine Mutter kochte entsprechende Diät. Die letzte Gelbsucht hatte mein Vater ein halbes Jahr nach dem Tod meiner Mutter 1981, danach meines Wissens nie mehr.

1954 starb mein Großvater Paul Drossel an den Folgen eines Zuchthausaufenthaltes in der damals sowjetisch besetzten Zone – eine Folge seines demokratisch authentischen Engagements bei den 1. Freien deutschen Wahlen 1949.

Meine Mutter, Marianne, war nun diejenige, die erleben musste, wie sich Werte eines Mannes, ihres Mannes, anfangs schleichend, zunehmend veränderten. Die väterlichen Erwartungen des Paul D. waren weggefallen.

Heinz Droßel verließ zusammen mit mir am 31. 01. 1963 per Flugzeug Berlin(West) Richtung Stuttgart zu seiner neuen Dienststelle im Sozialgericht. Marianne, seine sehr zierliche Frau, begleitete den Umzug durch die ehemalige sowjetische Zone.

Elfriede Drossel, seine Mutter, blieb in Berlin, bis sie ihr Sohn nach Konstanz am Bodensee holte, wo er ab 1972 drei Jahre lang das Sozialgericht leitete. Sie starb in Konstanz.

Wie ich heute rückblickend glaube, hat der vergleichsweise frühe Tod meiner Mutter Marianne mit der Veränderung von Werten und Normen im Leben von Heinz Droßel zu tun und damit, daß sie außer in

236

meiner Erziehung keine Chance hatte, diesem Einhalt zu gebieten oder zu entgehen. Mein Vater lebte und forderte innerfamiliär andere Werte als z. B. beruflich.

Meine Mutter hatte die Weichen in ihrem Leben ein letztes Mal zu einem Zeitpunkt gestellt, als Werte und Normen von Paul Drossel in der Familie Drossel noch galten.

Die Quintessenz gab sie mir wiederholt und nachhaltig mit einem Satz auf den Weg, den ich damals noch nicht wirklich verstand:

»Mach' dich wirtschaftlich <u>nie</u> von einem Mann abhängig.«

Ich war es <u>nie</u>! Stattdessen machten sich die Männer von mir abhängig, was bei meinen erlernten und verinnerlichten Werten nicht unbedingt die bessere Wahl war.

Die Nazi-Zeit hatte verhindert, daß meine Mutter den mittelständischen Betrieb ihres Vaters, meines Großvaters, übernehmen konnte.

Heinz Droßel war nicht nur ein guter »Schauspieler«, sondern auch ein Meister im Durchschauen von Strukturen. In der Nazi-Zeit lehnte er sich gegen diese auf, in der späteren Bundesrepublik machte er sie sich zu Nutze. Er verstand es brillant, sich zwischen den Parteien zu bewegen, und war beruflich als Jüngster der alten Generation (Hitlers Krieg hatte viele Jahrgänge ausgelöscht) immer ein willkommener Joker.

In der Nazi-Zeit der Anti-Faschist, als Gerichtspräsident der leitende Offizier, politisch ein kategorischer CDU-Wähler, als Familienvater irgendwie distanziert und despotisch, zumindest wenn es kein Dritter mitbekam. Die bundesrepublikanische Justiz charakterisierte er als »braun« und seine sehr kontaktfreudige Ehefrau isolierte er gesellschaftlich total. Das Spiel mit der Angst, in der Bundesrepublik Deutschland auf verkappte Nazis zu treffen, war ein wunderbares Steuerungsorgan, was selbst bei mir, der Tochter, lange ausgezeichnet funktionierte.

Die gesellschaftlichen Normen änderten sich und er sich mit ihnen. In den letzten 10 Jahren seines Lebens bewegte er sich gesellschaftlich zunehmend unter Sozialdemokraten, vielleicht weil es die bessere politische Plattform für seine Performance als Zeitzeuge bot?

– Gewählt hat er nach wie vor CDU!

Heinz Droßel durchschaute, adaptierte und zog dann die Strippen.

Erst als er in späteren Jahren mein geradliniges Verhalten in beruflichen Zusammenhängen als mutig bezeichnete, wurde ich, wie in jungen Jahren schon einmal, stutzig. Waren es denn nicht die erlernten Werte, die ich da gelebt hatte? Was kann schon passieren, wenn man Ethik, Moral, Gerechtigkeitssinn, Menschenliebe und dergleichen lebt?

Alles dies, so begriff ich schlagartig, hat in unserer Gesellschaft nicht wirklich mehr seinen Platz. Die »jungen Normen« künden von <u>Geld, Macht, Sex und Willkür</u>. Ich bin so frei zu behaupten, daß dieser Werte-Wandel mit zu den eigentlichen Ursachen unserer wirtschaftlichen Krisen und Staatspleiten in der sog. Alten Welt beiträgt. Charakterstärke im Sinn der »alten Werte« braucht Vorbilder, die abhanden gekommen sind.

Den Grund hierfür sehe ich perverser Weise darin, daß der Zusammenprall konträrer ethischer Werte wie im Leben des Heinz Drossel in unserer Gesellschaft nicht stattfindet. Nur ein solcher Zusammenprall macht Normalmenschen zu menschlichen Helden und Vorbilder. Ähnlich wie im Krieg gäbe es ohne diesen auch keinen militärischen Helden.

Wenn das Verhalten des »Retters in Uniform« (Heinz Drossel) ein solches Vorbild sein könnte, würden viele Menschen, nicht nur die jungen, den Mut haben, Ethik und Moral, Gerechtigkeitssinn und Menschenliebe gegen die heutigen gesellschaftlichen Normen zu leben.

Ich würde es mir wünschen!

Freinsheim, den 30.07.2011
Deine Ruth Drossel

P.S.: Den richtigen Weg, der für alle gangbar ist, gibt es nicht.
Es gibt auch keine allgemein gültige Weltdeutung, der man sich zu unterwerfen hätte, außer in Religionen und/oder Diktaturen. Ein liebevolles Leben im Einklang mit moralischen und ethischen Grundprinzipien macht einen zu einem wichtigen Glied der Wirklichkeit in der Gesamtheit dieser unfassbaren Welt. Es ist immer den Versuch wert. Und falls jetzt Missverständnisse entstehen. Ich glaube an einen Gott, aber an meinen.

Zu diesem Buch

Informationen und Inspiration für dieses Buch schöpfte ich aus zahlreichen Gesprächen, Interviews und Briefwechseln mit Heinz Drossel, seinen Familienangehörigen und Freunden, darunter vor allem Ernest Günter Fontheim, der mir freundlicherweise sein Privatarchiv zur Verfügung gestellt hat. Heinz Drossels Autobiografie »Die Zeit der Füchse« habe ich ausgiebig genutzt und zitiert. Abweichungen in meiner Darstellung von dieser Quelle resultieren aus mündlichen Berichten Heinz Drossels.

Heinz Drossel änderte die Schreibweise seines Namens nach dem Krieg in »Droßel« um, weil es auf einer seiner ersten Arbeitsstellen einen gleichnamigen Kollegen gab, was zu Verwechslungen geführt hatte. Später benutzte er beide Schreibweisen parallel, seine Biografie ist unter dem Namen »Droßel« erschienen. Ich habe mich für die durchgehende Verwendung des ursprünglichen Familiennamens entschieden.

Briefe wurden originalgetreu übernommen, offensichtliche Schreib- und Kommafehler zum besseren Verständnis korrigiert.

Literatur

Adler, H. G. (1955): Theresienstadt 1941–1945. Das Antlitz einer Zwangsgemeinschaft. Tübingen

Leo Baeck Institute: Year Book 1993. XXXVIII. London

Beddies, Thomas / Andrea Dörries (Hg.) (2001): Die Patienten der Wittenauer Heilstätten in Berlin 1919–1960. Husum (Abhandlungen zur Geschichte der Medizin und der Naturwissenschaften 91)

Besymenski, Lew (2003): Bürger, Luftalarm – Über den deutschen Bombenangriff auf Stalingrad im August 1942. In: Burgdorff, Stephan/ Christian Habbe (Hg.): Als Feuer vom Himmel fiel. Der Bombenkrieg in Deutschland. München, S. 61 ff.

Deutschkron, Ingeborg (1978): Ich trug den gelben Stern. Köln

Dirks, Christian (2000): Greifer. Der Fahndungsdienst der Berliner Gestapo. In: Meyer, Beate/Hermann Simon (Hg.): Juden in Berlin 1938–1945. Begleitband zur gleichnamigen Ausstellung in der Stiftung »Neue Synagoge Berlin – Centrum Judaicum«, Mai bis August 2000, Berlin, S. 233–257.

Doerry, Martin (2002): »Mein verwundetes Herz«. Das Leben der Lilli Jahn 1900–1944. München

Drossel, Heinz (2001): Die Zeit der Füchse. Lebenserinnerungen aus dunkler Zeit. Waldkirch, 2. Aufl.

Dwork, Debórah (1994): Kinder mit dem gelben Stern. Europa 1933–1945. München

Frei, Norbert (1996): Vergangenheitspolitik. Die Anfänge der Bundesrepublik und die NS-Vergangenheit. München

Frei, Norbert (2001): Karrieren im Zwielicht. Hitlers Eliten nach 1945. Frankfurt am Main/New York

Friedländer, Henry (2008): Von der »Euthanasie« zur »Endlösung«. In: Klaus-Dietmar Henke (Hg.): Tödliche Medizin im Nationalsozialismus. Von der Rassenhygiene zum Massenmord. Köln, S. 185–202
Friedrich, Heinz (Hg.) (1988): Mein Kopfgeld. Die Währungsreform – Rückblicke nach vier Jahrzehnten. München

Glaser, Hermann (2007): Kleine deutsche Kulturgeschichte von 1945 bis heute. Frankfurt am Main
Glatzer, Ruth (Hg.) (2000): Berlin zur Weimarer Zeit. Panorama einer Metropole 1919–1933. Berlin
Götz, Aly / Wolf Gruner / Susanne Heim u. a. (2009): Die Verfolgung der europäischen Juden durch das nationalsozialistische Deutschland 1933–1945. Band 2: Deutsches Reich 1938 – August 1939, bearb. von Susanne Heim. München
Gruchmann, Lothar (2002): Justiz im Dritten Reich 1933–1940. Anpassung und Unterwerfung in der Ära Gürtner. 3., verb. Aufl. München
Gruner, Wolf (2009): Judenverfolgung in Berlin 1933–1945. Eine Chronologie der Behördenmaßnahmen in der Reichshauptstadt. 2., vollständig bearb. und wesentlich erw. Aufl. Berlin

Haffner, Sebastian (2003): Geschichte eines Deutschen. Die Erinnerungen 1914–1933. München
Hecht, Ingeborg (1984): Als unsichtbare Mauern wuchsen. Eine deutsche Familie unter den Nürnberger Rassengesetzen. Mit einem Vorwort von Ralph Giordano. Hamburg
Helwig, Gisela / Hildegard Maria Nickel (Hg.) (1993): Frauen in Deutschland 1945–1992. Berlin

Kaplan, Marion (2000): Der Mut zum Überleben. Jüdische Frauen und ihre Familien in Nazideutschland. Aus dem Amerikanischen von Christian Wiese. Berlin
Kershaw, Ian (2000): Hitler 1936–1945. Aus dem Englischen v. Klaus Kochmann. München
Kirschen auf der Elbe (2010): Erinnerung an das jüdische Kinderheim Blankenese 1946–1948. Hg. v. Verein zur Erforschung der Geschichte der Juden in Blankenese. Aus dem Hebräischen v. Alice Krück. Hamburg
Klattenhoff, Klaus / Friedrich Wißmann (2001): Jüdische Kindheit im Nationalsozialismus. In: Jüdisches Kinderleben im Spiegel jüdischer Kinderbücher. Eine Ausstellung der Universitätsbibliothek Oldenburg

mit dem Kindheitsmuseum Marburg. Hg. von Helge-Ulrike Hyams /
Klaus Klattenhoff / Klaus Ritter u. a. Bd. 1 u. 2. 2., korr. und verm.
Aufl. Oldenburg; Bd. 1, S. 137–160 (Katalog zur 17. Ausstellung der
Universitätsbibliothek im Rahmen der Oldenburger Kinder- und Ju-
gendbuchmesse 1998 im Stadtmuseum Oldenburg aus den Bestän-
den der Universitätsbibliothek Oldenburg, dem Kindheitsmuseum
Marburg und anderer Bibliotheken)

Klemperer, Victor (1995): Ich will Zeugnis ablegen bis zum letzten. Tagebücher 1933–1945. Bd. 1 u. 2. Berlin

Kuby, Erich (3. Aufl. 2010): Mein Krieg. Aufzeichnungen aus 2129 Tagen. Berlin

Lampert, Tom (2003): Ein einziges Leben. Geschichten aus der NS-Zeit.
München

Lembeck, Elisabeth (1993): Exkurs: Eine vergessene Pionierin – Die Ministerialrätin Dorothea Hirschfeld. In: Dies.: Frauenarbeit bei Vater
Staat. Weibliche Behördenangestellte in der Weimarer Republik. Freiburg, S. 137–146.

Lewyn, Bert & Saltzman Lewyn, Bev (2001): On the Run in Nazi Berlin. Holocaust Memoirs, printed in the USA. Xlibris Corporation

Lorenz, Ina S. (2002): Gehen oder Bleiben? Neuanfang der jüdischen
Gemeinde in Hamburg nach 1945. Hamburg, Landeszentrale für politische Bildung

Meyer, Beate (1999): »Jüdische Mischlinge«. Rassenpolitik und Verfol-
gungserfahrung 1933–1945. Hamburg

Mitscherlich, Alexander und Margarete (1967): Die Unfähigkeit zu trauern. Grundlagen kollektiven Verhaltens. München

Möller, Horst (1995): Die Weimarer Republik. Eine unvollendete Demokratie. München.

Müller, Ingo (1987): Furchtbare Juristen. Die unbewältigte Vergangenheit unserer Justiz. München

Perels, Joachim / Wolfram Wette (Hg.) (2011): »Mit reinem Gewissen«.
Wehrmachtrichter in der Bundesrepublik und ihre Opfer. Berlin

Pinl, Claudia (2003): Uralt, aber immer noch rüstig: der deutsche Ernährer. In: Erwerbstätigkeit von Frauen und Kinderbetreuungskultur
in Europa. Aus Politik und Zeitgeschichte – Bundeszentrale für politische Bildung – (B44/2003): S. 6–8

Roth, Harald (Hg.) (2002): Mit falschem Pass und fremdem Namen. Junge Menschen im Holocaust. Gerlingen

Schildt, Axel / Siegfried, Detlef (2009): Deutsche Kulturgeschichte. Die Bundesrepublik von 1945 bis zur Gegenwart. München
Starke, Käthe (1975): Der Führer schenkt den Juden eine Stadt. Bilder, Impressionen, Reportagen, Dokumente. Berlin
Stein, André (1995): Versteckt und vergessen. Kinder des Holocaust. Wien / München
Steinkamp, Peter (2011): »Meine Richter müssen lernen, Unrecht zu tun.« Generalfeldmarschall Ferdinand Schörner – ein ehemaliger »Gerichtsherr« auf der Anklagebank. In: Perels / Wette, S. 48–63
Stoltzfus, Nathan (2002): Widerstand des Herzens. Der Aufstand der Berliner Frauen in der Rosenstraße 1943. Aus dem Amerikanischen v. Michael Müller. München

Totgeschwiegen 1933–1945 (1989): Zur Geschichte der Wittenauer Heilstätten, seit 1957 Karl-Bonhoeffer-Nervenklinik. Arbeitsgruppe zur Erforschung der Geschichte der Karl-Bonhoeffer-Nervenklinik, Wissenschaftl. Beratung Götz Aly. 2., erw. Aufl. Berlin (Stätten der Geschichte Berlins, Bd. 17)

Wette, Wolfram (Hg.) (1995): Deserteure der Wehrmacht. Feiglinge – Opfer – Hoffnungsträger? Dokumentation eines Meinungswandels. Essen
Wette, Wolfram (Hg.) (2003): Retter in Uniform. Handlungsspielräume im Vernichtungskrieg der Wehrmacht. 3. Aufl. Frankfurt am Main
Wette, Wolfram (Hg.) (2006): Filbinger – eine deutsche Karriere. Springe

Zeitungen / Zeitschriften

Die Zeit, 3. Juni 1948 (www.zeit.de/1948/23/volksbegehren-volkserpressung)
Die Zeit, 12. Mai 1978 (www.zeit.de/1978/20/erschiessen-sargen-abtransportieren)
Die Zeit, 16. Juni 1978 (www.zeit.de/1978/25/klarstellung)

»Deutschland: ›Er hat die Manneszucht zersetzt‹«. In: Der Spiegel, Nr. 16/1972 vom 10. April 1972, S. 49

»Affäre Filbinger: ›Was Rechtens war, …‹«. In: Der Spiegel, Nr. 20/1978 vom 15. Mai 1978, S. 23–27

Am Anfang war die Frau von der Jungfernbrücke. In. Frankfurter Allgemeine Sonntagszeitung, 20. April 2003, S. 5

Die 50er Jahre – Vom Trümmerland zum Wirtschaftswunder. SPIEGEL special, Nr. 1/2006

Onlinequellen / Dokumente

www.documentarchiv.de (Dokumentarchiv)

www.ns-archiv.de (NS-Archiv online)

www.dhm.de (Deutsches Historisches Museum Online)

www.luise-berlin.de

www.pcf.city.hiroshima.jp (Friedensgedächtnismuseum Hiroshima)

www.religionen-in-hannover.de (zur Website der Jüdischen Gemeinde Hannover)

www.ddr-wissen.de

Anmerkungen

1 Drossel, S. 16.
2 Möller, S. 324.
3 NS-Archiv, www.ns-archiv.de/krieg/1933/04-01-1933.php
4 Drossel, S. 35 f.
5 Notverordnung zum Schutze von Volk und Staat; www.documen-tarchiv.de/ns/rtbrand.html
6 Haffner, S. 138.
7 Meyer, S. 192 f.
8 Drossel, S. 44.
9 Ebd., S. 76.
10 Ebd., S. 97.
11 Götz, S. 160 f., Dokument 39.
12 Deutsches Historisches Museum online zur »Aktion Arbeitsscheu«.
13 Diese Angaben stützen sich auf Gruner, S. 168, Beate Meyer, E-Mail vom 22. November 2010, und Beate Kosmala, E-Mail vom 1. August 2012.
14 Drossel, S. 89.
15 Kuby, S. 18.
16 Klemperer, Bd. 1, S. 482 u. 485.
17 Das Nationalsozialistische Kraftfahrkorps hatte 1940 mehr als eine halbe Million Mitglieder. Es war 1934 mit der Motor-SA zusammengelegt worden. Während des Krieges wirkte das NSKK maßgeblich bei der Deportation von Juden in den Ostgebieten mit.
18 Drossel, S. 113.
19 Ebd., S. 113 f.
20 Ebd., S. 121.
21 Kuby, S. 129.
22 Drossel, S. 123.

23 Zitiert nach NS-Archiv online.
24 Drossel, S. 126, ebenso das folgende Zitat.
25 Kuby, S. 132 f.
26 Drossel, S. 148, ebenso das folgende Zitat.
27 Drossel, S. 150.
28 Nach Hecht, S. 115 (Sonderrecht, S. 361).
29 Für ihr Wiedergutmachungsgesuch nach dem Krieg.
30 Totgeschwiegen, S. 77. Eines der Opfer dieser Politik war die jüdische Medizinerin Charlotte Alterthum. Die Lungenfachärztin hatte sich vergeblich bemüht, Deutschland zu verlassen. Völlig verarmt wurde die 50-Jährige am 14. November 1941 nach Minsk deportiert und dort umgebracht. Ebd.
31 Friedländer, S. 188.
32 Die für das »Euthanasie«-Programm zuständigen Abteilungen der Kanzlei des Führers bezogen im April 1940 eine beschlagnahmte Villa in der Berliner Tiergartenstraße 4, daher der Name »T4-Aktion«.
33 Alle Zahlen aus: Totgeschwiegen, S. 185 ff.
34 Friedländer, S. 188.
35 Ebd., S. 199: »Die Ermordung der Behinderten ging dem Mord an Juden und Zigeunern voraus, was den Schluss nahelegt, dass die T4-Mordaktion als Modell für die ›Endlösung‹ diente. Der Erfolg der ›Euthanasie‹-Maßnahmen überzeugte die Führungsriege der Nationalsozialisten, dass der Massenmord technisch möglich war, dass ganz normale Männer und Frauen dazu bereit wären, unzählige unschuldige Menschen zu töten, und dass auch die Beamtenschaft bei einem solchen beispiellosen Unternehmen mitwirken würde.«
36 Beddies, Thomas / Andrea Dörries (Hg.), S. 588.
37 Totgeschwiegen, S. 138.
38 Friedländer, S. 195.
39 Totgeschwiegen, S. 139.
40 Klemperer, Bd. 2, S. 104.
41 Hecht, S. 69.
42 Zitiert nach Kaplan, S. 81.
43 Klemperer, Bd. 2, S. 15.
44 Alle Angaben zu Dorothea Hirschfeld aus Lembeck.
45 Vgl. Sode-Madsen in: Leo Baeck Year Book 1993, XXXVIII, S. 275.
46 Adler, S. 22 f.

47 Vgl. Sode-Madsen in: Leo Baeck Year Book 1993, XXXVIII, S. 280 ff.

48 Kaplan, S. 117.

49 Vgl. dazu Kaplan, S. 125.

50 Meyer, S. 403, Anmerkung 379.

51 Zu Dobberke und zum Fahndungsdienst der Gestapo vgl. Dirks. Weitere Informationen über Dobberke bei der Stiftung Topographie des Terrors.

52 Stoltzfus, S. 295.

53 Ebd., S. 211.

54 Dirks, S. 233. Auf Grund neuerer Forschungen gehen Historiker von etwa 1700 Überlebenden in der Illegalität aus.

55 Schon seit dem 4. Juli 1940 durften Lebensmittel nur zwischen 17 und 18 Uhr eingekauft werden (www.luise-berlin.de).

56 Eidesstattliche Versicherung vom 6. Dezember 1951.

57 Klemperer, Bd. 2, S. 163.

58 Eidesstattliche Versicherung vom 6. Dezember 1951.

59 Drossel, S. 153.

60 Nach www.luise-berlin.de, Jahr 1940.

61 Ab 1943 wechselten sich die nächtlichen Flächenbombardements der Engländer mit präzisen Angriffen der Amerikaner am Tag ab.

62 Drossel, S. 153.

63 Ebd., S. 154.

64 Ebd., S. 158.

65 Ebd.. S. 160.

66 Ebd., S. 163.

67 Ebd.

68 Klemperer, Bd. 2, S. 317 f.

69 Drossel, S. 164.

70 Ebd., S. 165.

71 Ebd., S. 169.

72 Ebd., S. 170.

73 Ebd., S. 178.

74 Ebd., S. 179.

75 Ebd., S. 183.

76 Ebd., S. 184.

77 Ebd., S. 186.

78 Ebd., S. 188 u. 189.

79 Ebd., S. 189.

80 Ebd., S. 190.

81 Ebd., S. 192.

82 Ebd., S. 195.

83 Ebd., S. 197.

84 Ebd., S. 201.

85 Ebd., S. 203.

86 Ferdinand Schörner, 1892 in München geboren, war der letzte Oberbefehlshaber der Deutschen Wehrmacht. Er übernahm 1944 die Verantwortung für die Schulung der Truppen in nationalsozialistischer Weltanschauung. Er war berüchtigt für seine drakonischen Strafen und galt als Sadist. Bis 1954 war er in russischer Kriegsgefangenschaft, er hatte sich, als Zivilist gekleidet, von der Truppe abgesetzt; der »blutige Ferdinand« musste sich in der Bundesrepublik 1957 einem Prozess wegen »Fahnenflucht« und Kriegsverbrechen stellen. Er wurde zu vier Jahren Freiheitsstrafe verurteilt, kam aber »aus gesundheitlichen Gründen« vorzeitig frei. Die ihm aberkannte Pension wurde ihm von Bundespräsident Lübke 1963 teilweise wieder gewährt. Ferdinand Schörner starb am 2. Juli 1973 in München. Vgl. Steinkamp.

87 Drossel, S. 204.

88 Ebd., S. 208.

89 Ebd., S. 216.

90 Wette 2003, S. 225.

91 Zitiert nach ebd., S. 224.

92 Drossel, S. 216 f. In der ersten Auflage der Autobiografie stellte Drossel die Situation anders dar. Dort beschreibt er, dass er ins Postamt ging, um an die Telefonnummern zu kommen. Im September 2007 erhielt Drossel einen Brief. Die Absenderin, eine Frau, die sich als »Tochter der in Ihrem Buch ›Zeit der Füchse‹ [erste Auflage] beschuldigten ›pflichtbewussten Nationalsozialistin‹ vom Postamt Senzig« vorstellt, ist empört: »Meine Mutter war nicht in der NSDAP! Ihr Uniformlametta hätten Sie sich sparen können; wie ich sie kenne, war sie damit nicht zu beeindrucken!« Drossels Darstellung des Vorfalls sei auch in der zweiten Auflage seiner Lebenserinnerungen nicht korrekt: »Bei einer Zweitauflage des Buches war es … die in seiner Straße wohnende Familie Gladineck, wo sich dasselbe abspielte. Dort wurde mir jetzt nach fünf Jahrzehnten bestätigt, dass ein Telefonieren überhaupt erst seit 1968 nach Verlegen einer Telefonleitung möglich war!« Günter Fontheim bestätigte in vollem Umfang die Version, die in der zweiten Auflage zu lesen ist. Warum Drossel zuerst etwas anderes schrieb,

habe ihn gewundert, er habe ihn aber nie gefragt; Fontheim nahm immer an, dies sei aus »rechtlichen Gründen« geschehen, das genügte ihm als Erklärung.

93 Drossel, S. 221.

94 Ebd., S. 224, das folgende Zitat S. 224 f.

95 Ebd., S. 227.

96 Ebd., S. 229, auch die folgenden Zitate.

97 Ebd., S. 230.

98 Ebd., 232 f.

99 Ebd., S. 234.

100 Ebd., S. 235.

101 Ebd. Den von sowjetischen Soldaten häufig gehörten Ausspruch »Wojna kaputt« (Der Krieg ist verloren, zu Ende.) erwähnten viele deutsche Soldaten nach ihrer Heimkehr.

102 Drossel, S 236.

103 Ebd., S. 238, auch die folgenden Zitate.

104 Ebd., S. 240.

105 Ebd., S. 242.

106 Ebd., S. 241.

107 Ebd., S. 242.

108 Laut Prospekt des Friedensgedächtnismuseums Hiroshima online.

109 Drossel, S. 247, auch das folgende Zitat.

110 In der Bundesrepublik war im öffentlichen Sprachgebrauch noch bis 1985 meist vom »Zusammenbruch« die Rede, wenn das Kriegsende thematisiert wurde. Vgl. Schildt / Siegfried, S. 22.

111 Klemperer, Bd. 2, S. 650 u. 653; Einträge vom 2. u. 5. Februar 1945.

112 Brief vom 20. Juli 1948, Privatarchiv Ernest Günter Fontheim

113 Ebd.

114 Brief vom 23. Februar 1948, Privatarchiv Ernest Günter Fontheim

115 Glaser, S. 166.

116 Schildt / Siegfried, S. 24.

117 Brief vom 15. Juli 1948, Privatarchiv Ernest Günter Fontheim.

118 Brief vom 20. Juli 1948, Privatarchiv Ernest Günter Fontheim.

119 Vgl. Friedrich, Anhang, S. 162.

120 Website der Jüdischen Gemeinde Hannover: www.religionen-in-hannover.de/ajudg.htm#hannover

121 Lorenz, S. 9.

122 Ebd., S. 8.

123 Ebd., S. 10.

124 Die Angaben zum Kinderheim am Kösterberg erhielt ich vor allem von Frau Prof. Dr. Ina S. Lorenz vom Institut für die Geschichte der deutschen Juden, Hamburg.

125 Kirschen auf der Elbe, S. 35.

126 Stein, S. 262.

127 Ebd., S. 48 f., auch das folgende Zitat.

128 Ebd., S. 64.

129 Privatarchiv Ernest Günter Fontheim.

130 Brief vom 15. August 1948, Privatarchiv Ernest Günter Fontheim.

131 Brief vom 20. Juli 1948, Privatarchiv Ernest Günter Fontheim.

132 Ebd.

133 Brief vom 15. August 1948, Privatarchiv Ernest Günter Fontheim, auch die folgenden Zitate.

134 Brief vom 24. August 1948, Privatarchiv Ernest Günter Fontheim.

135 Brief vom 25. Mai 1949, Privatarchiv Ernest Günter Fontheim.

136 Brief vom 31. Juli 1949, Privatarchiv Ernest Günter Fontheim.

137 Brief vom 20. Oktober 1949, Privatarchiv Ernest Günter Fontheim.

138 Brief vom 16. Januar 1950, Privatarchiv Ernest Günter Fontheim.

139 Zitiert nach Schildt / Siegfried, S. 133 f.

140 Zitiert nach Frei 1996, S. 31.

141 Vgl. ebd., S. 39.

142 Ebd., S. 37.

143 Ebd., S. 50.

144 Frei 1996, S. 51. Die folgenden Zitate ebd., S. 52 u. 53.

145 Martin Bormann wurde in Abwesenheit verurteilt, Hermann Göring entzog sich der Vollstreckung des Todesurteils durch Selbstmord.

146 SPIEGEL special, Nr. 1/2006, S. 118.

147 Ebd., S. 116.

148 Mitscherlich, S. 30.

149 Schildt / Siegfried, S. 140.

150 Ebd., S. 136.

151 Ebd., S. 136.

152 Mitscherlich, S. 15.

153 Vgl. Schildt / Siegfried, S. 127.

154 Mitscherlich, S. 23.

155 Gruchmann, S. 318.

156 Der Brief ist abgedruckt im Anhang dieses Buches, S. 235–239.

157 Schreiben vom 13. Juni 1962 an den Senator für Arbeit, siehe Anhang dieses Buches, S. 232–234.

158 Vgl. Merlind Theile, Aufbruch ins Gestern. In: SPIEGEL special, Nr. 1/2006, S. 162.

159 Schildt / Siegfried, S. 103.

160 Ebd., S. 99.

161 Pinl, S. 6.

162 SPIEGEL special, Nr. 1/2006, S. 161.

163 Schildt / Siegfried, S. 142.

164 Ebd., S. 122 f.

165 Vgl. dazu Frei, Das Straffreiheitsgesetz von 1954. In: Ders. 1996, S. 100–131, insb. 123–125.

166 Schildt / Siegfried, S. 142.

167 Ebd., S. 141.

168 Die Sozialgerichtsbarkeit war damals noch diesem Ministerium zugeordnet, heute ist das Justizministerium zuständig.

169 Hochhuth bezog sich dabei auf ein im »Spiegel«, Nr. 16/1972, veröffentlichtes Kriegsgerichtsurteil; in der redaktionellen Vorbemerkung zitierte der »Spiegel« den damaligen Angeklagten Petzold, der sich erinnerte, Filbinger habe im Mai 1945 »unseren geliebten Führer« gerühmt, der »das Vaterland wieder hochgebracht hat«. Filbinger strengte einen Prozess gegen den »Spiegel« an. Das Urteil selbst blieb unbestritten, aber dem Nachrichtenmagazin wurde untersagt, das Zitat des damaligen Angeklagten weiter zu verbreiten.

170 Die Zeit, 12. Mai 1978.

171 Der Spiegel, Nr. 16/1972, S. 49.

172 Der Spiegel, Nr. 20/1978, S. 25.

173 Wette 2006, S. 9.

174 Der Spiegel, Nr. 20/1978, S. 26.

175 Wette 2006, S. 22.

176 Ebd., S. 20.

177 Mitscherlich, S. 31.

178 Vgl. dazu Wette 2006, S. 20.

179 Drossel, Vorwort zur 2. Auflage.

180 Wette 2006, S. 11.

181 Frankfurter Allgemeine Sonntagszeitung, 20. April 2003, S. 5.

182 Diesen Satz sagte Paul Drossel seinem Sohn Heinz anlässlich dessen Kommunion. Siehe S. 23 dieses Buches.

183 Aus einem Brief an die Autorin vom 30. Juli 2011, siehe Anhang dieses Buches, S. 235–239.

Bildnachweis

BpK: S. 86
BArch/Sammlungen des ehemaligen BDC: Rasse- und Siedlungshaupt-
amt/Dobberke, Walter: S. 89
© Foto RTL/Stefan Gregorowius: S. 8, 219
Ernest Günter Fontheim: S. 123, 125, 127
Alle anderen Abbildungen: privat

Dank

Recherchen in folgenden Archiven und Institutionen haben meine Arbeit vorangebracht: Centrum Judaicum (Stiftung Neue Synagoge); Internationaler Suchdienst, Bad Arolsen; Medizinhistorisches Institut Berlin; Militärgeschichtliches Museum, Dresden; World Zionist Organization (Sharon Visser vom Family Research Department), Jerusalem; Topographie des Terrors, Berlin; Yad Vashem, Jerusalem. Ich danke allen Mitarbeitern, die mir Kenntnisse und Materialien zur Verfügung gestellt haben.

Ebenso danke ich Dr. Susanne Urban, seinerzeit in Jerusalem; Gisela Kuck, die mit der Ehrung Heinz Drossels als Gerechter unter den Völkern seitens der deutschen Botschaft befasst war. Dr. Claudia Steur von der Stiftung Topographie des Terrors übermittelte mir wichtige Informationen, insbesondere das Sammellager Schulstraße und den SS-Mann Walter Dobberke betreffend. Sabine Boehlich, M.A., vom Verein der Juden in Blankenese, und Professor Dr. Ina Lorenz vom Institut für die Geschichte der deutschen Juden in Hamburg lenkten mich auf Spuren vom Kinderheim des Warburg-Anwesens. Dr. Beate Meyer, ebenfalls vom Institut für die Geschichte der deutschen Juden in Hamburg, beantwortete mir sogar von Amerika aus Fragen zur sogenannten »Mischlingspolitik« in Nazideutschland. Frau Dr. Elisabeth Lembeck gab mir wertvolle Hinweise zum Leben der Pauline Hirschfeld. Auch meinen Kollegen vom »Spiegel« Dr. Heiko Buschke, Dr. Martin Doerry, Johannes Eltzschig, Heiko Paulsen, Ursula Wamser und Karin Weinberg danke ich herzlich für wertvolle Hinweise und Unterstützung.

Besonderen Dank schulde ich Ruth Drossel. Sie war eine wertvolle Gesprächspartnerin, hat viel aus der Familiengeschichte erzählt und mir ihre Mutter Marianne Drossel, geborene Hirschfeld, nahegebracht.

Dank auch an Judis, die mir Vertrauen geschenkt hat, und an ihre Söhne Andreas und Stefan für ihre Offenheit.

Ohne Ernest Günter Fontheim wäre dieses Buch in der vorliegenden Form nicht denkbar. Er machte mir wertvolle Quellen aus seinem Privatarchiv zugänglich, stand mir mit Rat und Tat zur Seite und schenkte mir seine Zeit und seine Freundschaft. Seine Familie hat mich herzlich aufgenommen.

Die University of Michigan ermöglichte mir die Teilnahme bei der Verleihung der Roul-Wallenberg-Medaille an Heinz Drossel 2004.

Reinhard Egge leistet einen unschätzbaren Beitrag zur Aufklärung junger Menschen. Sein Engagement hat mir Antrieb gegeben. Wichtige Gespräche führte ich mit Heinz Drossels guten Freunden Renate Silabetschki und Uli Weißberger, der ihn für die Jugendarbeit am Gymnasium Waldkirch gewann.

Professor Dr. Wolfram Wette, dessen Verdienst es ist, dass Heinz Drossel nicht dem Vergessen anheimfiel, hat sein Wissen mit mir geteilt und den Kontakt zu meiner Lektorin Maria Matschuk beim Aufbau Verlag angebahnt. Ihre kompetenten Vorschläge waren anregend und hilfreich.

Meine Eltern Karl und Ursel Uelsmann, meine Geschwister Ute und Jörg mit Simone und mein Neffe Felix; meine Freunde Rainer Ahlschwedt, Dr. Claudia Benthien, Katia und Sven Böttcher (mit Herzblut), Doja Hacker, Beate Lakotta, Maik Pippig und Angela Stresemann, Susanne Lando, Gacks Lütje, Rainer und Marita Schmitt, Traudel Sperber, Peter Theophil (mit Enthusiasmus) und Konnie Vogler haben mich unermüdlich motiviert und unterstützt.

Ohne meinen Freund und Mentor Michael Schmidt-Klingenberg hätte ich dieses Projekt nicht begonnen. Er ist bereits 2004 verstorben. Ich bin dankbar, ihn gekannt zu haben, und vermisse ihn.

Der größte Dank gilt meinem Mann Henning. Seine Geduld, seine Hartnäckigkeit, seine Nachsicht waren schier unerschöpflich, sein Lob wie seine Kritik immer hilfreich. Seine Liebe hat mich beflügelt.